AI시대 ESG 경영전략

김영기 최효근 유민상 정순희 한상호
이한규 박찬혁 김도연 이기춘 공호근
김태영 천정호 김현희

지구환경을 지키는
2015년 파리협정으로 195개국 참여

AI시대
ESG
경영전략

**"시와 함께 지구환경을 지키며
수출규제 대비를 위한 ESG 경영전략"**

서문

최근 기후위기로 유엔이 '온난화시대'를 '열대화시대'로 공식적으로 변경을 선언하면서 지구촌에는 빨간불이 들어왔다.

안토니오 구테흐스 유엔 사무총장은 2023년 7월 27일(현지 시간) "올해 7월이 역사상 가장 더운 달"이라는 세계기상기구(WMO)의 분석을 토대로 이같이 경고했다. 구테흐스 사무총장은 이어 "현재 기후변화는 공포스러운 상황이지만 시작에 불과하다"고 덧붙였다. WMO는 이날 유럽연합(EU)이 지원하는 기후변화 감시기구 코페르니쿠스 기후변화서비스(C3S)의 관측 데이터를 바탕으로 "올해 7월 1~23일 지구 평균 지표면 기온은 16.95℃로, 이달 첫 3주가 지구가 가장 더웠던 3주로 확인됐다"고 밝혔다. 이는 역대 가장 더운 달로 기록된 2019년 7월 16.63℃를 뛰어넘는 수치다. WMO는 현재 추세를 고려하면 올 7월은 역대 가장 더운 달이 될 것이라고 전망했다(본문 중).

이와 같은 기후변화 위기 등의 환경변화는 ESG 경영도입의 시급성을 강조하지 않을 수 없는 중요한 아젠다로 만들었다.

이번 책에는 다음과 같은 특징적인 ESG 내용이 담겨있다.

제1장에서는 김영기 대표 저자가 박사 논문을 연구하면서 쓴 'ESG

경영전략과 브랜드 경영자산'으로 ESG 경영도입의 시급성과 ESG 경영이 무형자산인 기업의 브랜드자산 가치를 향상시킨다는 것을 강조하였다.

제2장에서는 최효근 저자가 '지방자치단체의 ESG 경영전략'으로 지방소멸시대를 맞이하여 지방자치단체가 ESG 경영을 도입하고 실천함으로써 지속가능한 지역사회가 될 것이라는 제안을 하였다.

제3장에서는 AI시대 자율주행전문가이신 유민상 저자가 '자율주행자동차 관점에서 본 ESG 경영'이라는 주제로 인공지능시대 모빌리티가 자율주행자동차 중심의 자동차산업으로 큰 변화를 겪는 가운데, 자율주행자동차와 ESG 경영의 관계를 정립하였다.

제4장에서는 지방자치정치전문가이자 사회복지전문연구원이신 정순희 저자가 '고령화사회, ESG 경영 성공전략'이라는 주제로 고령화사회에서 ESG 경영전략이 성공할 수 있는 해법을 제시하였다.

제5장에서는 한상호 저자가 'ESG 경영에서 지구환경을 지키는 Net Zero(탄소중립)'라는 주제로 Net Zero의 수행을 위한 기업의 선행과제와 성공전략을 제시하였다.

제6장에서는 기계공학전문 교수인 이한규 저자가 '중소제조업의 E+SG 경영'이라는 주제로 ESG가 대세인 상황에서 중소기업의 ESG 경

영제도 도입에 제도적 지원이 꼭 필요하다는 주장을 했다.

제7장에서는 박찬혁 저자가 'OTT와 ESG 경영의 쌍두마차, 넷플릭스(Netflix)'라는 주제로 엔터테인먼트 회사인 넷플릭스가 ESG 경영을 도입하고 실천하는 사례를 자세히 소개하였다.

제8장에서는 김도연 저자가 'AI×ESG: AI 기술을 활용한 ESG 경영전략'이라는 주제로 인공지능기술과 ESG 경영과의 결합 및 미래전망을 기술하였다.

제9장에서는 이기춘 저자가 'ESG 경영환경에서 여성의 역할과 책임'이라는 주제로 ESG 경영환경에서 여성역할론을 강조하였다.

제10장에서는 공호근 저자가 'ESG 경영전략: 사회(S)영역 보고서 작성요령'이라는 주제로 지속가능한 사회(S)영역 보고서를 작성하는 구체적인 방법론을 제시하였다.

제11장에서는 김태영 저자가 '가면무도회 속의 ESG 전략'이라는 독특한 주제로 국제사회에서 ESG 도입에 따른 이해관계 등 ESG 도입 상황에서 이루어지고 있는 경제파워게임 등 내면의 깊은 상황을 기술하였다.

제12장에서는 천정호 저자가 'ESG워싱 이슈 및 대응 방안: 그린워

싱(Green Washing)을 중심으로'라는 주제로 사례와 이슈 및 대응 방안에 대하여 상세하게 제시하였다.

마지막 장인 제13장에서는 김현희 저자가 '쓰레기에 AI를 접목하면 ESG 머니가 된다'라는 주제로 쓰레기를 AI로 재생하여 순환경제로 성공할 수 있는 ESG 전략을 제시하였다.

기업의 참다운 사회적 기능은 기업 윤리를 통해서 사회적 책임을 다하는 데 있다고 볼 수 있다. 앞으로의 시장에서 기업이 살아남기 위해서는 단순히 영리 집단으로서의 역할뿐만 아니라 그 이상의 것, 즉 사회의 환경변화에 적절히 대응할 능력과 행동력을 갖추어야 할 것이다.

기업의 안정적 발전은 일시적인 이윤의 창출에 있는 것이 아니라 기업이 이윤을 장기적으로 끊임없이 추구할 수 있는 건전한 사회를 육성하는 것에 있다는 사실을 알고 있는 미국 등 주요 선진국들은 이미 ESG와 관련된 법규를 제정, 강화하고 있으며 국제적 표준화 작업도 서두르고 있다. 우리나라도 기업의 신뢰도를 제고하고 사회적 책임을 강화해야 한다. 그러기 위해서 기업, 정부, 이해관계자가 모두 하나 되어 한 발짝 더 앞으로 나아가는 사회적 책임을 다하는 모습을 보여주었으면 좋겠다.

2023. 09. 10.

대표 저자 김영기 외 12명 dream

차례

서문 004

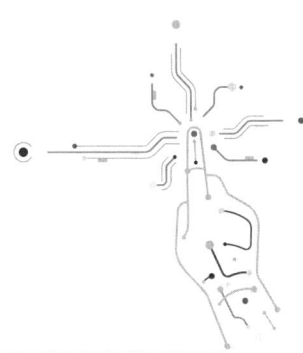

제1장 ESG 경영전략과 브랜드 경영자산 … 김영기

1. ESG 경영도입이 시급한 배경 016
2. ESG 경영의 필요성과 중요성 019
3. ESG 경영전략과 브랜드자산 022

제2장 지방자치단체의 ESG 경영전략 … 최효근

1. 사회공동체 지속가능발전을 위한 역할 036
2. 지방자치단체의 ESG 경영평가 039
3. 지방자치단체의 ESG 경영 우수사례 045
4. ESG 기반 사회공동체 연대와 협력 050

제3장 자율주행자동차 관점에서 바라본 ESG 경영 ··· 유민상

1. 자율주행자동차의 이해   058
2. 자동차와 ESG 경영   062
3. 자율주행자동차와 ESG 경영   064

제4장 고령화사회, ESG 경영 성공전략 ··· 정순희

1. ESG 경영, 성공할 수 있을까?   076
2. ESG 경영, 고령화사회를 만나다   090

제5장 ESG 경영에서 지구환경을 지키는 Net Zero(탄소중립) ··· 한상호

1. ESG 경영에서 Net Zero(탄소중립) 활동 이유   104
2. Net Zero 및 비즈니스 성공을 위한 네 가지 경로   106
3. Net Zero(탄소중립)의 혁신적 힘   107
4. Net Zero(탄소중립)의 의미와 그 이상   112
5. Net Zero 경제로의 전환은 어떤 모습일까?   116
6. 지구환경을 지키는 Net Zero의 기회   118
7. Net Zero 수행을 위한 기업의 선행과제   120

제6장 중소제조업의 E+SG 경영 ··· 이한규

1. 내가 만났던 E+SG 128
2. 지구환경 지킴이, 환경(E) 131
3. 환경(E)의 어깨 위에 무등을 탄 SG 138
4. 중소기업, 특히 중소제조업의 환경(E)+SG 140

제7장 OTT와 ESG 경영의 쌍두마차, 넷플릭스(Netflix) ··· 박찬혁

1. 넷플릭스, 알고 계시죠? 148
2. 도대체 넷플릭스가 왜 ESG 경영을?! 149
3. 눈여겨볼 ESG 실행 사례들 150
4. '각곡유목(刻鵠類鶩)'의 길을 가야 한다 167

제8장 AI×ESG: AI 기술을 활용한 ESG 경영전략 ··· 김도연

1. AI와 ESG 경영전략의 결합 178
2. AI 기술의 발전과 ESG 적용 분야 소개 186
3. AI를 활용한 ESG 경영전략 수립과 실행 190
4. AI 책임과 윤리 193
5. AI와 ESG 경영전략 미래 전망 199

제9장 ESG 경영환경에서 여성의 역할과 책임 … 이기춘

1. 여성시대(女性時代) 208
2. 여성과 남성 209
3. ESG 경영은 여성시대를 추구한다 214
4. 여성의 역할과 책임 216
5. 맺음말 219

제10장 ESG 경영전략: 사회(S)영역 보고서 작성요령 … 공호근

1. ESG의 중요성 226
2. ESG 경영전략 228
3. 지속가능보고서 사회(S)영역 보고서 작성 232

제11장 가면무도회 속의 ESG 전략 … 김태영

1. 국가 간 경제파워게임과 자본시장에 대한 이해 266
2. 기업의 ESG 적용사례 중 'ESG' 관련 협력업체 요구사례 273
3. 코로나19와 MZ세대에 의한 경제관념의 변화 279
4. 비상장기업 및 중소기업과 소상공인의 ESG 한계점 283
5. ESG 기준에 대한 소상공인 인터뷰 286
6. 맺음말 295

제12장 ESG워싱 이슈 및 대응 방안: 그린워싱 (Green Washing)을 중심으로 ··· 천정호

1. 머리말 304

2. ESG워싱의 정의 305

3. 그린워싱의 유형 307

4. 그린워싱의 사례 309

5. 각국의 그린워싱 방지대책 311

6. 그린워싱 이슈 및 대응 방안 313

7. 맺음말 317

제13장 쓰레기에 AI를 접목하면 ESG 머니가 된다 ··· 김현희

1. 쓰레기가 돈이 되는 순환경제 324

2. 탄소중립을 달성하기 위한 순환경제 329

3. 플라스틱 순환경제 331

4. AI 인공지능+폐플라스틱=ESG 머니 338

5. 순환경제 성공을 위한 대응전략 340

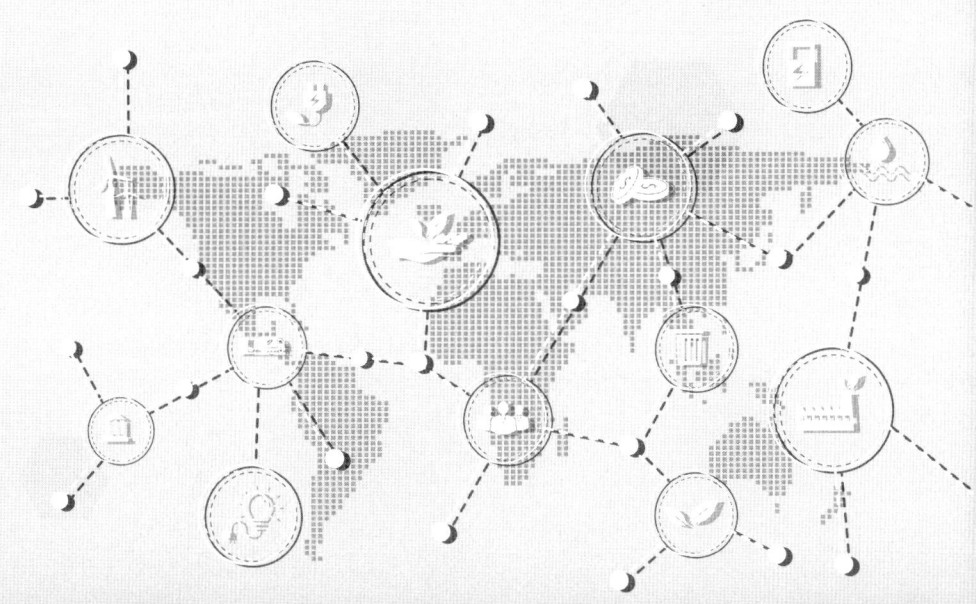

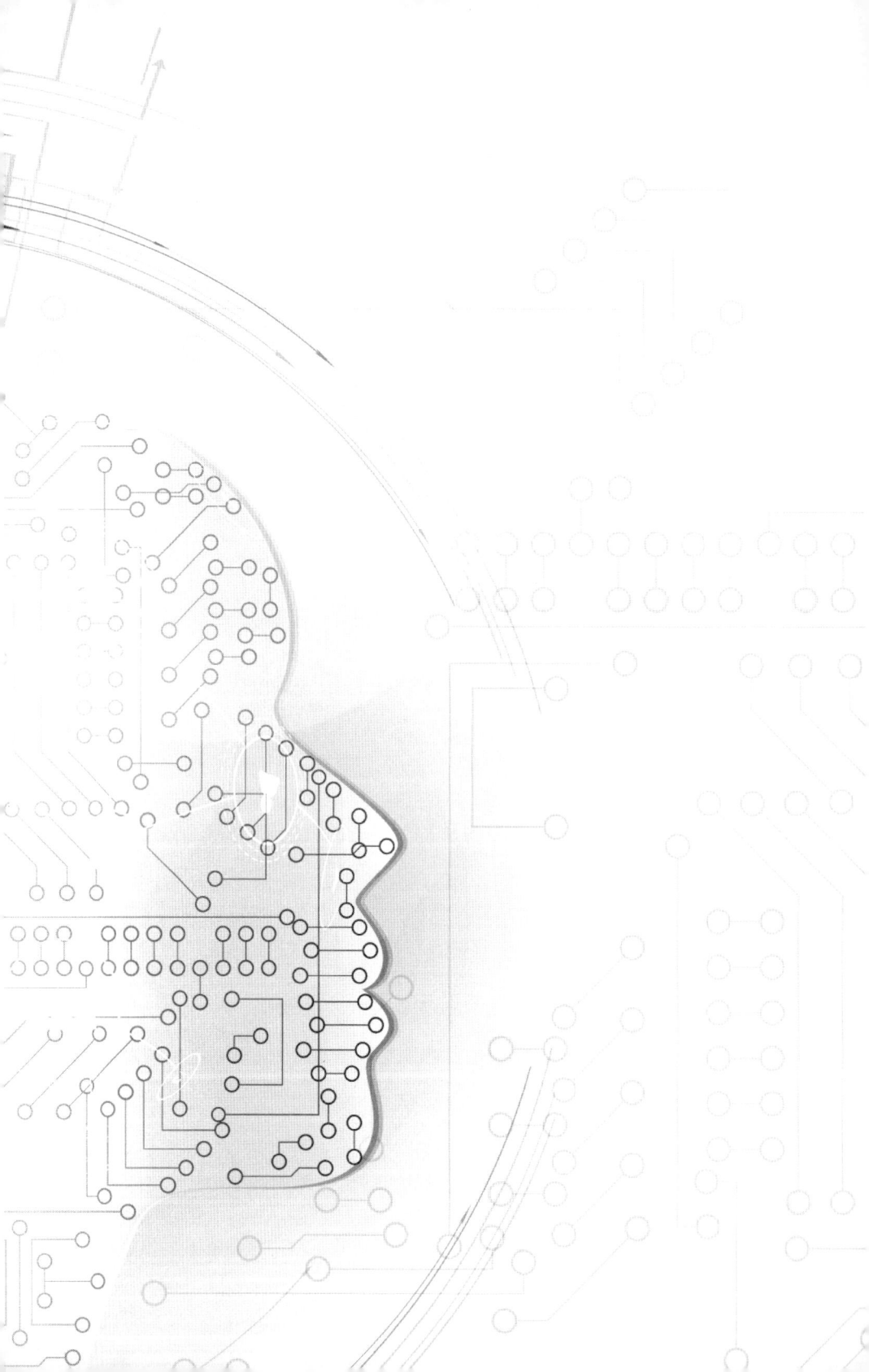

제1장

ESG 경영전략과 브랜드 경영자산

김영기

1. ESG 경영도입이 시급한 배경

최근 지구촌의 기후위기, 사회적 약자층의 고질적인 증가, 기업의 지배구조의 불투명성과 도덕적 해이 등이 심각한 문제로 떠오르고 있는 가운데 이미 미국과 EU 등 선진국들은 ESG 경영을 생활화하고 있고 전 세계적으로 확산 추세에 있어 지구촌의 거의 모든 기업들에게는 거스를 수 없는 요구사항으로 강요되고 있다. 물론 장기불황이나 기업경영 실패로 아직도 일부 이기적이고 탐욕적인 국수주의나 자기중심적인 기업경영의 행태들이 다소 있기는 하지만 ESG 경영은 앞으로 수십 년 이상 장기적인 트렌드로 자리 잡을 것으로 예상된다.

이와 같은 흐름에 부응하여 기업의 ESG(Environmental, Social and Governance) 경영이 점점 더 시급해지고 있다. 기후나 환경 지속가능성, 사회적 책임 및 지배구조의 윤리적 비즈니스 관행에 대한 인식과 관심이 높아지면서 기업은 ESG 경영을 우선시하게 되었다.

ESG 경영을 이끄는 첫 번째 이슈는 환경경영으로 환경보호와 기후위기에 지구촌 기업들이 함께 대처해야 한다는 의무감 증가다. 기업들은 선진 글로벌 기업들의 수출규제나 요구에 의하여 금융기관, 투자자 및 소비자로부터 탄소배출량과 폐기물을 줄여야 한다는 점점 더 큰 압력을 받고 있다. 특히 최근에 지구온난화를 넘어 지구열대화로 기후위기가 심각하게 지구촌을 위협하고 있다.

2023년 7월 29일 자 동아일보 윤다빈·이기욱 기자의 「유엔 "지구 온난화 넘어 열대화"… 올 7월 역사상 가장 더웠다」라는 보도에 따르면, 안토니우 구테흐스 유엔사무총장은 2023년 7월 27일(현지 시간) "올해 7월이 역사상 가장 더운 달"이라는 세계기상기구(WMO)의 분석을 토대로 이같이 경고했다. 구테흐스 사무총장은 이어 "현재 기후변화는 공포스러운 상황이지만 시작에 불과하다"고 덧붙였다. WMO는 이날 유럽연합(EU)이 지원하는 기후변화 감시기구 코페르니쿠스 기후변화서비스(C3S)의 관측 데이터를 바탕으로 "올해 7월 1~23일 지구 평균 지표면 기온은 16.95℃로, 이달 첫 3주가 지구가 가장 더웠던 3주로 확인됐다"고 밝혔다. 이는 역대 가장 더운 달로 기록된 2019년 7월 16.63℃를 뛰어넘는 수치다. WMO는 현재 추세를 고려하면 올 7월은 역대 가장 더운 달이 될 것이라고 전망했다.

ESG 경영을 추진하는 두 번째 이슈는 기업의 사회적 책임경영으로 사회적 책임(SCR)과 기업을 둘러싸고 있는 투자자, 내부직원, 소비자, 공급업체, 지역사회 등 모든 공중(Public, 公衆)의 니즈를 우선시하는 사회적 책임경영을 요구받고 있다. 기업은 사회에 긍정적으로 기여할 책임이 있으며 이것이 기업경영에 장기적으로 도움이 될 수 있음을 깨닫고 있다.

또한 소비자와 투자자의 기업 투명성과 사회적 책임에 대한 요구가 증가하고 있다. 소비자는 기업의 윤리적 관행에 점점 더 관심을 갖고 있으며 자신의 가치와 일치하는 제품과 서비스에 더 많은 비용을 지불할 의향이 있다. 투자자들은 또한 투명성과 책임성을 우선시하는 회사를 찾고 있다. 이는 더 나은 장기 성과로 이어질 수 있기 때문이다.

ESG 경영을 이끄는 세 번째 이슈는 기업의 지배구조 투명성 경영이다. 기업의 변칙적인 상속이나 세습경영 등 전근대적인 관행을 지양하고 지속가능한 투명경영을 통한 비용 절감 및 효율성 경영의 가능성이다. 아직도 관행적으로 이루어지고 있는 불투명한 지배구조로 대주주의 횡포나 거대자본을 이용한 편법 지배구조 관행 등은 빠른 시일 내 청산되어야 할 요소이다.

이와 같이 ESG 경영은 기업이 지속가능한 기후위기 대처, 에너지 및 물 소비 감소, 탄소배출 감소, 폐기물 감소 등 효율성 개선으로 이어질 수 있음을 깨닫고 있다.

더 나아가 ESG 경영활동은 기업의 브랜드 인지도 향상과 기업의 브랜드 신뢰도 제고를 통하여 기업의 명성과 브랜드를 향상시킬 수 있다. 지속가능성과 사회적 책임을 우선시하는 기업은 소비자, 내부 직원 및 투자자를 유치하고 유지할 수 있다.

마지막으로 법적 책임 및 공급망 중단과 같은 ESG 경영요소와 관련된 재정적 위험이 있다. ESG 경영을 우선시하지 않는 기업은 법적 조치, 평판 실추 및 공급망 차질에 직면할 수 있다.

2. ESG 경영의 필요성과 중요성

그동안 기업은 이윤 창출을 위한 집단으로서 빠른 경제적 성장을 최우선 과제로 생각해왔다. 그로 인해 환경오염, 사회적 불평등, 경영상의 위법 행위, 정경유착 등의 부작용이 심화되었다.

이전에는 기업이 가진 거대자본으로 이러한 문제점이 부각되지 않도록 숨겨왔으나, 인터넷이 발전하고 개인들이 집단활동을 시작하면서 기업경영의 문제점을 지적하는 목소리를 덮는 것이 어려워졌다. 게다가 이들이 단순 비판에 그치지 않고 집단 불매운동이나 주식투자를 통해 직접적으로 기업에 압박을 가하면서 기업도 더는 외면할 수 없게 된 것이다.

ESG 경영을 요구하는 개인들의 목소리가 커졌다고 해도 국가의 정책적인 압력이 없다면 아무런 효과가 없었을 것이다. 다행스럽게도 전 세계적인 규모로 기업에 ESG 경영을 요구하는 정책적인 압박이 강해지고 있다.

유럽의 경우, 지속가능성을 원칙으로 하는 기업의 의무를 법제화하여 ESG 정보를 공시하도록 의무화하고 있으며 우리나라에서도 2030년까지 모든 코스피 상장 기업에 대해 ESG 관련 공시를 의무화하는 정책이 도입될 예정이다.

또한 각국의 주요 투자자들이 향후 ESG를 주요 투자 정보로 활용할 것을 예고했으며, ESG 평가 기준에 적합하지 않은 기업에 대해서는 아예 투자 대상에서 제외하겠다고 선언하기도 하였다. 당장 우리나라 국민연금공단도 2022년까지 운용 자산의 50%를 ESG 기업에 투자할 계획이라고 밝혔으니 기업들이 ESG 경영에 주목하는 것은 당연하다고 볼 수 있겠다.

ESG가 기업에게 중요한 이유를 2021년 7월 21일 대한상공회의소와 삼정KPMG가 발간한 『중소·중견기업 CEO를 위한 알기 쉬운 ESG』에서 다음과 같이 4가지로 설명하고 있다.

투자자의 ESG 요구 증대

기업의 ESG 활동은 기업뿐만 아니라 기업을 둘러싼 다양한 이해관계자가 얽혀있는 이슈이다. 기후변화 위기와 코로나19 팬데믹을 거치면서 기업의 핵심 이해관계자인 투자자, 고객, 신용평가사, 정부는 기업에게 높은 수준의 ESG 경영체계를 갖추도록 강력하게 요구하고 있다.

고객의 ESG 요구 증대

글로벌 기업들은 ESG 경영이 미흡한 공급사와는 거래를 하지 않겠다는 움직임을 보이고 있다. 분업화된 공급망 구조에서 자칫 ESG에 소극적인 기업은 향후 고객 기반을 상실할 수도 있다. ESG에 반하는 공급망 관리가 사회적인 논쟁으로 부상하기도 했다.

신용평가에 ESG 반영

글로벌 신용평가기관인 무디스(Moody's), 피치(Fitch Ratings) 그리고 S&P(Standard&Poor's) 등에서는 ESG 평가 결과를 신용 등급에 반영하고 있다.

ESG 정부 규제 강화

유럽의 경우 2006년 UNPRI가 ESG 투자 원칙을 발표하면서 본격적으로 기업의 비재무적 요소에 대한 공시 강화가 추진되었다. 유럽은 2021년 3월부터 연기금을 시작으로 은행과 보험사, 자산운용사로 ESG 관련 공시 의무를 확대했고, 영국은 모든 상장 기업들에 2025년까지 ESG 정보 공시를 의무화할 예정이다.

우리나라의 경우 이미 2019년부터 자산총액 2조 원 이상의 코스피 상장사를 중심으로 기업지배구조 핵심정보를 투자자에게 의무적으로 공시하도록 규정했다. 그리고 2021년 1월 금융위원회가 ESG 공시의 단계적 의무화를 추진하겠다고 발표했다. 현재 자율적으로 작성하고 공시하는 지속가능경영보고서 공시를 단계적으로 의무화하겠다는 것이 핵심으로, 먼저 2025년부터 2030년까지는 자산 2조 원 이상, 2030년 이후에는 전 코스피 상장사를 대상으로 확대할 예정에 있다.

3. ESG 경영전략과 브랜드자산

기업의 자산은 유형자산과 무형자산으로 나누어진다. 유형자산은 현금, 주식, 사옥, 사무실이나 공장 같은 부동산 등이며 무형자산은 특허나 브랜드자산 등을 말한다. 그렇다면 비재무적인 ESG 평가 기준에 부합하는 브랜드자산은 구체적으로 어떤 것을 말하는 것일까?

출처: Brand Finance, Global 500, The annual report on the world's most valuable and strongest brands, 2023.1. (https://static.brandirectory.com/reports/brand-finance-global-500-2023-preview.pdf)

1) 브랜드자산(Brand Equity)

브랜드자산(Brand Equity)이란 브랜드의 이름 및 상징과 관련하여 형성된 자산의 총액에서 부채를 뺀 것으로 '어떤 제품이나 서비스가 브랜드를 가졌기 때문에 발생된 바람직한 마케팅 효과(높은 브랜드 충성도, 시장점유율 또는 수익)'다(Keller).

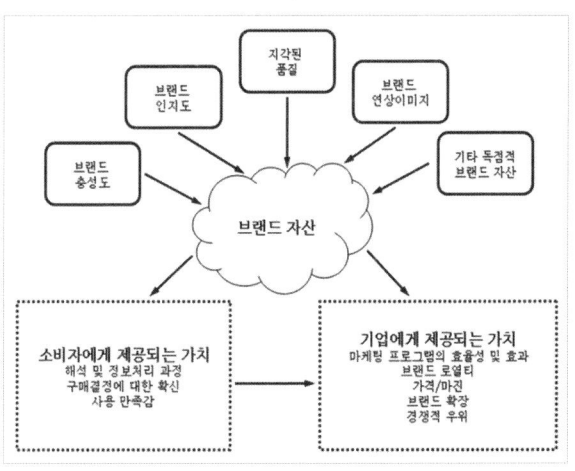

출처: Aaker. D. A., 「The value of Brand Equity」 『Journal of Business Strategy』, pp.29~32, 1992.

브랜드의 거장이자 대가인 Asker에 의하면, 브랜드자산이란 브랜드 인지도, 지각된 품질, 브랜드 충성도, 브랜드 연상이미지 등을 말하며 브랜드자산은 소비자에게 구매결정에 대한 확신과 사용 만족감을 주는 등 소비자에게 제공되는 가치를, 기업에게는 브랜드 로열티와 경쟁적 우위 등의 가치를 제공한다.

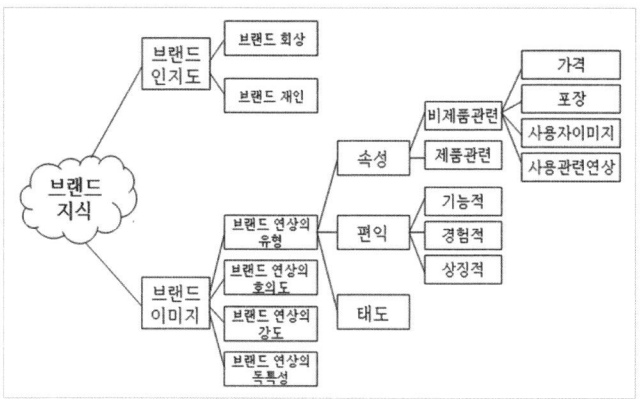

출처: Keller. K. L., 「Conceptualizing, measuring, and managing customer-based brand equity」, 「Journal of Marketing」, vol 57, p.7, 1993.

그리고 브랜드마케팅 학문의 양대 거장인 켈러(Keller)는 브랜드자산을 브랜드 지식과 동일시하면서 브랜드자산 구성요소로 브랜드 인지도와 브랜드 이미지로 크게 대별하였다.

또한 필자는 2009년도 박사학위 논문「마케팅 커뮤니케이션이 아파트 브랜드 프리미엄에 미치는 영향에 관한 연구」에서 브랜드자산을 브랜드 인지도와 신뢰도로 대별하고 기업의 무형자산인 브랜드자산이 제품이나 서비스의 프리미엄에 영향을 미치는 것을 실증적으로 밝혀내기도 하였다.

이와 같이 기업의 ESG 경영활동들 즉 기업이 환경보호활동(E)에 적극 참여하거나 기업적 사회적 책임을 다하는 경영활동(S)을 하거나 기업의 지배구조를 투명하게 하는 활동(G) 등은 고객들로부터 기업의 브랜드

인지도를 향상시키고 기업의 신뢰도를 제고함으로써 궁극적으로는 브랜드자산 가치를 높임으로써 경영활동에 크게 도움이 될 수 있다는 결론에 이를 수 있다. ESG 경영전략이 비재무적인 특성이 있어 단기적으로는 비용 부담이 될지 모르지만 기업의 장기적인 전략에 있어서는 마케팅적으로 큰 도움이 될 것으로 필자는 보고 있다.

2) 환경경영과 브랜드자산

환경경영이란 기업의 고유한 생산활동에 의해서 필연적으로 파생되는 환경적 훼손을 최소화하면서 환경적으로 건전하고 지속적인 발전을 도모하는 경영 방식을 말한다. 환경경영은 인간이라는 자원과 자연환경의 변화과정 및 잠재적인 가치에 초점을 두면서, 고객은 단지 제품이나 서비스의 질만이 아니라 환경책임, 지역사회에 대한 공헌 그리고 윤리적 책임까지도 기업의 질로써 평가한다는 것을 전제로 한 적극적인 경영 태도이다.

환경경영의 성공 여부는 최고경영자에서 일반 종업원까지 조직구성원 전체의 환경에 대한 인식과 가치관에 의해 결정된다고 해도 과언이 아니다. 최고경영자가 환경예산을 비용으로 인식하지 않고 투자 내지는 경쟁력 확보 차원으로 인식할 때, 그리고 종업원들이 제품 생산과 사무용품 사용에 있어 환경을 고려할 때, 이미 그 회사의 환경경영은 그 인식수준만큼 높아졌다고 할 수 있다.

기업이 탄소중립이나 탄소절감 같은 기후변화에 막대한 영향을 미치는 환경경영을 지속적으로 한다면 그 기업을 둘러싸고 있는 고객들과 공중(Public) 등은 해당 기업을 잘 인지하고 신뢰함으로써 브랜드자산을 축적하여 무형자산으로 그 가치를 발휘할 것으로 보인다.

3) 사회적 책임과 브랜드자산

기업의 사회적 책임이란 '기업이 사회 제도로서 수행하여야 할 비경제적 기업 목적'을 의미한다. 쉽게 말해서 법에 의한 의무나 회사가 직접적으로 얻을 수 있는 경제적인 손익 계산을 넘어서 지속가능한 경제 개발을 위해 기업 스스로가 사회의 한 구성원임을 자각하고 사회와 다른 구성원들을 위해서 책임을 다하는 것이라고 볼 수 있다.

사회적 책임은 크게 자선적 책임, 윤리적 책임, 법적 책임, 경제적 책임의 4가지로 분류할 수 있다. 첫 번째인 자선적 책임은 불우이웃돕기, 장학사업, 사회봉사 등 사회적 약자를 돕자는 취지로, 반드시 지켜야 하는 것은 아니지만, 일반적인 가치관에 따라 기업이 그런 활동을 해주기를 바라는 것들을 말한다. 두 번째는 윤리적 책임으로, 환경보호, 인권존중, 신뢰, 투명한 거래, 정직한 판매 등 기업윤리에서 취급하는 문제를 말한다. 이 또한 의무적인 사항은 아니지만 지키지 않으면 기업 이미지에 해가 될 수 있다. 세 번째는 법적 책임으로, 뇌물, 폐수 방류 등 사회적 가치관의 최저수준을 말하며 이를 지키지 않으면 처벌을 받는 강제적인 종류의 책임이다. 네 번째는 경제적 책임으로, 기업활동을 위한 각종 경영전략, 기술혁신, 인사정책, 이익 최적화를 위한 활동들을 말하며 주주와 이해관계자가 기업경영자에게 요구하는 책임이다.

기업의 SCR활동 같은 사회적 책임경영은 소비자들과 공중(Public)들로 하여금 존경을 받고 인식을 하여 궁극적으로 기업의 매출이나 이익에도 좋은 효과로 나타나는 브랜드자산 역할을 할 것이다.

4) 투명한 지배구조와 브랜드자산

기업의 지배구조는 기업경영의 통제에 관한 시스템을 말하며 기업경영에 직접적 또는 간접적으로 참여하는 주주, 경영진, 근로자 등의 이해관계를 조정하고 규율하는 제도적 장치와 운영 기구를 말한다. 즉 기업의 소유구조뿐만 아니라 주주의 권리, 주주의 동등 대우, 기업 지배구조에서 이해관계자의 역할, 공시 및 투명성, 이사회의 책임 등을 포괄하고 있는 개념이다.

투명하고 효율적인 지배구조는 기업 경쟁력의 원천이 되어 장기적인 경제성장으로 이끌어주지만, 그렇지 못한다면 지속가능한 발전은커녕, 오너 리스크로 인해 단기적으로 기업경영에 큰 타격을 입을 수 있다.

이와 같은 투명한 지배구조경영 역시 공시나 언론보도를 통한 기업의 투명성과 공성성으로 주주나 투자자들에게 좋은 이미지를 형성하여 브랜드자산이 될 수 있는 것이다.

이상과 같이 ESG 경영은 비재무적인 요소이지만 기업의 무형자산인 브랜드 인지도나 브랜드 신뢰도를 향상시켜 궁극적으로는 기업경영에 크게 도움이 되는 요인으로 작용할 것으로 보인다.

참고문헌

- 대한상공회의소, 삼정KPMG, 「중소·중견기업 CEO를 위한 알기 쉬운 ESG」, 2021.7.21.
- 국가기술표준원, 한국표준협회, 「ESG 경영·평가 대응을 위한 ISO·IEC 국제표준 100선 가이드」, 2021.6.23.
- 홍종성, 「지속가능경영, ESG 경영으로의 전환을 위한 기업들의 전략적 접근 방안」, Deloitte Insights, 2020.11.26.
- 김형규, 「LG, ESG 브랜드 2년 연속 1위 올랐다」, 한국경제신문, 2023.8.7.
- 윤다빈, 이기욱, 「유엔 "지구 온난화 넘어 열대화"… 올 7월 역사상 가장 더웠다」, 동아일보, 2023.7.29.
- 이현주, 「'ESG 경영'의 짧지만 긴 역사… 브룬트란트 보고서에서 지속가능경영까지」, 한경비즈니스, 2021.3.30.
- 정승환, 「2002년 유엔환경계획 F1서 첫 등장… ESG, CSR과 개념 달라」, 매일경제, 2021.4.21.
- 송협, 「전 세계 기업들이 주목하는 ESG 경영은?」, 데일리포스트, 2021.5.6.
- 조근석, 「그래서 'ESG 경영'이 뭔가요」, 아이뉴스24, 2021.4.28.
- 대신증권, 「ESG가 뭐길래, 요즘 기업들 사이에서 난리일까」, 대신증권, 2021.5.10.
- 전경련, ESG 투모로우(http://www.esgtomorrow.co.kr)
- 불꽃소년, 「ESG 경영의 시급성: 국내 기업이 나서는 이유」, 네이버 블로그(https://blog.naver.com/ftdx2665/223104361095), 2023.5.17.

저자소개

김영기 KIM YOUNG GI

학력
- 영어영문학 학사·사회복지학 학사·교육학 학사 졸업
- 신문방송학 석사·고령친화산업학 석사 수료
- 부동산경영학 박사·사회복지상담학 박사 수료·경영학 박사 과정 중

경력
- 미국 캐롤라인대학교 경영학과 교수
- KCA한국컨설턴트사관학교 총괄교수
- KBS 면접관·KPC 부설 '한국사회능력개발원' 면접관 교육 총괄교수
- 정보통신산업진흥원 등 10여 개 기관 심사평가위원
- 소상공인시장진흥공단 소상공인 컨설턴트
- 중소기업중앙회 노란우산 경영지원단 전문위원
- 서울시·중앙대·남서울대·경남신보 창업 전문강사
- 중앙대·경기대·세종대·강남대·한국산업기술대 강사 역임

자격
- 경영지도사·국제공인경영컨설턴트(ICMCI CMC)
- 사회적기업코칭컨설턴트·협동조합코칭컨설턴트

- 창직컨설턴트 1급·창업지도사 1급·브레인컨설턴트·국가공인브레인트레이너·HR전문면접관(1급) 자격증·ISO국제선임심사원(ISO9001, ISO14001, ISO27001)

저서

- 『부동산경매사전』, 일신출판사, 2009.(김형선 외 4인 공저)
- 『부동산용어사전』, 일신출판사, 2009.(김형선 외 4인 공저)
- 『부동산경영론연구』, 아이피알커뮤니케이션, 2010.(김영기)
- 『성공을 위한 리허설』, 행복에너지, 2012.(김영기 외 20인 공저)
- 『억대 연봉 컨설턴트 프로젝트』, 시니어파트너즈, 2013.(김영기)
- 『경영지도사 로드맵』, 시니어파트너즈, 2014.(김영기)
- 『메타 인지 학습: 브레인 컨설턴트』, e경영연구원, 2015.(김영기)
- 『메타 인지 학습: 진짜 공부 혁명』, e경영연구원, 2015.(양영종 외 2인 공저)
- 『창업과 경영의 이해』, 도서출판 범한, 2015.(김영기 외 1인 공저)
- 『NEW 마케팅』, 도서출판 범한, 2015.(변명식 외 3인 공저)
- 『브레인 경영』, 도서출판 범한, 2016.(김영기 외 7인 공저)
- 『저작권 진단 및 사업화 컨설팅(서진씨엔에스, 쿠프, 아이스페이스)』, 충청북도지식산업진흥원, 2017.(김영기)
- 『저작권 진단 및 사업화 컨설팅(와바다다)』, 강릉과학산업진흥원, 2018.(김영기)
- 『공공기관 합격 로드맵』, 브레인플랫폼(주), 2019.(김영기 외 20인 공저)
- 『브레인경영 비즈니스모델』, 렛츠북, 2019.(김영기 외 6인 공저)
- 『저작권 진단 및 사업화 컨설팅(파도스튜디오)』, 강릉과학산업진흥원, 2019.(김영기)
- 『2020 소상공인 컨설팅』, 렛츠북, 2020.(김영기 외 9인 공저)
- 『공공기관·대기업 면접의 정석』, 브레인플랫폼(주), 2020.(김영기 외 20인 공저)
- 『인생 2막 멘토들』, 렛츠북, 2020.(김영기 외 17인 공저)
- 『4차산업혁명시대 AI블록체인과 브레인경영』, 브레인플랫폼(주), 2020.(김영기 외 21인 공저)
- 『재취업전직서비스 효과적모델』, 렛츠북, 2020.(김영기 외 20인 공저)
- 『미래유망자격증』, 렛츠북, 2020.(김영기 외 19인 공저)
- 『창업과 창직』, 브레인플랫폼(주), 2020.(김영기 외 17인 공저)
- 『경영기술컨설팅의 미래』, 브레인플랫폼(주), 2020.(김영기 외 18인 공저)
- 『공공기관 합격 노하우』, 브레인플랫폼(주), 2020.(김영기 외 20인 공저)

- 『신중년 도전과 열정』 브레인플랫폼(주), 2020.(김영기 외 18인 공저)
- 『저작권 진단 및 사업화 컨설팅(더웨이브컴퍼니)』 강릉과학산업진흥원, 2020.(김영기)
- 『4차산업혁명시대 및 포스트코로나시대 미래비전』 브레인플랫폼(주), 2020.(김영기 외 18인 공저)
- 『소상공인&중소기업컨설팅』 브레인플랫폼(주), 2020.(김영기 외 15인 공저)
- 『미래 유망 기술과 경영』 브레인플랫폼(주), 2021.(김영기 외 21인 공저)
- 『공공기관 채용의 모든 것』 브레인플랫폼(주), 2021.(김영기 외 21인 공저)
- 『신중년 N잡러가 경쟁력이다』 브레인플랫폼(주), 2021.(김영기 외 22인 공저)
- 『안전기술과 미래경영』 브레인플랫폼(주), 2021.(김영기 외 21인 공저)
- 『퇴직전문인력 일자리 활성화를 위한 '경영지도 및 진단전문가' 모델 사례연구』 한국연구재단, 2021.(김영기)
- 『창직형 창업』 브레인플랫폼(주), 2021.(김영기 외 17인 공저)
- 『신중년 도전과 열정2021』 브레인플랫폼(주), 2021.(김영기 외 17인 공저)
- 『기업가정신과 창직가정신 그리고 창업가정신』 브레인플랫폼(주), 2021.(김영기 외 12인 공저)
- 『4차산업혁명시대 AI블록체인과 브레인경영2021』 브레인플랫폼(주), 2021.(김영기 외 8인 공저)
- 『ESG경영』 브레인플랫폼(주), 2021.(김영기 외 23인 공저)
- 『메타버스를 타다』 브레인플랫폼(주), 2021.(공저)
- 『N잡러시대, N잡러 무작정 따라하기』 브레인플랫폼(주), 2021.(김영기 외 15인 공저)
- 『10년 후의 내 모습을 상상하라』 브레인플랫폼(주), 2022.(김영기 외 10인 공저)
- 『공공기관채용과 면접의 기술』 브레인플랫폼(주), 2022.(김영기 외 19인 공저)
- 『N잡러 컨설턴트 교과서』 브레인플랫폼(주), 2022.(김영기 외 25인 공저)
- 『프롭테크와 메타버스NFT』 브레인플랫폼(주), 2022.(김영기 외 11인 공저)
- 『팔도강산팔고사고』 브레인플랫폼(주), 2022.(공저)
- 『정부·지자체의 창업지원금과 지원제도의 모든 것』 브레인플랫폼(주), 2022.(김영기 외 10인 공저)
- 『미래를 위한 도전과 열정』 브레인플랫폼(주), 2022.(김영기 외 6인 공저)
- 『AI 메타버스시대 생존을 위한 ESG경영 실행전략』 브레인플랫폼(주), 2022.(김영기 외 24인 공저)
- 『퇴직전문인력 일자리 활성화를 위한 경영지도 및 진단전문가 모델 사례연구』 유페이퍼, 2022.(김영기)

- 『창업경영컨설팅 현장사례』 브레인플랫폼(주), 2022.(공저)
- 『채용과 면접 교과서』 브레인플랫폼(주), 2023.(공저)
- 『100세시대 평생교육 평생현역』 브레인플랫폼(주), 2023.(김영기 외 15인 공저)
- 『모빌리티 혁명』 브레인플랫폼(주), 2023.(김영기, 이상헌 외 9인 공저)
- 『평생현역 N잡러 도전기』 브레인플랫폼(주), 2023.(김영기 외 14인 공저)
- 『미래 유망 일자리 전망』 브레인플랫폼(주), 2023.(김영기 외 19인 공저)
- 『창업경영컨설팅 방법론 및 사례』 브레인플랫폼(주), 2023.(김영기 외 13인 공저)
- 『AI시대 ESG 경영전략』 브레인플랫폼(주), 2023.(김영기 외 12인 공저)

수상

- 문화관광부장관표창(2012)
- 대한민국청소년문화대상(2015)
- 대한민국교육문화대상(2016)
- 대한민국신지식인(교육분야)인증(2020)

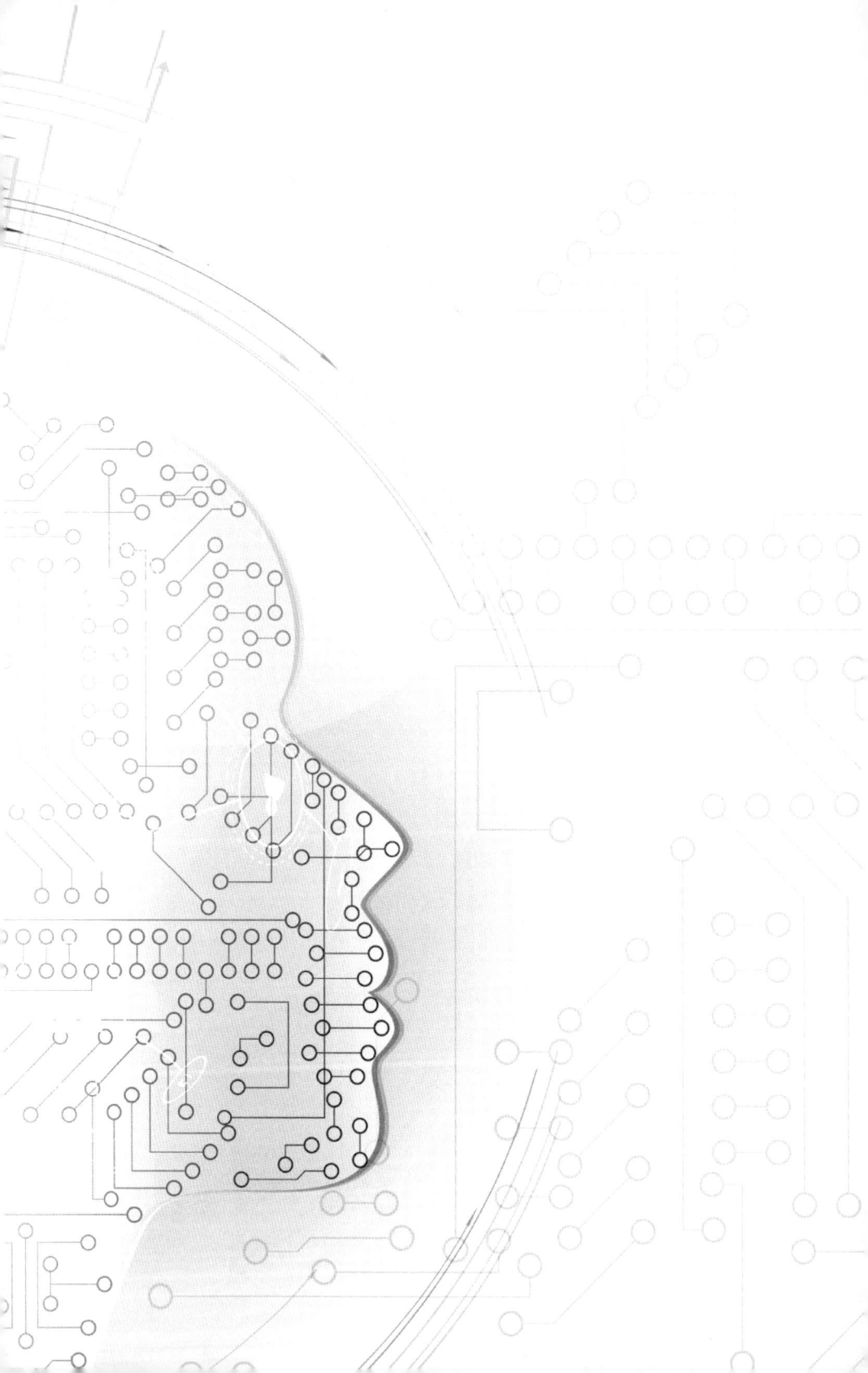

제2장

지방자치단체의 ESG 경영전략

최효근

1. 사회공동체 지속가능발전을 위한 역할

최근 우리 사회가 4차 산업혁명시대 및 기후위기시대 그리고 지방소멸위기시대를 맞고 있는 상황에서 ESG 경영은 지방자치단체의 지속가능성, 사회적 책임, 윤리적 투명행정을 위한 노력 등을 환경·사회·지배구조 등의 3가지 관점에서 평가 및 분석할 수 있는 잣대가 되고 있고, 이에 따라 ESG 기반 평가는 각 지방자치단체의 운영에 기업의 ESG 경영을 반드시 도입하도록 영향을 미치고 있다.

중앙정부의 지방자치단체에 대한 ESG 기반 각종 지원 정책은 지방자치단체가 친환경적으로 행정을 하고, 사회적 책임에 충실하며, 건전한 행정체계를 구축하도록 유도하는 정책이 되고 있다. 또한 국비 예산지원 평가 시 지방재정자립도 향상과 지방의 균형발전뿐만 아니라 지방자치단체의 사회적 책임 노력도 ESG 기반으로 평가한다면 지방자치단체가 미래세대를 배려한 지속가능한 발전정책을 강화하도록 하는 효과를 얻을 수 있다.

지방자치단체의 ESG 경영은 다음과 같은 이유로 점점 더 중요해지고 있다.

지방자치단체는 지역사회 내에서 지속가능한 개발을 촉진하는 데 중요한 역할을 한다. 효과적인 ESG 경영을 하기 위해서는 ESG 고려사항이 지역의 정책, 프로그램 및 프로젝트에 통합되어야 하는데, 이는 현재와 미래세대를 위한 경제성장, 사회복지, 환경보호 사이의 균형을 만들어야 한다.

기후변화 및 환경문제가 계속해서 고조됨에 따라 지방자치단체는 이러한 문제를 해결하기 위한 사전 조치를 취해야 한다는 압력이 커지고 있다. ESG 경영을 통해 탄소 발자국을 줄이고, 재생 가능 에너지를 촉진하며, 천연자원을 보호하고, 환경영향을 완화시켜야 한다.

또한 지방자치단체는 지역사회의 웰빙과 포괄성을 보장할 책임이 있다. ESG 경영을 통해 사회적 요인을 의사결정에 반영함으로써 빈곤, 교육, 의료, 저렴한 주택 등의 문제를 해결하고 모든 주민에게 보다 공평한 사회를 만들어주어야 한다.

ESG 경영은 지방자치단체가 자연재해 및 기타 위기에 대한 복원력을 구축하도록 도와야 하는데, 환경위험, 사회적 취약성 및 거버넌스 기능을 고려하여 비상 상황에 효과적으로 대응하고 지역사회에 미치는 영향을 최소화하는 전략을 개발해야 한다.

주민, 기업 및 시민사회를 포함한 투자자 및 기타 이해관계자는 점점 더 지방자치단체에 더 큰 투명성과 책임을 요구하고 있다. ESG 성과는 지방자치단체가 위험과 기회를 얼마나 잘 관리하는지를 나타내는 핵심지표가 되어 투자 매력, 경제성장 및 전반적인 평판에 영향을 미치기 때문이다. ESG 경영을 구현하면 지방자치단체의 비용 절감 및 효율성 향상으로 이어질 수 있고, 에너지 효율적인 인프라, 폐기물 감소 및 지속가능한 조달은 시간이 지남에 따라 운영 비용을 낮출 수 있다.

많은 지방자치단체는 환경보호, 사회적 문제 및 거버넌스 기준과 관련된 국내 및 국제 규정의 적용을 받게 되는데, ESG 경영을 통해 이러한 요구사항을 준수하고 잠재적인 법적 및 평판 위험을 피할 수 있다.

ESG 경영은 지방자치단체, 기업, NGO 및 커뮤니티 간의 협업을 촉진한다. 파트너십을 통해 지방자치단체는 리소스, 전문 지식 및 자금을 활용하여 복잡한 문제를 보다 효과적으로 해결하는 영향력 있는 이니셔티브를 구현해야 한다.

지방자치단체의 ESG 경영은 지속가능한 개발을 촉진하고, 환경문제를 해결하며, 사회적 평등을 강화하고, 거버넌스 관행을 개선하는 데 필수적이다. 이러한 원칙을 수용함으로써 지방자치단체는 이해관계자의 기대를 충족하고 더 광범위한 글로벌 지속가능성 목표에 기여하면서 보다 탄력 있고 번영하는 지방자치단체를 만들 수 있다.

2. 지방자치단체의 ESG 경영평가

지방자치단체의 ESG 경영평가는 매우 중요하다. 이를 통해 지방자치단체는 환경, 사회 및 거버넌스 측면에서 성과를 평가할 수 있고, 지속가능성, 사회적 형평성 및 효과적인 거버넌스를 촉진하기 위한 그들의 노력에 대해 양적 및 질적 평가를 받을 수 있다.

또한 ESG 경영평가는 지방자치단체의 책임성과 투명성을 향상시키는데, 성과를 측정하고 공개함으로써 그들은 거주자, 투자자 및 기타 이해관계자 간의 신뢰를 조성하는 책임 있고 윤리적인 관행에 대한 약속을 보여준다. ESG 평가를 통해 다양한 영역에서 강점과 약점을 파악할 수 있고, 이를 통해 성공을 기반으로 발전하고 개선이 필요한 영역을 해결할 수 있으므로 보다 효과적인 정책 결정 및 자원 할당으로 이어갈 수 있다.

또한 평가를 통해 다른 지자체 또는 모범 사례와 비교하여 성과를 벤치마킹할 수 있고, 이를 통해 다른 지자체로부터 배우고, 혁신적인 접근방식을 채택하며, 지속적인 개선을 추진하기 위한 야심찬 목표를 설정할 수 있다. 가장 중요한 것은 주민, 기업 및 시민사회 단체를 포함한 이해관계자가 평가 프로세스에 참여하여 지속가능성 및 거버넌스에 대한 협력적 접근방식이 촉진되어 의사결정에서 서로 다른 그룹의 관점이 반영될 수 있다.

또 지방자치단체가 관련 환경, 사회 및 거버넌스 규정을 준수하는지 모니터링하는 데 도움이 되고, 이를 통해 법적 요구사항을 충족하고 비준수와 관련된 잠재적 위험을 사전에 관리할 수 있다. 긍정적인 ESG 경영평가는 지속가능성 중심 조직의 인정 및 수상으로 이어져 지방자치단체의 평판을 더욱 높이고 긍정적인 관심을 끌 수 있다.

1) 평가 항목

지방자치단체의 ESG 경영평가 시 고려해야 하는 항목별 세부사항은 다음과 같다.

(1) 환경(Environmental)

기후변화 대응 정책 및 환경오염(쓰레기, 폐기물) 관리 정책, 에너지효율 향상(신재생에너지) 및 그린주택 정책, 자원순환 및 재활용 정책, 그린산업 육성 및 지원 정책, 탄소흡수원(산림·녹지 및 습지) 조성 정책, 친환경농업 정책, 환경 캠페인 및 교육 정책 등이 있다. 지방자치단체가 심각한 기후변화 대응 차원에서 환경 관련 모든 정책을 친환경적으로 결정하고 실행하면 2050 탄소중립사회 실현 목표를 달성할 수 있고 생태계의 지속가능성을 보장할 수 있다.

(2) 사회(Social)

지역민의 삶의 질 개선 정책, 지역사회 구성원 간 격차 해소 정책, 인권, 성별 등 다양성 존중 정책, 교육 및 주거 환경개선 정책, 보건·방역 및 재난 안전 정책, 지속가능한 일자리 창출 정책 등이 있다. 지방자치단체의 지속가능한 발전을 위해서는 지속적인 지방재정 수입이 보장되는 지역사회환경이 필요하므로 지방자치단체는 지역사회에 대한 확고한 사회적 책임 의식을 가지고 지역사회의 지속가능한 발전을 견인해가는 자세가 필요하다. 그러므로 지방자치단체의 사회적 책임 행정은 단순히 복지 정책이 아닌 지역의 사회적 환경을 지방자치단체 스스로가 적극적으로 발전시키고 책임지며 관리해야 하는 것이다.

(3) 지배구조(Governance)

합리적인 열린 행정체계 구축, 지방의회활동 및 역할 강화, 재정 효율성과 건전성 확보, 지역민 간 소통 및 참여기회 확대, 공정경쟁 실천 및 투명성 제고 노력, 뇌물 및 반부패, 단체장의 공약 이행 노력 등이 있다. 지방자치단체의 행정체계는 투명행정이 핵심이며, ESG 위원회 및 건전한 필요위원회를 구성하고 합리적인 내부감사체제를 갖추고 있어야 한다. 또한 지방자치단체의 행정 집행에 있어서 친환경 행정, 사회적 책임 행정 그리고 윤리적 투명 행정이 매우 중요하다. 투명 행정은 법적 책임의 준수는 물론이고 그 사회가 요구하는 윤리적 기대를 지방자치단체의 정책 결정 및 집행에 적극적으로 반영하는 것이다.

2) 평가 사례

지방자치단체가 기후위기와 지방소멸시대를 맞아 「지속가능발전기본법」 시행(2022.7.5.)에 따라 지역 지속가능성을 위해 ESG와 연계한 통합시책에 적극 나서고 있는 가운데, ESG행복경제연구소가 17개 시·도 광역지방자치단체 ESG 평가등급을 발표하였다. 지난 2021년 국내 최초로 지방자치단체 ESG 평가를 공표한 데 이은 두 번째다. 지난 2021년 첫 발표 이후 지자체들의 ESG에 대한 관심도와 수용도가 높아졌다. 특히 상당수 지자체가 위원회 설치, 컨설팅 및 교육 등을 통해 ESG 행정 기반 확대에 적극적으로 나서고 있어, ESG 평가가 이를 촉진하는 데 기여한 것으로 보인다.

이번 평가는 「지속가능발전기본법」 시행으로 지자체의 지속가능발전 기본전략(20년) 및 추진계획(5년 단위) 수립·이행이 의무화를 앞둔 가운데, 각 지자체의 ESG 지역적 기반을 포함해 행정 역량 수준 및 관심도 등을 진단하였다.

평가는 공시된 정보 및 통계를 기반으로 하였는데, 정부 통계와 보도자료, 지자체 자체 통계와 보도자료, 그리고 대외기관의 평가, 미디어 정보 및 지자체 홈페이지 등의 다양한 정보 원천을 통해 지역의 지속가능성과 국민의 삶에 연계된 정보를 수집·활용하였다.

평가 지표는 K-SDGs, 「지속가능발전기본법」, K-택소노미 및 글로벌 이니셔티브(UN-SDGs, GRI, ISO26000)등이 지향하는 목표와 가이던스를 기반으로 지자체의 환경, 사회, 거버넌스 전반에 대한 평가 기준을 도출하였다. 구체적으로 ▲ 환경분야는 환경 정책, 기후변화 대응, 폐기물 배출 및 활용, 친환경 생활 등, ▲ 사회분야는 사회 정책, 보건 및 안전, 주거와 생활, 고용과 노동, 사회통합, 성과 평가 등, ▲ 거버넌스분야는 행정 정책, 재정 건전성 및 개선도, 재정 효율성 및 개선도, 소통 및 참여, 성과 평가 등 총 60개 지표(ESG 분야별 20개), 97개 세부항목으로 구성된 평가모델을 개발·적용하였다.

정량 평가는 기본 평가, 정성 평가로 나누었는데, 정량 평가는 ESG 각 분야별 평가요소 20개(총 60개) 지표에 대한 각 항목별 최솟값~최댓값 범위를 유형별로 5 또는 3분위 피어그룹으로 구분해 0.5~1.0(3분위 0.6~0.9) 스케일로 차등 가중치를 부여하는 상대적 등급 평가방식을 활용하였다. 또한 정성 평가는 보도자료 분석 및 상급기관 수상실적 등에 대한 가점과 발생사건 및 사고 등 네거티브(Controversy) 요인에 대한 감점을 적용하였다.

등급 산정과정은 ESG 각 분야별 평점을 100점 기준으로 평가한 후, 환경 0.5, 사회 0.3, 거버넌스 0.2의 가중치를 부여해 합산점수(100점 기준)를 산출하였다. 분야별 가중치는 최근 ESG에서 강조되는 시의성 및 중요성 등을 감안해 차등 부여하였다. 이렇게 산출된 평점을 5단계(최우수 S, 우수 A, 양호 B, 보통 C, 미흡 D) 등급으로 분류하였다.

지금은 비록 광역 지방자치단체의 평가 등급을 보고 있지만 2023년 하반기에 광역 지방자치단체에 이어 전국 226개 기초자치단체에 대한 ESG 평가 등급을 발표할 계획이어서 지방자치단체가 단순 행정서비스에서 벗어나 적극적인 사회적 가치창출에 주력하는 모습을 통해 사회적 가치와 삶의 만족도를 평가해보는 좋은 기회가 될 것으로 보인다.

<광역 지방자치단체 ESG 평가등급 현황>

구분	종합등급	E(환경)	S(사회)	G(거버넌스)
제주특별자치도	A	A	A	B
대전광역시	A	A	A	A
광주광역시	A	A	A	B
세종특별자치시	A	A	A	C
전라남도	B	B	A	B
경기도	B	B	A	A
전라북도	B	A	B	B
서울특별시	B	A	C	B
인천광역시	B	B	B	A
대구광역시	B	B	C	A
경상남도	B	B	B	B
강원도	B	B	B	C
부산광역시	B	B	C	B
충청남도	B	C	A	A
울산광역시	B	B	A	C
경상북도	B	B	B	B
충청북도	B	C	B	B

출처: ESG행복경제연구소 보도자료, 2023.5.15.

3. 지방자치단체의 ESG 경영 우수사례

최근 많은 지방자치단체들이 기업의 ESG 경영을 따라잡기에 분주하다. 지방자치단체가 ESG 경영을 추진하면 양극화 해소를 위한 사회적 약자 지원, 환경문제를 개선하는 사회적 가치 창출에 집약적인 효과를 견인할 수 있기 때문이다.

이러한 가운데 경기도 광명시(시장 박승원)는 지속가능발전 목표(SDGs)로 ESG와 연계한 ESG 행정을 한발 앞서 펼쳐오고 있다. 광명시는 민선 7기가 출범한 2018년부터 지속가능한 도시 실현을 시정의 근간으로 삼고 전담조직과 지속가능발전 기본 조례를 수립하는 행정체계를 확립하였다. 유엔이 수립한 지속가능발전 17대 목표(SDGs, Sustainable Development Goals)에 부응해 2020년에는 광명형 지속가능발전 17대 목표와 115개 지표를 수립하고 도시의 지속가능성을 위한 조건으로 평생학습과 탄소중립, 자치분권과 자족 가능한 경제 활성화를 역점으로 추진해왔다.

민선 8기에는 그간 추진해온 광명시 지속가능발전 17대 목표를 보다 효율적으로 달성하기 위해 환경, 사회, 거버넌스인 ESG를 행정에 도입하면서 지방자치단체가 지속가능한 성장을 위해 걸어가야 할 표준을 확립하고 있다.

광명시 ESG는 주요 시정에 ESG를 연계하는 방안으로는 ▲ 탄소중립과 양극화 해소, ▲ 공동체 활성화를 위한 5대 분야 집중 추진, ▲ 지역 기업에 대한 글로벌 표준에 맞춘 ESG 경영도입 지원, ▲ 생활 속에서 실천할 수 있는 ESG 교육 강화로 요약할 수 있다.

<광명시 5대 ESG 중점 분야>

ESG 분야		주요 사업
E (환경)	탄소중립	• 정원문화도시 추진 (마을정원사 양성, 경기정원문화박람회, 도시숲 조성 등) • 그린교통 (친환경자동차 보급 확대, 수소충전소 운영) • 전력자립도 향상 (태양광 확충) • 시민실천캠페인 (넷제로카페, 기후의병 운영 등)
	순환경제	• ESG 업사이클클러스터 조성 • 생활폐기물(플라스틱, 음식물쓰레기 등) 재활용 등
S (사회)	사회적 경제	• ESG 친화형 창업과 사회적경제기업 육성 • 공정무역가게 지원, 소상공인 지원 확대, 지역화폐 지원 • ESG 미래산업 확대 및 스타트업 발굴 등
	평생학습	• 디지털교육 강화, 시민 학습 동아리 500개 지원 • 자치대학(시민활동가 양성), 시민대학
G (거버넌스)	자치분권	• 주민참여예산, 마을공동체 활성화, 마을자치센터운영, 500인원탁토론회, 주민자치 활성화, 주민세환원사업 등

출처: 광명시 보도자료, 2023.1.5.

1) 주요 시책과 연계한 ESG

광명시는 민선 8기 80대 정책사업을 ▲ 탄소중립, ▲ 순환경제, ▲ 사회적 경제, ▲ 평생학습, ▲ 자치분권 등 5대 과제로 재편하여 시정의 역량을 집중하기로 하였다.

깨끗하고 안전한 환경을 조성하기 위한 '탄소중립'과 '순환경제'를 포함해, 디지털 대전환에 따른 사회변화에 대응하도록 '평생학습'으로 시민의 성장을 돕고 '사회적 경제' 활성화로 시민 스스로 양질의 일자리 만들도록 지원한다. 또한 도시의 주체인 시민이 마을 공동체에 관심을 가지고 지역 문제를 해결해나갈 수 있도록 '자치분권' 정책을 지속적으로 강화할 예정이다.

이와 함께 광명시 지속가능발전 목표(SDGs)를 효율적으로 추진하기 위해 115개 지표 중 33개 지표를 ESG 지표로 선정해 집중적으로 추진하고 있다. 선정된 ESG 지표는 ▲ 환경 분야 15건, ▲ 사회 분야 15건, ▲ 거버넌스 분야 3건 등이다.

<광명시 SDGs와 연계한 ESG 지표>

구분	지표명	구분	지표명
E (15건)	식생활교육 사업예산 및 참가자 수	S (15건)	복지사각지대 발굴 달성률
	유수율		광명형 생애복지수혜율
	(신)재생에너지 공급률		아이돌봄서비스 이용률
	전력자립도		마을학습공간 및 학습 공동체 수
	공공분야 녹색제품 구매율		학습공동체 성장지원 프로그램 수
	생활폐기물 재활용률		문화예술 공연 및 전시 개최 수
	업사이클 교육 참여자 수		여성안전환경조성 개선율
	미세먼지 기준 초과일수		공공기관 육아휴직 신청 및 남성직원 육아휴직 이용률
	친환경자동차 보급률		방과후 초등돌봄센터 수
	기후변화 교육 이수자 수		사회적경제기업 수 및 역량강화 교육 횟수
	온실가스 배출량(공공부문)		사회적경제기업 우선구매 증가율
	도시공원조성면적		스타트업 및 미래산업 창업 발굴 건수
	1인당 녹지면적 비율		광명형 교통복지율
	하천 수질등급 유지율		지역안전등급지수
	도시 소생태계 조성 수		인권교육 및 민주시민교육 예산액 및 횟수
G (3건)	광명시 청렴도		
	주민세 마을사업 예산 및 지원 건수		
	주민참여 예산 반영 건수 및 예산액		

출처: 광명시 보도자료, 2023.1.5.

2) 지역 기업의 ESG 도입 지원

지역의 문제를 기술로 해결하는 사회혁신을 위해 행정과 기업의 협업은 절실한 과제다.

광명시의 기업 구조는 중소기업과 소상공인이 98%인데 ESG를 기업 스스로 도입하기에는 애로가 많다. 이를 위해 ESG 경영 주체인 기업이 적극적으로 ESG 경영에 나설 수 있도록 ESG 경영포럼을 개최해 교육을 지원해오고 있으며, 소셜벤처 기업 10개소를 육성, 지원한 바 있다. 2023년에는 ESG 친화형 창업 기업 10개를 신규 선정할 계획이며, 사회적 경제 기업이 활성화될 수 있도록 공정관광 프로그램과 연계할 계획이다.

또한 지역 대기업이 ESG 선도 기업으로서 모범적인 역할을 수행할 수 있도록 협력하고 있다. '이케아 광명점'은 태양광 시설을 시민에게 개방해 에너지 전환 정보를 제공해오고 있으며, 광명시와 ESG 협약을 맺어 시에서 운영하는 '업사이클아트센터'를 통하여 이케아 가구를 재활용해 지역아동센터와 노인정에 기부하는 상생을 도모하고 있다. '기아오토랜드 광명'은 '수소복합충전소' 설치를 위한 협력으로 친환경 교통 기반을 다지고 있다.

민선 8기 광명시는 기업의 ESG 경영 확산을 위해 ESG 기업 협의체를 운영, ESG 경영에 필요한 지원 방안을 논의하고, 기업이 사회적 책임을 다할 수 있도록 플랫폼 역할을 수행할 예정이다.

3) 생활 ESG 실천을 위한 인식 전환 교육

ESG가 행정에 뿌리내리기 위해서는 행정 주체인 공무원과 시민사회의 인식 전환이 시급하다.

광명시는 ESG 행정을 강화하고자 누구보다 먼저 'ESG 리더십 과정' 교육으로 필요한 지식을 확보하고 직원뿐만 아니라 시민의 교육을 강조하고 있다.

이에 따라 광명시는 간부 공무원을 대상으로 월 2회 포럼을 개최해 ESG 개념부터 에너지와 디지털 전환, 순환경제, 사회적 경제, 정원도시 등과 같은 ESG를 주제로 'ESG 따라잡기' 교육을 지속하고 있다. 6급 이하 공무원과 공공기관 임직원을 대상으로는 SDGs와 ESG의 연계성과 ESG 경영평가에 대비하기 위한 지표를 안내하고 시가 역점으로 추진하는 ESG 5대 시책을 공유하고 있다.

시민교육을 위해 시에서는 광명자치대학을 열어 기후에너지학과, 사회적경제학과, 생태정원학과, 도시브랜딩학과, 공동체예술학과 교육과정에서 100명이 넘는 지역 리더를 배출하고 있으며, 수료생들은 기후 강사로서, 주민자치회 위원으로서, 협동조합 운영자로서 사회적 가치를 창출하는 지역 리더로 활동하고 있다.

또한 마을 공동체인 작은 도서관 5개소와 주민자치회 6개소를 생활 속

ESG 인식 전환의 장으로 삼아 '찾아가는 ESG 교육'으로 ESG 실천의 중요성을 공유한 바 있다.

2023년에는 각급 학교, 학습동아리, 시장 직속위원회 등 ESG 시민교육을 확대하기 위해 평생학습원, 자치분권과, 사회적경제과 등 관련 부서와 협업으로 교육 프로그램을 업그레이드할 예정이다.

4. ESG 기반 사회공동체의 연대와 협력

4차 산업혁명시대와 기후위기 및 지방소멸위기시대를 맞이하여 지방자치단체의 ESG 경영은 기업에선 하기 어려운 ESG 기반의 사회공동체의 연대·협력으로 국민들 삶의 질적 개선 및 공공선을 추구해야 한다. 그러기 위해서는 지역사회에 대한 사회적 책임을 공고히 하고 윤리적 투명 행정을 펼치며, ESG 경영의 실천을 더욱 강화해나가며 최종적으로 2050 탄소중립사회 실현 목표를 달성할 수 있도록 노력해야 한다.

ESG 영역이 기업과 투자에서 공공분야로 확대되어 사회 전체의 핵심 주제로 부상하면서 이제 ESG는 국가적 과제가 되고 있다. 지방자치단체도 과거의 단순 행정서비스에서 벗어나 적극적인 사회적 가치창출에 주력해야 할 때다. ESG가 지역적 지속가능한 발전을 위한 공공 정책의 한 축으로 자리매김하고 있어, 국민이 이를 체감하는 최접점에 있는 지자체의 ESG 확산과 성공을 위한 적극적인 노력이 강화되어야 할 것이다.

지방자치단체에서 ESG 경영을 추진하는 방법으로는 기업의 ESG 경영을 따라잡기 위한 노력이 있다. 지방자치단체에서는 ESG 경영·행정을 추진하는 과정에서 평가 지표로 ESG 행정을 강조해 평가하기 위함과 지역 기업을 지원하는 과정에서 ESG를 활용, 각 기업에 ESG 경영 도입을 촉진시키기 위함이다. 최근 많은 지방자치단체들이 기업의 ESG 경영을 따라잡기에 분주하다. 지방자치단체가 ESG 행정을 강조하면 양극화 해소를 위한 사회적 약자 지원, 환경문제를 개선하는 사회적 가치 창출에 집중적인 효과를 견인할 수 있기 때문이다. 또한 지방자치단체에서 도시재생이나 도시재건 사업을 추진할 때 ESG 채권(ESG 투자에만 사용되는 채권) 발행 등의 방법으로 ESG 경영을 추진할 수도 있다.

마지막으로 단체장들이 선거를 위해서 활용하는 일회성 사업으로 끝나서는 안 된다. ESG 행정의 핵심은 중장기적 지속과 지자체 특색에 따라 필요한 부분을 다루는 것이다.

결론적으로 말하면 지방자치단체의 ESG 경영이 잘 정착되기 위해서는 ESG 경영에 대한 인식 개선과 전략 수립 및 실행, 인력 확보 및 역량 강화와 정보 제공 및 투명성 확보가 우선되어야 할 것이다.

참고문헌

- 최효근 외, 『ESG경영』, 브레인플랫폼(주), 2021.
- 최효근 외, 『AI 메타버스시대 ESG 경영전략』, 브레인플랫폼(주), 2023.
- ESG행복경제연구소 보도자료, 2023.5.15.
- 광명시 보도자료, 「2023년 지방정부 ESG 행정의 표준을 만들어간다」 2023.1.5.
- 이은주, 「[메타버스 날개 단 ESG] 지자체가 ESG 행정 외친 이유는」 IT조선, 2022.4.13.
- 최태원, 「재계 넘어 기초지자체도 화두된 ESG… 왜?」 아주경제, 2022.3.6.
- 충북ESG포럼, 「지방자치단체의 사회적 책임과 ESG」 2021.12.
- 네이버 지식백과

저자소개

최효근 CHOI HYO GEUN

학력
- 캐나다크리스천대학원 상담코칭학 박사
- 숭실대학교 정보과학대학원 이학 석사
- 공학사, 문학사, 행정학사, 사회복지학사
- 미국 스탠포드대학교 AI과정 수료

경력

ESG 관련 경력
- 광명자치대학 기후에너지학과 졸업
- 중앙대학교 표준고위과정 ESG PBL 수료
- 중앙대학교 ESG 최고과정 팀장
- 탄소중립 바우처 기업 상임 컨설턴트
- 광명시 자치분권네트워크 환경분과 위원
- 탄소중립 광명 RE100 시민클럽 회원
- 광명시 지속가능발전협의회 제11기, 12기 위원
- 광명시 시민참여커뮤니티 3기 탄소중립 및 자원순환분과 위원
- SDGs 정책탐정단 단원
- 기후위기 대응 광명시민헌장 제정 FGI

- 중소기업 CSR 전문가(한국경영기술지도사회)
- 사회적 경제 전문가(가천대학교)
- ESG 교육지도사(공공기관사회책임연구원)
- ESG 진단평가사(한국가치연구원)

일반 경력
- 현) 청운대학교 교양대학 창의력개발 교수
- 현) 한국폴리텍V대학 신중년특화과정 강사
- 현) 국가기술자격정책심의위원회 전문위원
- 현) 대한민국산업현장교수
- 현) 대한민국스타훈련교사
- 현) 디지털산업정보학회 이사
- 현) 한국취업진로협회 이사
- 안산대학교 금융정보과 산학겸임교수 역임
- 한밭대학교, 한국교통대학교 겸임교수 역임
- 신협중앙회 연수원장 역임(1996~2016)
- 럭키금성그룹 OA교육실장 역임
- 삼성전자 전산실 수출판매팀장 역임

저서
- 『챗GPT가 일으킨 AI 돌풍, 인공지능사회의 일자리는- 미래유망 일자리 전망』 브레인플랫폼(주), 2023.(공저)
- 『100세시대, 평생교육 평생현역』 브레인플랫폼(주), 2023.(공저)
- 『AI 메타버스 시대 ESG경영전략』 브레인플랫폼(주), 2022.(공저)
- 『ESG경영』 브레인플랫폼(주), 2021.(공저)
- 『메타버스를 타다』 브레인플랫폼(주), 2021.(공저)
- 『창직형 창업』 브레인플랫폼(주), 2021.(공저)
- 『신중년 도전과 열정 2021』 브레인플랫폼(주), 2021.(공저)
- 『공공기관 채용의 모든 것』 브레인플랫폼(주), 2021.(공저)
- 『빛과 시간의 공간』 등대지기, 2021.
- 『4차 산업혁명 시대 및 포스트코로나 시대 미래비전』 브레인플랫폼(주), 2020.(공저)

- 『신중년 도전과 열정』 브레인플랫폼(주), 2020.(공저)
- 『오늘도 빛은 그곳에 머무네』 등대지기, 2020.
- 『끊임없이 도전하고 자기개발을 멈추지 마라』 테리안, 2019.
- 『열정有삶』 고용노동부, 2015·2017.(공저)

수상
- 평생교육 유공 부총리 겸 교육부 장관 표창(2022)
- 제8회 대한민국문화교육대상(2022)
- 산업통상자원부 장관상- 최우수 논문(2022)
- 숙련기술인 우수활동자 표창(2021)
- 우수 개인교육기부자 표창(2021)
- 대한민국산업현장교수단 우수교수 표창(2020, 2021)
- 혁신교수법 포트폴리오 공모 최우수상, 청운대학교 총장상(2021, 2022, 2023)
- 청운대학교 대학발전부문 공로상(2020)
- 직업능력개발 유공 고용노동부 장관 표창(2014)
- 스타훈련교사 고용노동부 장관 표창(2013)
- 독도사랑 국토해양부 장관 표창(2008)
- 기록문화 유공 국가기록원장 표창(2007)

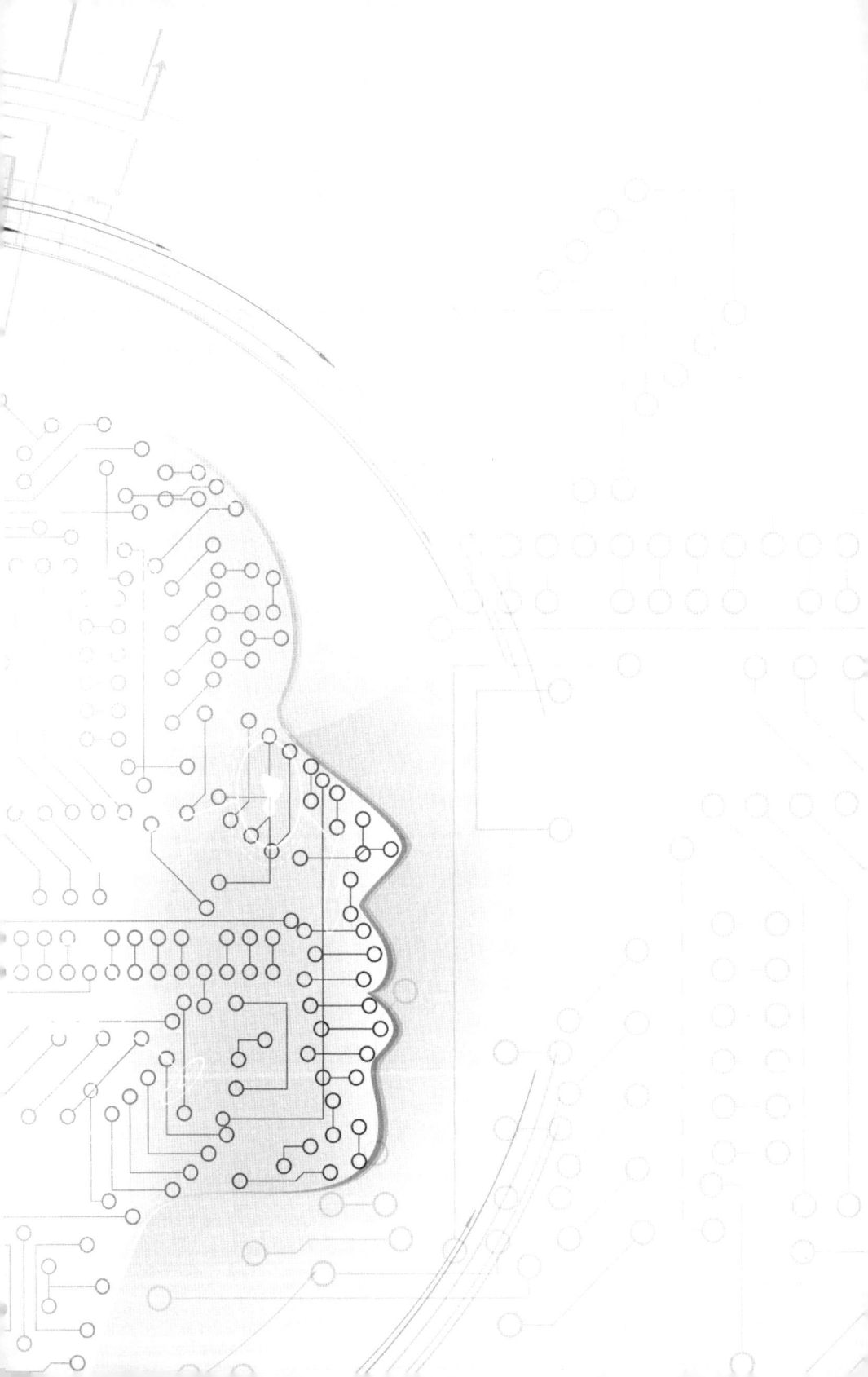

제3장

자율주행자동차 관점에서 바라본 ESG 경영

유민상

1. 자율주행자동차의 이해

최근 들어 "자율주행자동차"와 "모빌리티"라는 단어는 미래 핵심 키워드라 불리울 만큼 심심치 않게 들리고 이로 인해 자동차 산업이 큰 변화의 시기를 지나고 있음을 대중들도 쉽게 알 수 있다. 특히, 지난 2022년 9월 국토교통부는 「모빌리티 혁신 로드맵」을 발표하고 운전자가 개입하지 않는 레벨 4 자율주행 버스와 택시를 2025년, 승용차를 2027년 상용화하겠다고 밝힌 바 있다. 이에 이 책에서는 자율주행자동차가 우리의 삶에 들어오기까지 불과 5년밖에 남지 않은 시점에서, "자율주행" 기술에 대한 이해를 위해 이를 보다 면밀하게 살펴보고자 한다. 아울러 또 다른 산업의 화두인 "ESG 경영"과의 관계를 통해 산업의 동향과 화두가 어떻게 변화할지도 예측해보고자 한다.

1) 자율주행자동차의 개념

자율주행자동차의 레벨은 미국자동차공학회(SAE)의 J3016이라는 표준문서에 근거에 분류 및 정의되어있다. 본 문서에 따르면 앞차와의 간격을 조정하는 "종방향 제어"와 차선 내의 간격을 조정하는 "횡방향 제어"를 동시에 하는 기술을 "레벨 2"라고 정의하고 있다. 현대기아자동차의 고속도로주행보조2(HDA2)나 테슬라의 오토파일럿(Auto Pilot)이 이 레벨 2에 해당하기 때문에, 현재 시점에서 상용화된 수준은 "레벨 2"임을 알 수 있다.

그다음 단계인 레벨 3의 경우, 이제 막 상용화 초읽기의 들어간 수준으로, 2020년 11월 혼다가 전 세계 최초로 일본 정부로부터 인증을 받았으며, 뒤이어 메르세데스-벤츠가 2021년 12월 독일 정부로부터 인증을 받은 바 있다. 하지만 혼다는 100대 한정 생산에 그쳤고, 벤츠 또한 지난 2022년 6월부터 고객 주문을 개시한 상황이기에 아직 상용화되었다고 평가하기는 어려운 수준이다. 국내에서는 현대자동차가 2023년 12월에 출시될 EV9 후속에 레벨 3 시스템을 적용하겠다고 밝힌 바 있다.

<자율주행자동차의 레벨별 정의(미국 SAE 기준)>

레벨 구분	Level 0	Level 1	Level 2	Level 3	Level 4	Level 5
	운전자 보조 기능			자율주행 기능		
명칭	無 자율주행 (No Automation)	운전자 지원 (Driver Assistance)	부분 자동화 (Partial Automation)	조건부 자동화 (Conditional Automation)	고도 자동화 (High Automation)	완전 자동화 (Full Automation)
자동화 항목	없음(경고 등)	조향 or 속도	조향 & 속도	조향 & 속도	조향 & 속도	조향 & 속도
운전주시	항시 필수	항시 필수	항시 필수 (조향핸들 상시 잡고 있어야함)	시스템 요청시 (조향핸들 잡을 필요X 제어권 전환 시만 잡을 필요)	작동구간 내 불필요 (제어권 전환X)	전 구간 불필요
자동화 구간	-	특정구간	특정구간	특정구간	특정구간	전 구간
시장 현황	대부분 완성차 양산	대부분 완성차 양산	7~8개 완성차 양산	1~2개 완성차 양산	3~4개 벤처 생산	없음
예시	사각지대 경고	차선유지 또는 크루즈 기능	차선유지 및 크루즈 기능	혼잡구간 주행지원 시스템	지역(Local) 무인택시	운전자 없는 완전자율주행

출처: 국토교통부

그렇다면 정부에서 상용화를 목표하고 있는 레벨 4는 이들과 어떤 것이 다를까? 레벨 4 자율주행자동차란 "정해진 구간" 안에서 "운전자 개입"이 전혀 필요 없는 자동차를 의미한다. 즉 각종 공상과학 영화 등에서 본 것 같이 운전석은 물론 페달이나 운전대 등 운전자에게 필요한 각종 조작장치 또한 없애는 것이 가능한 것이다.

이는 아직 상용화라기보다는 시험·연구·실증을 거치고 있는 수준으로, 전 세계적으로 법규가 미제정된 상황이며 "임시운행허가" 또는 "특례"를 통해서만 공공도로에서 주행할 수 있다. 2022년 말을 기준으로 우리나라에는 총 258대의 자율주행자동차가 정부로부터 임시운행허가를 취득하였으며, 필자가 속한 오토노머스에이투지의 경우 총 40대의 운행허가를 받고 약 30만km를 자율주행하여, 국내에서 가장 "많은" 자율주행 자동차 대수와 가장 "긴" 자율주행 거리를 달성한 바 있다.

2) 자율주행자동차 산업의 기회

앞서 언급한 바와 같이, 레벨 4 자율주행자동차는 아직 전 세계적으로 법규가 미제정된 상황이다. 법규가 미제정되었다는 의미는 아무것도 없는 상태에서 새로운 것을 만들어내야 한다는 것이기에, 새로운 아이디어와 의견을 반영할 수 있는 장으로 만들어나갈 수 있는 기회이다. 특히 자동차 산업은 신기술 개발 이후 상용화가 매우 더딘 분야이기 때문에, 이러한 기회는 더욱 큰 의미로 다가올 수밖에 없다.

캐나다 빅토리아 교통정책연구원의 연구에 따르면, 오늘날 보편화되어있는 자동차의 자동변속기는 신기술 개발 후 상용화까지 무려 50년이라는 시간이 걸렸고, 너무도 익숙한 에어백 또한 25년이라는 시간이 걸렸다. 더욱이 이렇게 상용화뿐만 아니라 이를 평가하는 제도를 바꾸는

데에도 오랜 시간이 소요되는데, 대표적인 것이 바로 자동차 충돌시험에서의 "여성 더미" 도입이다. 자동차 충돌시험에서 승객의 상해치를 평가하기 위해 만들어진 "더미(Dummy)"는 1978년 성인 평균 남성을 기준으로 만들어진 후 40여 년이 지난 2015년이 되어서야 비로소 성인 평균 여성을 기준이 만들어져 시험에 사용되기 시작했다.

<자동차 신기술의 대중화 기간>

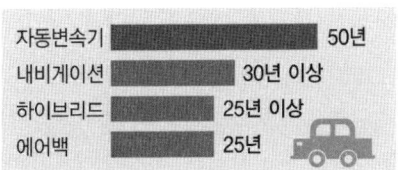

출처: 캐나다 빅토리아 교통정책연구원

위의 두 사례에서 볼 수 있듯이 다른 산업군보다 상용화가 매우 더딘 것이 바로 자동차 산업이다. 따라서 상용화를 목표하며 "0%"에서 시작하는 현재의 상태는, 다시 말해 새로운 역량을 발휘하고 의견들을 반영할 수 있는 "100%"의 기회로 작용할 수 있는 것이다. 이것이 바로 레벨 4 자율주행자동차의 시대가 가진 잠재력이며, 왜 보다 적극적으로 이 시장에 뛰어들어야 하는지를 말해주는 이유이다.

맥킨지 컨설팅(Mckinsey)에 따르면, 2040년에 자율주행차 판매액은 1,300조 원, 관련 모빌리티시장만 1,600조 원에 이를 것으로 예상된다. GM Cruise가 2022년 9월 공식 발표에서 '일일 손실액이 -69억 원임에도 불구하고, 이 시장의 가능성을 보고 투자를 계속 진행할 것이다'라고 밝힌 것이 이러한 가능성을 대변해주는 예시라고 볼 수 있다.

2. 자동차와 ESG 경영

유엔은 '지속가능발전목표(SDGs, Sustainable Development Goals)'를 2030년까지 달성하기로 결의하고, 이를 효과적으로 달성하기 위해 매년 「지속가능발전보고서(Sustainable Development Report)」를 발간하고 있다. 지속가능발전목표는 총 17분야로 구성되어있는데 그 안에 빈곤과 기아 종식, 건강과 교육, 양성평등, 환경과 에너지, 일자리 및 산업환경, 기후변화 대응 등 ESG의 기본 가치를 포함하고 있다.

<ESG 항목별 세부요소>

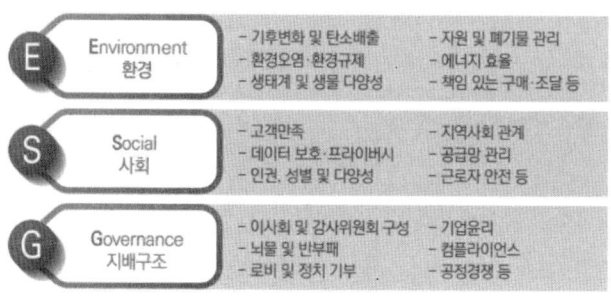

출처: KPMG

즉 ESG 경영은 이전에 산업 화두로 대두되었던 CSR 경영(Corporate Social Responsibility)과 비슷한 의미로, Environmental(환경), Social(사

회), Governance(지배구조)라는 정량적 지표 카테고리로 나눈 비재무적 요소로 구성되어 기업의 미래를 결정하는 척도로 사용되고 있다.

기업들은 환경적으로 기후변화에 대응해 탄소배출과 환경오염을 줄이고 생태계와 생물의 다양성을 보호해야 하며, 사회적으로는 인재 채용에 있어 성별과 인종의 다양성·인권을 중시해야 한다. 지배구조적으로는 투명성 유지를 위해 투명한 의사결정과정 조성, 이사회나 감사위원회를 구성하고 뇌물 또는 부패 척결, 기업 윤리강령 준수 등을 지켜야 한다.

최근 자동차 산업은 내연기관 중심에서 친환경차로 인한 대변혁기를 맞고 있으며, 전 세계 완성차 업체들도 너나 할 것 없이 탈(脫) 내연기관 행보에 앞장서고 있다. 메르세데스-벤츠는 2023년을 마지막으로 내연기관 신차 출시를 멈출 계획을 밝히며, 설립 140여 년 만에 내연기관의 시대를 끝내고 전기차혁명에 동참하겠다는 의지를 표명했다. 폭스바겐 또한 2026년을 마지막으로 내연기관 차량의 개발을 멈추고, 2040년부터 더 이상 내연기관 차량을 판매하지 않겠다는 계획을 밝혔다.

지금과 같은 추세로 미루어볼 때 많은 전문가들은 전기차의 대중화 시점을 2030년 전후로 판단하고 있다. 이는 세계 대부분의 나라가 탄소배출량 감소를 위해 전기차 지원에 적극적이기 때문이다. 각국 정부는 전폭적인 지원 정책을 마련하고 있고, 기술의 발전에 따라 배터리 가격이 하락하면서 전기차의 대중화가 빨라지고 있는 것이다. 실제 2012년 전 세계 전기차 판매량은 이미 10만 대를 넘어섰고, 2023년 판매량은 1,000

만 대 이상으로 예측되고 있다. 이러한 변화의 가장 큰 이유는 지구온난화의 가장 큰 주범인 "탄소"와 가장 밀접했던 자동차사들이 전기차를 신사업으로 삼고 패러다임의 전환을 거치고 있기 때문이다. 따라서 타 업계에 비해 보다 적극적인 ESG 행보에 나섰다고 분석되고 있다.

특히, 2021년 말 기준 국내 시총 200대 기업들이 발간한 「지속가능경영보고서」를 조사·분석한 결과, 전체 공시율은 71.5%로 확인됐다. 최근 3년간 기업들의 자율공시 확대추세가 뚜렷하게 나타난 가운데, ESG 보고서 발간이 가장 많은 업종 역시 자동차 업계였다. 시총 200대 기업 가운데 자동차부품 업종은 8개 기업이 포함되었는데, 현대자동차, 기아, 현대모비스, 한온시스템, 한국타이어앤테크놀로지, 만도, 현대위아, 에스엘 등 이들 기업 모두 ESG 보고서를 공시했으며, 유일하게 공시율 100%로 집계된 업종이다. 이뿐만 아니라 대부분의 기업이 ESG 전담 조직을 신설해 친환경 사업 투자를 확대하는 것부터 선제적이고 투명한 ESG 정보 공개까지 적극적으로 나서고 있다.

3. 자율주행자동차와 ESG 경영

기업들은 이해관계자들의 주요 관심사항과 사업에 중요한 영향을 미치는 이슈를 선정하는 중대성 평가를 통해 전략화한 과제를 ESG 보고서에 담고 있다. 일례로 시총 2021년 기준, 200대 기업 중 「지속가능경영보고서」를 발간한 143개사 중 136개사(95.1%)가 중대성 평가를 수행하고 그 결과를 공시하고 있다.

특히, 자동차 산업에서 ESG 보고서를 발간한 8개 사(현대자동차, 기아, 현대모비스, 한온시스템, 한국타이어앤테크놀로지, 만도, 현대위아, 에스엘)는 모두 보고서에 "중대성 평가" 항목을 포함하고 있다. 주목할 점은 이 중대성 평가 항목에 자율주행자동차를 포함하고 있다는 사실이다. 이는 자율주행자동차가 갖는 기술의 발전 가능성뿐만 아니라, 사회적 이슈를 해결할 가능성도 내포하고 있기 때문이라고 분석되고 있다.

그 첫 번째 가능성은, "대중교통 기사부족난"의 해결이다. 전 세계에서 가장 선제적으로 자율주행 관련 법 제도를 정비하고 있는 독일과 일본에서는, 레벨 4 자율주행자동차시장의 개방을 "대중교통"과 "물류"시장에 한해 시작하고 있다. 또한 글로벌시장조사기관인 프로스트앤설리번(Frost&Sulivan)의 2019년 자율주행시장동향 분석보고서에서도, 2030년에는 버스의 50%, 택시의 25%가 자율주행자동차로 운행될 것으로 전망하고 있다. 즉 우리의 삶에서 레벨 4 자율주행자동차의 상용화를 체감할 수 있는 건 대중교통과 물류영역이다.

특히, 대중교통영역에서는 운전기사의 부족난으로 운행이 원활하게 되지 않고 있는 구간에서부터 자율주행기술이 적용될 것으로 예상된다. 2018년 12월 국무총리 주재 국정현안점검조정회의에 따르면, 현행 노선을 유지하기 위해서 15,720명의 기사가 필요할 정도로 버스기사 부족은 이미 사회문제가 된 지 오래다.

이는 지방과 심야시간대로 가면 상황은 더 심각해지는데, 이미 서울 시내에서는 매일 밤 심야버스 부족과 택시 부족으로 교통대란이 현실화 되었으며, 지방 또한 소외지역의 증가로 노선폐지와 운행단축이 증가하고 이는 지역주민들의 통근제한으로 이어져 지역경제와 교육여건에도 악영향을 주고 있다. 이에 인력부족과 운영시간에 구애받지 않는 자율주행 버스의 수요는 선택이 아닌 필수로 떠오르고 있는 것이다. 즉 항간에서 말하는 AI가 사람의 일자리를 빼앗는다는 개념이 아니라, 사람이 부족한 부분을 채워주는 보완재 개념으로 기술의 발전이 우리의 삶에 긍정적 효과를 가져올 것으로 보이며, 이것이 바로 자율주행자동차가 갖는 지속가능성의 측면이다.

<자율주행 대중교통의 가치>

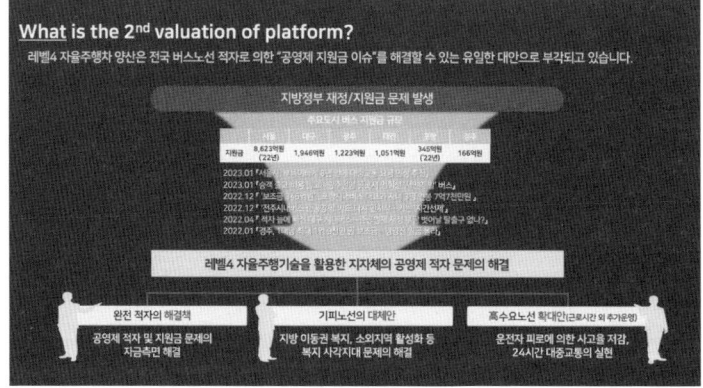

출처: 오토노머스에이투지

물류영역의 경우에도 먼저 수요 측면에서 본다면, 화물운수시장은 인당 생산성이 높지 않아 영세하고 노동집약적이기 때문에 부가가치를 높여주는 전략이 매우 중요한 시장이다. 특히, 최근 10년 동안 유통과 물류가 결합된 새로운 운송 서비스가 늘어나면서 라스트마일 운송시장은 10조 원의 규모를 돌파하였고, 코로나19 이후 택배 물동량은 전년 대비 10% 이상의 성장률을 보이며 빠르게 확대되고 있다.

반면 운전에 의한 과로, 경유값 폭등, 안전 문제 등으로 화물기사들은 점차 기피 산업군으로 분류되고 고령화가 가속되면서 기사 부족문제는 가시화되고 있다. 한국교통연구원의 "화물운송시장 동향 조사"에 따르면, 화물차 운수종사자의 평균연령은 50대 중후반에 이르고 있어 고령화에 따라 이러한 문제는 더욱 심화될 것으로 보인다. 따라서 자율주행 배송의 도입은 이러한 시장의 환경을 개선할 수 있는 좋은 대안이 될 수 있을 것으로 보인다.

또한 규제 측면에서 보더라도, 안전운임제, 일몰제, 지입제, 주행시간 규제 등 운전자 주체가 "사람"이기에 발생하고 있는 현재의 다양한 문제들은 AI 운전자의 도입으로 단번에 해소할 수가 있을 것으로 기대된다. 따라서 시장의 근본적인 구조와 체질 개선을 위한 대안으로 자율주행 기술의 도입과 적용이 요구될 수 있는 것이다.

두 번째 가능성은 "스마트시티 활성화를 통한 도시 문제"의 해결이다. 자동차가 보급된 이후 경제 기회, 사회적 이동성 등 많은 이익이 생겼지만 그만큼 많은 도시문제들이 발생하여 기회비용 또한 요구되고 있다. 일례로 도시의 효율성 측면에서 볼 때 도시를 운행하는 자동차의 80%는 1인 자가용이며, 자가용은 95%의 시간 동안 주차돼있기 때문에, 도시의 많은 공간이 주차에 할당되면서 자연스럽게 공간적 비효율성도 커지고 있다.

따라서 자율주행자동차 상용화에서 시작되는 공유차량의 활성화는 도로의 자동차 수와 주차에 필요한 공간을 줄이고 광활한 토지를 다른 방식으로 사용할 수 있는 계기를 만들어줄 수 있다. 이는 탄소배출량 감소에 따른 대기오염 감소와 유효공간의 녹지조성 등으로 도시환경을 개선할 수 있다. 즉 자율주행자동차의 상용화는 결국 교통과 도로의 첨단화를 통해 국민의 삶의 질 향상으로 이어지는 것이다. 이를 통해 보행자의 안전과 상권 활성화 등 도시의 지속가능성 또한 향상될 수 있다.

또한 이러한 개선은 단순히 신규로 형성되는 스마트시티에 그치지 않는다. 최초에 시작된 스마트시티 사업은 "도시 구축" 사업으로 신규 부지에 신규 도시를 건설하는 시범사업으로 시작했다. 이는 결국 기존에 노후화된 도시들을 활성화하기 위한 "도시 재생" 사업으로 이어지는 표준 모델로 활용된다. 그리고 이러한 도시 재생 사업들은 결국 지방소멸 위기에 맞서기 위한 전략으로 활용된다.

2017년 기준 65세 이상 인구 비율이 28%에 달하는 일본의 경우 저출산·고령화로 2040년까지 전체 지방자치단체의 절반이 넘는 896개가 소멸할 것으로 예상이 된다. 이 소멸의 결정적인 원인이 바로 대중교통의 단절인데, 운전기사들이 고령화와 도심편중현상이 심화되면서 차가 있어도 운행할 사람이 없는 문제가 발생하기 때문이다. 따라서 "도시 구축" 사업을 통해 안전성을 입증받은 자율주행 대중교통 서비스는 이러한 도시 소멸을 예방하고 지속가능한 사회를 유지할 수 있는 대안으로 떠오르는 것이다.

매 해가 지날수록 국제 산업계의 모든 분야에서 ESG 경영은 이제 필수 전략으로 자리 잡아가고 있다. 기업들의 ESG 경영전략은 곧 그 회사의 중장기 비전이며 주주에게 기업평가의 척도가 되어가는 추세로 기업가치에도 큰 영향을 미치고 있다. 과거 소비자들이 기업의 수익과 제품을 중점으로 기업을 평가했다면 이제는 기업이 이윤을 창출하는 방식과 지속가능성에 그 초점이 이동하고 있다. 이러한 측면에서 자율주행자동차는, 미래 모빌리티의 변혁의 중점이 될 핵심 기술일 뿐만 아니라 지속가능한 사회를 이루어나갈 핵심 대안이 될 것이라 예상한다.

참고문헌

- Viktor Mayer-Schönberger, Kenneth Cukier, 「Big Data: A Revolution That Will Transform How We Live, Work and Think」, 2013.
- 김영기, 유민상 외, 「모빌리티 혁명」, 브레인플랫폼(주), 2023
- McKinsey&Company, 「Monetizing car data: New service business opportunities for OEMs」, 2016.
- Boston Consulting Group, 「Revolutionary Change is Coming to the Automotive Industry」, 2016.
- 대한민국 국토교통부, 「미래를 향한 멈추지 않는 혁신, 모빌리티 혁신 로드맵」, 2022.
- Minsang Yu, 「Development of management strategy through analysis of adoption intention and influence factors of autonomous vehicles(Focusing on value-based adoption models)」, 「Doctoral Dissertation」, Swiss School of Business and Management Geneva, 2021.
- 서은비, 김휘강, 「자율주행 차량의 In-Vehicle 시스템 관점에서의 공격 시나리오 도출 및 대응 방안 연구」, 2018.
- Frost&Sullivan, 「Automotive Vision 2030」, 2022.
- Werther, W. B.&Chandler, D., 「Strategic corporate social responsibility: Stakeholders in a global environment」, 「Thousand Oaks, CA: Sage」, 2006.

저자소개

유민상 YU MIN SANG

학력
- 성균관대학교 화학공학사 졸업(공과대학 수석 졸업)
- 스위스비즈니스스쿨 경영학박사 졸업(경영학과 수석 졸업)

경력
- 현) 오토노머스에이투지 미래전략실 CSO(최고전략책임자)
- 현) 경기대학교 ICT융합학부 겸임교수
- 전) 현대자동차 연구개발기획조정실 책임연구원
- 제41회 대한민국 신지식인(교통분야)
- 자율주행자동차 융복합 미래포럼 제도분과 위원
- 미래모빌리티 협력위원회 자율주행분과 부위원장
- 민간R&D협의체 미래모빌리티 자율주행분과 위원
- 안전기준국제화센터 전문가협의체 자율주행분과 위원
- 한국자동차안전학회 안전기준 국제조화분과 위원
- 성균관대학교 학군단 명예위원장 및 자문위원
- 숙명여자대학교 4차 산업혁명 교육성과 검증위원
- 경기대학교 SW중심대학사업단 교과과정 혁신위원

자격

- ISO9001, 37001, 37301, 45001, 26262, 27001 국제심사원
- TESOL(Anaheim University)
- ICDL Lecturer(International Computer Driving License Asscociation)
- TRIZ LV2(International TRIZ Assocation)

저서

- 『창업경영컨설팅 방법론 및 사례』 브레인플랫폼(주), 2023.(공저)
- 『미래 유망 일자리 전망』 브레인플랫폼(주), 2023.(공저)
- 『모빌리티 혁명』 브레인플랫폼(주), 2023.(공저)
- 『자율주행 실도로 실증서비스 및 안전운영 방안에 관한 연구』 경기연구원, 2022.(공저)
- 「Development of management strategy through analysis of adoption intention and influence factors of autonomous vehicles(Focusing on value-based adoption models)」 『Swiss School of Business and Management Geneva』 2021.

수상

- 산업부장관 표창- 자율주행 산업 생태계 육성 유공(2022)
- 국무총리 표창- 자율주행 산업발전 및 혁신 유공(2021)
- 자동차안전연구대상- 학술적 업적을 통한 자동차 기술발전 및 정책 수립(2021)
- 경제부총리 표창- 자율주행 혁신성장 정책 제안(2020)
- 국회입법조사처장상- 자동차 신기술을 활용한 입법정책 제안(2019)

제4장

고령화사회, ESG 경영 성공전략

정순희

1. ESG 경영, 성공할 수 있을까?

"만국의 프롤레타리아여 단결하라."

공산주의가 고르바초프와 함께 망각의 강 레테를 건너갔듯이 지금은 전 세계 인류가 ESG로 대동단결해야 살 수 있는 세상이 되었다. 1987년 지속가능한 지구를 살리기 위해『우리 공동의 미래』교과서를 출발점으로 인류 생존을 위한 위대한 행진이 시작되었다.

지구인의 각성이 담긴 교과서는 거의 10년 가까운 시간을 전 세계 석학과 정부관계자, 비영리민간단체, 기업, 일반시민 등 다양한 목소리를 통해 지구의 현재를 밝혔으며 심각한 환경이슈를 정치적 안건의 전면으로 부각시켰고 독립된 정치적 의제로 국제적 약속을 담아내었다.

유엔은 1992년 지구온난화로 인한 지구재난을 방지하여 인류와 모든 생물종의 멸종위기를 사전에 예방하고자, 대기 중 온실가스의 농도 안정화를 목적으로 하는 유엔기후변화협약, 기후변화협약의 2차 업데이트를 하였다. 이를 인준한 국가는 이산화탄소 포함 6가지 온실가스 배출을 감축하지 않은 국가에 대한 비관세 장벽을 적용하였다. 그리고 1997년 교토의정서, 2005년 ESG 등장까지 기후위기는 지구생존의 불가역적 명제가 되었다.

<국제사회 지속가능한 지구와 기후정의의 흐름>

2022년 대통령 선거 때 "알이백(RE100)을 아십니까"라고 묻던 민주당 후보에 대해 아니 무슨 '알박기'도 아니고 '진로이즈백'도 아닌 '듣보잡'이라는 표정을 짓던 상대 후보 모습이 바로 현재 우리의 상황이라고 하면 지나친 폄하일까, 자괴감일까.

유엔은 지속가능발전목표(SDGs)야말로 'ESG'의 나침반이라고 하였다. 환경운동가나 시민단체에서나 들을 법한 이야기들이 이제 정부와 기업의 생존을 쥐락펴락하게 되었다. 도대체 ESG는 뭔 소리인가. 더욱이나 S는 지속가능의 Sustainable이 어디 가고 Social이라고? Governance는 말 그대로 거버넌스, 협치가 아니고 뭔 뚱딴지같이, 지배와 통제가 아니라 연대와 협력의 협치를 하자는 쌍팔년도 번역을 그대로 쓰는 것에 경악할 따름이다.

ESG 경영에 대해 21세기 기업의 지속가능한 시장경영전략을 짜기 위한 것이라 하는데 다른 어떤 사람은 환경이슈가 정부와 기업을 정복하게 되었다고 한다. 한가한 사람들이 삼삼오오 모여 길거리에서 지구온난화 피켓을 들거나 생협에서 유기농 두부와 콩나물 찾고 주말농장 들락거리는 수준을 넘어섰다. 까만 비닐 봉투를 못 쓰게 하는 것부터 시작해 동네 구멍가게나 골목시장까지 포함하여 중소·대기업, 정부와 공공기관에게

ESG 경영기준은 이제 선택이 아니라 필수라는 것이며, 기업 생존전략이고 21세기 필살기가 된 것이다.

수십만 년의 수명을 자랑하는 지구가 불과 몇십 년 만에 느닷없이 당장 죽을 것처럼 갑작스럽게 호들갑을 떨게 된 거지. 지속가능한 미래를 위하여 헬레나 노르베리 호지의 『오래된 미래』에서 배울까. 지속가능한 지구공동체를 위해 우주를 지키는 '독수리 오형제'를 부를까.

이제부터라도 아저씨는 누렁소한테 쟁기 물리고 논밭 갈아 농사짓고 아줌마는 물레 돌리고 베틀 짜고 손바느질하고 냇가에 가서 손빨래하던 시절로 돌아가자는 이야기인가. 이도 저도 모르겠으면 그냥 눈 딱 감고 내일 지구의 종말이 와도 사과 한 그루 심겠다는 마음으로 그냥 하던 일이나 열심히 할까.

최근 3년 사이에 급격하게 ESG가 활약하고 있다. 언론자료 정보검색 빅카인즈(BIG Kinds)로 1990년대 이후부터 2023년 현재까지 '지속가능, 지구촌, 환경, 공동체, 기업경영과 ESG'를 검색하여 연관어, 트렌드 등을 살펴보았다.

1990년대부터 눈에 띄지도 않던 ESG 뉴스가 급작스럽게 2020년부터 출현하더니 폭발적으로 증가했다. ESG 검색에서 가장 많이 등장하는 단어를 중심으로 살펴보면 압도적인 것이 '지배구조'이다. 아, 그 Governance. 맞다, 거버넌스. ESG에서는 엉뚱하게 '지배구조'라고라?

<1990~2023년 국내 언론보도 중 ESG 사용빈도>

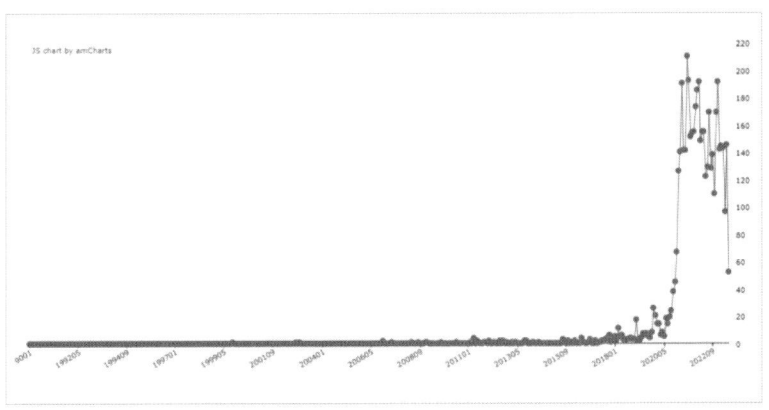

출처: 빅카인즈(검색어- 지속가능, 지구촌, 환경, 공동체, 기업경영과 ESG)

ESG는 환경(Environment), 사회(Social), 거버넌스(Governance)를 일컫는다. 기업활동에 친환경, 사회적 책임, 기업 이사회 경영구조를 개선하여 21세기 세계시장에서 기업의 지속가능한 성장을 도모하자는 의미이다. 지구가 폐암 말기이고 인간이 마지막 남은 유일한 생명체가 될지 모르니 기업의 지속가능한 수익창출과 생존을 위해 ESG를 받아들여야 한다는 것이다. 그래서 우리나라 기업이 합격 가능한 ESG 경영을 하려면 어떻게 해야 될까?

환경(Environment)은 환경오염 예방과 방지, 탄소배출 감축, 신재생에너지 사용하고, 사회(Social)는 기업이 사회적 책임을 다하기 위해 기회균등, 지역사회관계 구축, 사회공헌 사업 실천하고, 거버넌스(Governance)는 기업의 투명경영 인식 확산과 부정부패 방지, 조직구조 개선의 실천이다.

오래된 미래에서 배우는 것처럼 이미 1987년 『우리 공동의 미래』 교과서를 통해서 환경과 사회의 문제는 최대한의 창의성과 성실성을 통해 실천해야 한다 배웠다. 지속가능한 지구공동체를 위하여, 기후위기에 대응하여 탄소배출 절감전략으로 기후정의를 실천하는 것이다. '지속가능'한 사회를 위하여 기업이 '투명경영'을 하고 '사회적 책임'을 다하고 '기후변화'에 대응하여 '선진국' 대열에서 밀리지 말고 '탄소중립'에서 '탄소제로'까지. '알이백(RE100)'도! 좋아 빠르게 가자!

그런데 거버넌스는 어떡하자는 것인가. 지구온난화, 기후정의, 사회공헌은 귀담아듣고 어떻게든 할 것 같은데 기업의 거버넌스는 어떡하나?

기업 이해관계자의 의견을 수렴하고 투명하고 공정하게 실천하기 위해 주주의 권리, 주주의 공평한 대우, 주주의 책임을 분명히 하고, 이사회 구성 및 선임에 있어서 독립성과 투명성을 높이고 사외이사, 이사회 내 위원회 구조, 이사의 책임, 평가 및 보상, 내부 감사기구와 외부 감사인을 통한 경영감시와 이해관계자의 경영감시 참여, 경영진의 보수, 공시의무 등이 있다. ESG는 투자자들 사이에서 먼저 도입된 개념이며 과거에는 고수익창출 기업이 투자의 우선순위에 있었다면 현재는 투자결정과정에서 재무정보뿐만 아니라 비재무요소까지 고려하기 때문에 ESG 평가는 매우 중요한 자료로 활용된다.

1) 왼손이 하는 일을 천하가 알게 하라

국내 ESG 평가 주요기관인 한국기업지배구조원(KGGS)은 ESG의 지배구조 위험가치를 따질 때 환경오염, 회계위반, 입찰담합, 산업안전, 소송발생 등을 평가지표로 한다. ESG 경영평가의 지배구조 위험가치와 관련해서 2010년도부터 최근까지 주요 뉴스 제목만 요약해서 보면 아래와 같다.

▼「막말 리스크 오너 리스크 주가 공든 탑도 무너진다」, 헤럴드경제, 2013.10.16.
▼「한국은 일본 중국보다 못한 지배구조 후진국」, 한겨레, 2015.7.10.
▼「불투명한 기업-최순실 관계, 떠나는 투자자」, YTN, 2016.11.28.
▼「형님 오뚜기 주가 반 토막 낸 동생 '오뚜기라면'」, 머니투데이, 2018.3.12.
▼「노조가 은행경영도 참여? 노조추천이사제 또 '꿈틀'」, 서울경제, 2020.9.10.
▼「LG, 친족기업 문제 해결 직접 나서야」, YTN, 2021.1.14.
▼「김광수 은행연합회장 '금융권 CEO 징계로 경영위축 우려'」, 한국경제, 2021.3.9.
▼「박카스 불매운동, 그 너머」, 국민일보, 2021.3.24.
▼「기아, ESG 최대리스크는 고질적 노사갈등」, 머니투데이, 2021.4.15.
▼「기업의 ESG 경영해법, 장애인고용」, 내일신문, 2021.4.26.
▼「신세계 정용진, 글로벌퇴출요리 '샥스핀' 홍보 나서」, 한겨레, 2021.5.27.
▼「거세진 ESG, 삼척블루파워 회사채에 줄줄이 곤욕 대형증권사」, 한국경제, 2021.7.7.
▼「美 EU, 공급망 인권제재 강화 '경고등' 삼성 LG SK 대응 필요」, 아주경제, 2021.10.1.
▼「ESG 경영에 '젠더 다양성'은 필수! 롤모델 없다」, 서울신문, 2021.10.8.
▼「환경악화 불법노동이면 부품 하나도 쓸 수 없다」, 한국일보, 2021.12.7.
▼「노동이사제, ESG 업고 민간기업까지?」, 중앙일보, 2022.1.13.
▼「'글로벌게임체인저' ESG, 윤 당선자-경제계 친기업유착 위기」, 한겨레, 2022.4.4.

출처: 빅카인즈(검색어- 환경오염, 회계위반, 입찰담합, 산업안전, 공시, ESG)

ESG 기업경영 지배구조의 위험가치를 다루는 사회적 이슈에서 심각한 문제를 일으키거나 악영향을 미치는 것은 역삼각형(▼)으로 하락 표시하고, 우수사례로 모범적인 역할을 하는 기업경영과 사업 등에 대해서는 정삼각형(▲)으로 상승 표시를 하였다. 아무래도 나쁜 점보다는 좋은 점이 많고 착하고 선한 영향력을 끼치는 일을 누가 마다하겠느냐마는, 왼손이 하는 일을 오른손이 모르게 하는 것이 아니라 천하가 알게 하라는 홍보와 광고 PR 원칙에 충실해서 걱정과 우려의 현실보다는 기업의 핑크빛 자화자찬이 넘쳐난다. 기업 친화적(Business Friendly) 언론일수록 세계적인 ESG 상황의 엄중함은 강 건너 불인 듯하다. '노조추천이사제', '노동이사제', '노란봉투법'에 쌍심지 켜고 반대하거나 재벌총수의 오너 리스크, 막말 리스크, 가족 리스크가 결국 우리 부모님들이 피땀 흘리며 일군 대한민국 산업을 한순간 물거품으로 만들 것 같다는 안타까움이 파도처럼 밀려온다.

멸종위기에 놓인 동물보호와 혐오식품에 대한 지구적인 퇴출운동에도 불구하고 자랑스럽게 '샥스핀'을 홍보했다는 대기업 CEO, '멸콩'을 자랑스럽게 외치시는 그 입이 모두를 불안과 공포에 사로잡히게 한다. 결국 재벌 패밀리의 장난으로 벌어지는 '땅콩회항', '멸콩 캠페인'이 대한민국을 혼란스럽게 한다. 대서양, 태평양을 돌고 돌아 동해 앞바다까지 거대한 ESG 쓰나미가 몰려오는데 천방지축 뛰어노는 어린애들을 보는 듯하다.

그동안 경제계 사건 사고에서 심심치 않게 터지던 정경유착, 분식회계, 입찰 담합, 일감 몰아주기, 노사갈등, 안전사고, 인권침해 관련해서 ESG 경영 지배구조 위험가치 평가에서 자유로울 기업이 많지 않다는 것이다. 가족경영, 친족 기업, 안하무인 재벌 3세에서 여성 장애인 고용차별, 미등록 외국인 노동자의 불법 고용까지…. 막가파 쌍팔년도, 응답하라 1994 기업경영과는 헤어질 결심을 해야만 한다. 교육 백년대계가 아니라 기업 백년대계를 만들기 위해 지속가능한 기업경영은 어떻게 해야 하나. 멸콩을 외칠 것이 아니라 열공해서 『우리 공동의 미래』를 교과서 삼아서 배우고 실천해야 될 때이다.

2) 흔들리지 않고 피는 기업이 어디 있으랴

지속가능발전목표(SDGs)야말로 'ESG'의 나침반이라 했다. 북극성을 향한 나침반 바늘이 섬세하게 끊임없이 방향을 찾아 흔들리듯이 우리도 갈팡지팡 혼란스럽게 헤맬 때 ESG 나침반을 SDGs 북극성에 맞춰보자.

흔들리지 않고 피는 꽃이 어디 있으랴. 문화체육부 장관까지 하셨던 도종환 시인께서 말씀하신 것처럼 흔들리며 피는 꽃처럼 비바람이 몰아쳐도 꺾이지 않고 나아가야 한다. 우리는 지구별을 지키는 아름다운 생명체로서 천상에서 울려 퍼지는 '괜찮아, 다 잘 될 거야', '할 수 있다', '우리는 앞으로 나아간다'라는 긍정과 희망의 목소리를 높이 외치며 진군해야 한다.

잘하고 있는 곳이 더 많다. 실제로 그렇다. 칭찬에 인색할 필요는 없다. 칭찬은 고래도 춤추게 한다는데 억지 춘향처럼 마지못해서 하는 것 같아도 안 하는 것보다 낫고, 이제 그마저도 안 하면 낙동강 오리알 신세를 넘어서 세계화시대 무한경쟁 지구회사에서 존재감 없이 사라질 폭망기업이 된다. 재벌총수 오너 리스크, 가족 리스크가 저쪽 이 씨, 정 씨, 구 씨 집안에서 끝나는 것이 아니기 때문에 우리 동네 언니, 오빠, 동생들이 몽땅 실업자가 되는 걸 막아야 한다. 대한민국 중소·대기업 76만여 곳의 ESG 경영성공을 위해서 온 국민이 태극기 휘날리며 월드컵 응원전에 나서듯 힘을 모아야 한다. 아래와 같이 열심히 하고 있다, 잘한다, 칭찬합시다! ESG 경영기업을!!

▲「고속성장에서 '포용성장'으로 환경세 도입 앞둬」, 한겨레, 2012.7.3.
▲「'인권경영' 강조 GS칼텍스 차별금지 등 행동규범 제정」, 문화일보, 2018.8.3.
▲「5개 기업, 미세먼지 환경개선 SDGs 특별캠페인으로 뭉쳤다」, 세계일보, 2019.5.14.
▲「한솥도시락, 유엔 SDGs 정상회의 플랫폼파트너 소개」, 서울경제, 2019.10.29.
▲「KB금융, ESG 소셜상품에 50조 투자」, 헤럴드경제, 2020.8.5.
▲「시세이도 기린홀딩스 ESG로 임원역량평가」, 한국경제, 2020.10.12.
▲「쏘카 렌딧 텀블벅도 'ESG 경영' 덕분에 성장」, 한국경제, 2020.10.13.
▲「풀무원, 2020년 ESG 평가 최우수기업상 수상」, 세계일보, 2020.10.28.
▲「동남아에 KB DNA 전파」 KB금융, IFC와 업무협약」, 서울경제, 2020.12.9.
▲「하나금융 3대 전략으로 플랫폼·글로벌·ESG 선정」, 매일경제, 2020.11.25.
▲「세븐일레븐 'ESG' 경영원년. 친환경 아동학대 예방 함께해요」, 한국경제, 2021.1.19.
▲「녹색채권 대박낸 '현대제철' ESG 경영, 철강업계 리더 우뚝」, 한국일보, 2021.2.7.
▲「EU '기업환경 안전 의무화' 추진 한국기업 하청업체까지 대상」, 한겨레, 2021.2.10.
▲「BGF그룹, ESG 경영 본격 시동 'ESG 경영위원회' 공식 출범」, 세계일보, 2021.2.23.
▲「이케아, 맥도날드, 풀무원의 공통점은 '이것'」, 세계일보, 2021.3.5.
▲「업계 유일 A등급 BGF리테일, 올해도 착한 편의점 선봉장」, 아주경제, 2021.3.9.

▲ 「현대차, 중국서 위상회복 ESG 경영 힘 싣는다」, 디지털타임즈, 2021.3.24.
▲ 「KT, 노사공동 'ESG 경영' 선언 주요기업 최초」, 한국경제, 2021.4.15.
▲ 「SK '착한투자' 확대 환경 등 사회문제 해결추구」, 문화일보, 2021.4.29.
▲ 「KB캐피탈, '사랑의 행복상자 선물사업' 기부」, 매일경제, 2021.5.26.
▲ 「CJ제일제당 '인권경영 체계구축'」, 내일신문, 2021.6.10.
▲ 「사회적 기업 돕고 일회용품 줄이고 로펌 'ESG 훈풍'」, 파이낸셜뉴스, 2021.6.28.
▲ 「카카오, 여성고용 인권 항목 최고점」, 한국경제, 2021.7.12.
▲ 「GS리테일, 1만 6천 오프라인 매장을 '미니소방서'로 만든다」, 매일경제, 2021.7.15.
▲ 「버넥트, 산업재해 취약계층 노동자 위한 사회공헌 진행」, 한국경제, 2021.7.19.
▲ 「LG생활건강, 유엔 '여성역량강화원칙' 가입」, 전자신문, 2022.5.26.
▲ 「롯데렌탈, 인권기반경영원칙 선포 임직원참여」, 헤럴드경제, 2022.6.10.
▲ 「KB손보, 지속가능채권 발행 ESG 경영 강화」, 서울경제, 2022.6.13.
▲ 「하나투어, 여행 중 동물학대 프로그램 폐지」, 파이낸셜뉴스, 2022.7.4.
▲ 「KB증권, 인도네시아, 베트남 아이들 위한 무지개교실」, 헤럴드경제, 2022.11.9.
▲ 「에이블씨엔씨, ESG 캠페인 화장품 3억7500만 원 기부」, 아시아경제, 2022.11.25.
▲ 「11년 만에 유리천장 깬 삼성전자 미래 '여성사장' 후보 9명」, 헤럴드경제, 2022.12.6.
▲ 「덕양산업, 기부캠페인 사회공헌활동 확대, ESG 경영실천」, 전자신문, 202212.22.
▲ 「우리금융, 다문화재단 이어 미래재단 설립 이웃동행」, 매일경제, 2023.3.23.
▲ 「하나금융그룹 ESG 부문, 청년 창업가 육성 등 ESG 경영확대」, 서울경제, 2023.3.30.
▲ 「SK디앤디, '라이팅칠드런캠페인' 전개 태양광랜턴 기부」, 서울경제, 2023.5.3.
▲ 「신한카드-월드뱅크, 개발도상국 ESG 경영확산 위한 공동연구 진행」, 전자신문, 2023.5.15.
▲ 「세종병원그룹, 민간종합병원 최초 ESG 실천경영병원 선포」, 헤럴드경제, 2023.5.31.

출처: 빅카인즈(검색어- 지속가능, 환경, 지구촌, 환경, 공동체, ESG)

불우이웃돕기, 사회 취약계층을 위한 몇십억 원 후원, 기부 물품 전달, 성금 기탁 등은 이미 예전부터 시즌 맞이 대행사처럼 해오던 것들이다. 사회공헌사업, CSR은 익숙하다. 그걸 당연한 일이라고 하면 배부른 소리인가. 그렇다. 이제 그런 걸로는 동네 장사에는 먹혔어도 물 건너 나가면 택도 없다는 얘기다. 우리끼리 장사하고 나눠 먹고사는 세상이 아니라는 거다.

환경 하면 맨날 텀블러, 태양광랜턴, 재활용을 얘기하는데, 사회공헌은 동네 불우이웃에서 동남아 불우이웃으로 확대하는 것으로 만족할 것이 아니라 기존 방식의 패러다임 전환이 필요하다. 기후위기는 경제위기이자 정치위기이다. 또 기업경영의 수익창출 기반이었던 생산노동에 대한 재생산노동의 철저한 은폐, 비수익구조의 위험성에 대한 고민과 혁신, 성찰도 필요하다.

'ESG NEWS'에 나온 착한 상품. 식물성 소재로 만든 비건 신발과 비닐 포장에서 종이 포장으로 바뀐 키커 초콜릿. 개발해볼 만한 상품아이디어다. 기업의 최대관심사는 소비자시장의 생존전략과 수익창출이다. 똑똑한 소비자의 가치관과 성향이 SDGs 기본원칙으로 모드를 전환하였다면 생산자, 공급자는 이에 발맞춰 나가야 한다. 여기에 도덕성과 사회개념을 장착하라고 한다. 할 일이 많다. ESG 경영에 대해 늦장 부리다간 결국 투자자의 철퇴, 소비자의 외면, 정부의 눈총을 받을 수 있다. 일단 언론에서 칭찬하는 ESG 경영만 살펴보면 청년 창업가 육성, 유리천장을 깬 여성 임원 등장, 장애인, 여성고용 인권, 아동학대 예방, 동물학대 예방, 인권경영 등등. 단어만 들어도 떠오르는 인권과 평등, 평화의 사회적 가치가 아닌가.

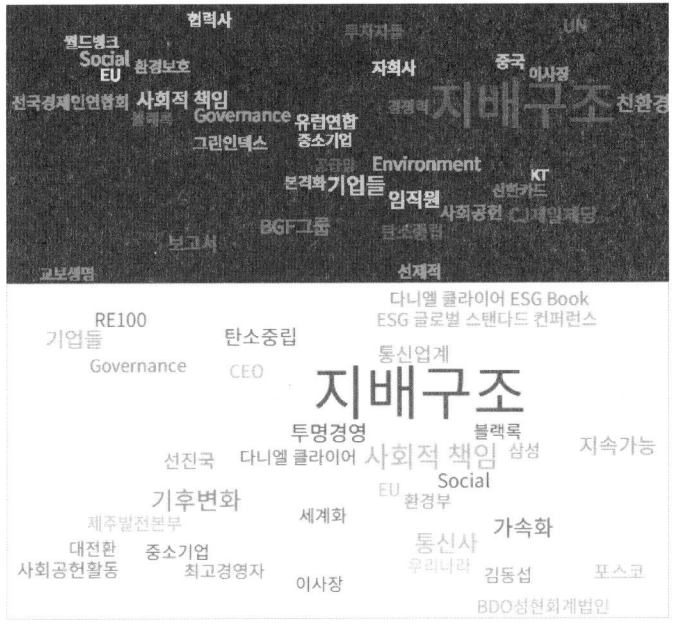

출처: 빅카인즈(검색어- 지속가능, 환경, 지구촌, 환경, 공동체, ESG)

    ESG 경영의 성공을 위해 빅카인즈가 친절하게 알려준 연관검색어에 착하게 잡히는 'BGF그룹', '그린인덱스', '블랙록'은 뭘 했길래 나온 것인지 알아보면 더욱 쉽게 이해될 것이다. 한눈에 딱 봐도 알 수 있는 대기업 브랜드도 아닌데 ESG 평가 업계 유일 3년 연속 통합 A 학점을 딴 BGF리테일, 회사 이름은 몰라도 'CU 편의점' 하면 "아, 거기야?"라고 알 수 있는 곳이다. 회사 이름도 훌륭하다. 'Be Good Friends.' 선생님이 시키지도 않았는데 알아서 숙제를 따박따박 내고 예습, 복습하는 기특한 학생처럼 BGF리테일은 2018년부터 업계 최초로 「지속가능경영보고서」를 발간했다.

그린인덱스는 또 뭔가. 주식, 채권, 파생상품 등 다양한 금융상품의 거래를 중개하고 안전하게 운영 관리하는 증권시장의 한국거래소(KRX, Korea Exchange)는 2010년 4월에 KRX 그린지수(KRX Green Index)를 발표하였다. KRX 그린지수는 환경·사회·지배구조(ESG) 분야에서 우수한 기업을 포함하고 있는 지수로, 지속가능한 투자를 장려하고 기업들의 ESG 실적을 평가하는 데 사용된다. 기업의 수익창출구조가 주식가치를 높이는 데 있다면 그린인덱스는 주식평가의 새로운 기준이 된 것이다.

국내에서만 적용되는 것인가? 국경 없는 시대이다. 바로 세계적으로 어마 무시한 기업 블랙록이 기다리고 있다. 한국의 최대 규모 기금인 국민연금의 총자산 850조 원, 2021년 기준 세계 최대 시가총액 기업인 애플의 시가총액은 1.953조 원인데 세계 최대 자산운용회사 블랙록 펀드의 AUM은 2019년 3분기 기준 7조 달러, 대한민국 원화로 하면 8,500조 원이다. 세계에서 블랙록보다 더 큰 투자기관은 거의 없다. 거대한 국부펀드인 싱가포르 테마섹, 중국 중국투자공사 등과 비교해도 블랙록이 압도적이다. ESG를 투자지표로 활용하는 글로벌 투자금액이 2014년 21.4조 달러에서 2020년 2배 규모인 40.5조 달러로 증가하였다. 미 달러 25조 운용자산을 대표하는 이런 엄청난 투자회사 블랙록은 투자최우선 순위를 ESG로 발표하였고 국민연금도 2022년까지 전체 운용자산의 절반을 ESG에 투자할 계획이라고 밝혔다.

ESG가 기업경영방침의 중요한 핵심이 되었고 대한민국 기업 대표선수 전국경제인연합은 2023년 1월 매출액 100대 기업 ESG 성과분석을 발표했다. 2021년 한 해 동안 환경과 안전에 적극적으로 투자한 결과 그 규모가 2020년 2.9조 원 대비 86.7% 급증한 5.44조 원으로, 온실가스배출량은 2021년 매출대비 13.5% 감소했다고 자랑했다. 전경련은 탄소감축을 넘어 생물다양성, 순환경제 등으로 다각화할 것과 산업안전, 개인정보보호, 공급망 ESG 등 이슈관리를 강화하겠다고 밝혔다.

그런데 정작 중요한 지배구조 '거버넌스'는 어디에 빠뜨리셨는지. 느긋한 마음으로 일부 연구보고서를 통해 ESG 경영 및 지배구조개선이 기업 가치에 영향을 미치고 있는지 없는지 연구의 상반된 결과가 공존하고 있다. ESG 경영이 비용인지 투자인지 판단이 어렵다는 애매모호한 입장이다. ESG는 자본시장에서 자율적인 가이드라인으로 장려사항이지 규제사항이 아니라고 점잖게 타이르신다. 아, 네. 그렇습니까? ESG인지 MSG인지 구분 못 하고 동네시장에서 든든한 소비자였고 영원한 호갱이며 유리지갑인 우리한테 말하지 말고 블랙록에 말하세요. 우리끼리 소꿉놀이하는 ESG가 아닙니다.

「중대재해처벌법」, 「노란봉투법」 반대를 위해 국회를 압박하고 언론을 사주하는 것은 홈그라운드에서나 통할 일이다. 아니, 기울어진 운동장이었던 홈그라운드 지형도 바뀌고 있다.

성차별 면접으로 피로회복제 박카스가 국민 피로를 가중시켰던 사건 등에서 보는 것처럼 기업이 단순 실수였다고 변명하고 사과한다고 될 일인가. 고름 우유, 피 묻은 빵을 안 먹겠다는 자발적 시민의 불매운동으로 기업 이미지 추락, 주가하락을 감수해야 하는 것처럼 기업경영자가 이 또한 지나가리라 하는 마음으로 버틸 일이 아니라는 것이다. 지금 잘나가시는 회사 회장님! 이러시면 아니 되옵니다. 이러다 다 죽습니다!

ESG에서 환경과 사회에 대한 가치인식만 중요하게 생각해서는 안 된다. 핵심은 G(Governance)에 있다. 지배구조가 아니라 거버넌스이다. 시대착오적인 오너 1인 독재의 지배구조를 주주 중심 또는 이해관계자 중심 거버넌스로 해야 한다는 것이다. 복종과 지배, 통제의 지배구조가 아니라 협력과 연대, 협치의 거버넌스로 주주와 기업이해관계자들이 힘과 지혜를 모아서 무한경쟁, 글로벌 위기, 기후정의를 바로 세워야 21세기에 살아남는 기업, 지속가능한 기업, ESG 경영으로 성공할 수 있다.

2. ESG 경영, 고령화사회를 만나다

대한민국의 속도전은 눈부시다. 개발도상국에서 선진국으로 진입한 산업화의 속도만큼이나 고령화 속도도 세계적으로 가장 빠르다. 1970년에서 2018년 우리나라의 고령화 비율 연평균 증가율은 3.3%로 OECD 37개 국가에서 세계 최고령 국가 일본의 2.9%보다 더 빨랐다. 2022년 7월 현재 고령인구 비율은 17.6%로 실제 예상보다 갈수록 가파르게 증가하고 있다(통계청, 2022).

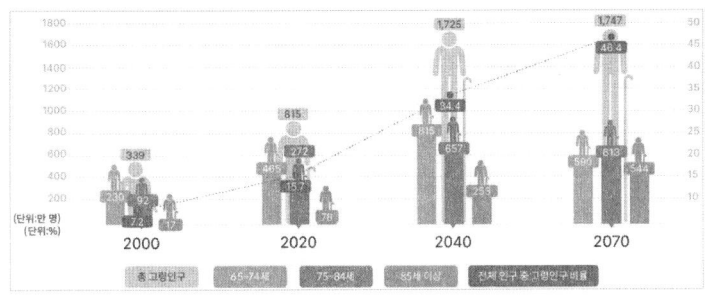

출처: 저출산고령사회위원회(2023)

2040년이 되면 65세 이상 인구가 1,725만 명으로 초고령 사회가 된다. 고령인구의 폭발적 증가는 한국전쟁 이후 출생과 산업화시대에 성장한 베이비붐세대 때문이다. 1955년부터 1963년에 태어난 1,758만여 명의 베이비붐세대가 65세 고령화에 도달했다.

1960년, 생산연령인구 100명이 노인 5.3명을 부양하던 시절에서 지속적인 사망력 저하와 수명 연장으로 인하여 2020년 21.7명으로 약 4배가 넘게 증가하였고, 2070년에는 65세 이상 고령인구가 46.4%로 생산연령인구 1명당 노인 1명을 부양하게 된다(통계청, 2022). 과학과 의학의 발달은 산업과 경제의 주축이 되어 고령화를 더욱 촉진시키는 기폭제가 되고 있다. 어제의 산업화 역군이 노인복지관에서 경로당과 요양원으로 귀환 중이고 오늘의 베이비붐세대는 회사에서 집으로 종신 귀가하고 있다. 한번 사회와 일상생활의 패턴화가 이루어지면 시간이 흘러도 쉽게 바뀌지 않는다. 집에서 회사만 다니던 베이비붐세대의 남성은 집에서 종신 귀가로 연착륙할 수 있을까? 빈약한 연금으로 다시 취업시장에서 스펙 다운 사이징을 통해 비정규직을 전전하며 살아야 할까?

1) 골골 백년? 9988 1234!

골골대며 백 년 살 것인가. '구십구세까지 팔팔하게 일하다가 2~3일 앓다가 가자(9988 1234)'고 외치시는 어르신들이 동네 복지관 가서 날마다 장구치고 노래 부르고 댄스에 진심인 이유가 있다. 지속가능한 사회와 고령화시대는 해도 좋고 말아도 되는 것이 아니라 인류가 자발적으로 초래한 현실이다. 인간이 만들어놓은 상품의 희소가치 속 교환가치만을 떠받들던 자본주의 세계에서 자연에 대한 무한 착취와 생산만능의 무한 반복이 낳은 이 세계가 과연 지속가능할지 두려움과 의심이 넘쳐난다.

이미 지속가능성의 위험수위에 대해 수십 년 전부터 경고의 메시지를 절박하게 보냈고 그에 응답해서 부지런히 대책을 세우고 일상의 소중함과 인간에 대한 변함없는 믿음을 가진 사람들이 현인처럼 경고한다. 협력과 연대의 사회적 가치를 통해 인류의 지속가능한 삶을 찾아야만 한다. 불로장생을 추구하는 인간의 끊임없는 욕망만큼이나 과학과 의학 발달은 수고로움을 마다하지 않는다. 테슬라의 CEO 일론 머스크가 스페이스X 우주선을 발사하면서 '인간은 다행성족이 되어야 한다'고 축사를 보냈다. 지구공동체에 머물지 말고 광활한 우주를 포용하는 우주공동체의 주인, 다행성족으로 살아가려는 문화다양성, 인류거주지의 다양성은 존경할만한 삶의 자세이다.

다행성족으로 살아가기 이전에 우리는 모두 100세 고령의 정정한 어르신이 넘쳐나는 세상, 지속가능한 고령화사회를 맞았다. 고려대 고령사회연구센터 김광석 연구본부장은 "기업은 S(사회) 요소를 강조한 ESG 경영을 시도해 차별화를 추구해야 한다. ESG 열풍이 불고 있지만, 기업들의 대응이 E(환경) 요소에만 지나치게 편중되어있다. 한국이 당면한 가장 중요한 과제가 저출산·고령화라는 사회문제에 있음을 착안해 ESG 경영을 추구해야 한다"라고 제안한다.

저출산고령사회위원회는 선도적으로 인구문제 해결을 위해 2000년도 이후 대통령직속기관으로 출범하였다. 2008년 노인장기요양보험의 빠른 도입은 당시 노령인구나 인프라 부족, 일반인의 현실인식 부재 속에도 김대중·노무현 정부의 복지국가를 향한 적극적인 대처와 사회보험제도를 통해 안정적인 재원을 마련하였다.

부지런하기로는 세계에서 둘째가라면 서러워할 국민성 덕분인지 열심히 일하고 성실하게 살아왔지만 빈곤인구가 가장 많은 노인세대를 위해 기초연금과 요양보험으로 모든 것을 해결하기에는 턱없이 부족할 것이다. 더구나 부모를 모시는 마지막 세대이자 자식으로부터 버림받지는 않겠지만 늙도록 챙겨야 할 캥거루 세대, 자식 부양과 부모 요양에 낀 베이비붐세대가 맞이하는 지속가능한 ESG 고령사회 경영은 어떻게 해야 하나? 정답은 없지만 서로 묻고 물어가며 지혜로운 대안을 찾아나가야 한다.

4차 디지털 혁명, 인공지능, 메타버스, ESG 경영, 고령화는 시대의 화두이다. 장수만세하시는 어느 어르신의 말씀처럼, 태어나 보니 일본 제국주의의 식민지였고 살다 보니 대한민국이라 하고 전쟁에 휩쓸리고, 죽을 둥 살 둥 허리띠 졸라매면서 밤낮으로 일하다 보니 어느덧 노년시절을 맞이하였다고 한다. 누구나 젊었을 적은 있어도 늙어본 적은 없었기에 낯설고 당황스러울 뿐이다. 처음부터 노후생활을 잘한 사람은 없다. 차라리 ESG가 원래부터 사회와 환경을 위해 지켜야 할 것들인데 소수의 탐욕 속에서 외면되고 무시되었던 가치와 질서였던 것이라면 고령화는 이제 인류 모두가 지혜와 경험, 빛나는 지성과 과학을 통해 새롭게 만들어 가야 할 일이다.

불과 몇십 년 전만 해도 연금과 보험은 자식이 전부였다. 인생에서 닥치는 생로병사를 우연과 운명 속에 맡겼던 시대는 20세기 미명의 시간에 묻어두어야 한다. 요람에서 무덤까지를 넘어 임신에서 출산, 청년 일자리에서 노후보장까지 국가의 돌봄 의무는 무한대로 확장하고 있다. ESG는 정부와 기관 조직, 지역사회 공동체가 함께 지혜와 용기를 갖고 풀어 나가야 할 인류의 숙제일 수 있다. 전쟁과 약탈이 일상이었던 야만의 20세기 이전의 역사는 가고 인류의 빛나는 지성과 영성의 힘을 모아 연대와 평화, 지속가능한 고령화시대의 21세기가 시작되었다. 이것이 앞으로 지구의 새로운 역사를 써내려갈 것이다. 한번 극복한 장애물은 후퇴가 없다. 과정이 있을 뿐이다. ESG 경영을 잘하는 기업은 고령화시대를 훌륭하게 활용하고 있다.

2) ESG 경영? Aging In Place, AI, Aging Tech 콜라보레이션

아날로그시대 산업 역군의 고령화가 지고 디지털시대 베이비붐세대의 고령화가 뜨고 있다. IoT 기반의 건강 모니터링 장치, 스마트 홈 솔루션, 사회연결을 강화하는 디지털 플랫폼, 빅데이터 활용의 안전작업, 맞춤형 건강 서비스인 모바일 및 메타버스 기반 헬스케어, 로봇 등 다양한 사례가 있다. 시대적 요구에 맞춘 E(환경), S(사회), G(지배구조)의 대응은 고령화시대의 '살던 곳에서 늙어가기'라는 AIP(Aging In Place)를 AI(Artificial Intelligence)와 에이징테크(Aging Tech)를 열어나갈 수 있다. 시니어 디지털시장은 막대한 잠재력이 있다.

고령화시대 ESG 경영 성공전략은 기업과 정부, 가계라는 경제의 세 주체가 모두 나서야 한다. 공적 소득보장이 낮은 우리나라에서 노령연금은 실질 소득을 대체할 만한 수준이 아니다. 기업퇴직 60세, 공적 노령 65세의 격차는 매우 절망적이다. 퇴직과 연금연령기의 격차를 줄이기 위해 중장년층을 기업에서 재고용하여 순환 회로를 돌려야 한다.

최근 경기연구원은 전국 60세 이상 노인 노동자의 97.6%가 71세까지 계속 일하기를 원하며 그 이유로 건강이 허락하는 한 일하고 싶어서, 돈이 필요해서라는 조사결과를 발표했다. 2004년도부터 현재까지 시니어 일자리 현황은 갈수록 공공기관, 공공성을 기반으로 공익활동이 압도적인 증가 폭을 보이고 있다. 또 사회적 경제에서 창출되는 사회서비스형,

민간시장에서 고용량도 점차 증가하고 있다. 고령자의 고용 확대는 정부와 기업이 앞장서서 확산시켜나갈 수밖에 없음을 보여주는 것이다.

고령인구 일자리 문제를 ESG 경영 성공전략으로 이끈 유한킴벌리는 지난 10여 년간 시니어 일자리 기금 출현으로 고령화 문제 해결과 시니어 비즈니스 관련 공유가치 창출활동을 진행하였고, 38개의 소기업 육성, 1,000개 이상의 시니어 일자리 창출, 시니어 케어매니저 육성 등의 성과를 보여주었다.

초고령 사회의 도래에 만성질환 환자가 지속적으로 증가하면서 세계 최초로 복약행동 AI 알고리즘 우수성 검증을 인정받아 다양한 복약행동 분석에 적용 가능성을 검증하고 있는 기업도 있다. 고령화시대와 사회적 가치 창출의 사회서비스 사업과 함께 사회복지 수요는 우상향 그래프이다. 특히 재활 및 요양서비스의 증가는 ESG 경영의 가치로서 사회적 책임을 다한다. 자연 친화적이며 공정하고 질 높은 돌봄 서비스를 제공하는 기업들이 인정받을 수밖에 없다.

지속가능한 고령화시대 ESG 경영의 성공전략은 노동자들의 노동환경과 복지가치가 높아가고 있다. 노동자의 행복감과 직무만족도를 고려한 일자리 조성, 균형 잡힌 업무 분배, 직원복지 프로그램 등으로 노동권을 보장하고 다양성과 포용성을 존중하는 기업들이 성공할 수 있다.

고령화시대 지속가능한 기업의 생존전략은 ESG의 교과서 SDGs에서 배우는 것이다. 환경과 공동체 의식이 살아있으며 산업 사회의 노동습관과 디지털환경에 적응한 현 베이비붐세대와 함께 ESG 경영성공을 위해 지혜와 용기로서 손잡고 헤쳐나가자.

참고문헌

- 김종규, 「공공기관의 사회적 자본이 ESG 추진성과에 미치는 영향 연구」, 『한국IT서비스학회 학술대회 논문집』, 2021.
- 오영균, 「사회적 책임과 K-ESG거버넌스 한계」, 『사회적 경제와 정책연구』, 12(3), 2022.
- 이규석, 「ESG의 지배구조(Governance) 개선과 기업가치」, 『KERI Brief』, 12(3), 2021.
- 이형희, 홍종호, 「사회적 가치와 ESG」, 『환경논총』, 67(84~90), 2021.
- 한상범, 권세훈, 임상균, 「글로벌 ESG 동향 및 국가의 전략적 역할」, 『대외경제정책연구원』, 2021.
- 유엔 지속가능위원회, www.sdgs.un.org
- 챗GPT, www.chat.openai.com
- 통계청국가통계포털(KOSIS), www.kosis.kr
- 한국언론진흥재단, 빅카인즈(BIGKinds), www.bigkinds.or.kr
- ESG News SURVEY, www.esgnews.com
- 이모작뉴스, www.emozak.co.kr
- 저출산고령사회위원회, www.betterfuture.go.kr
- 고려대학교 고령사회연구원, www.agelabkorea.org

저자소개

정순희 JUNG SOON HEE

학력
- 숭실대학교 경제학과 학사
- 중앙대학교 의회학과 석사
- 성공회대학교 사회복지학과 박사 수료

경력
- 지방자치발전연구소 운영위원
- 성공회대학교 사회적기업연구센터 연구원

자격
- 사회복지사 1급
- 한국어교원자격증 3급
- 한국정통침구사 정회원

저서
- 『미래유망 일자리전망』 브레인플랫폼(주), 2023.(공저)

수상

- '생활정치부문우수의정' 대상(전국여성의원네트워크)
- '내삶을바꾸는생활정책' 대상(생활정책연구원)

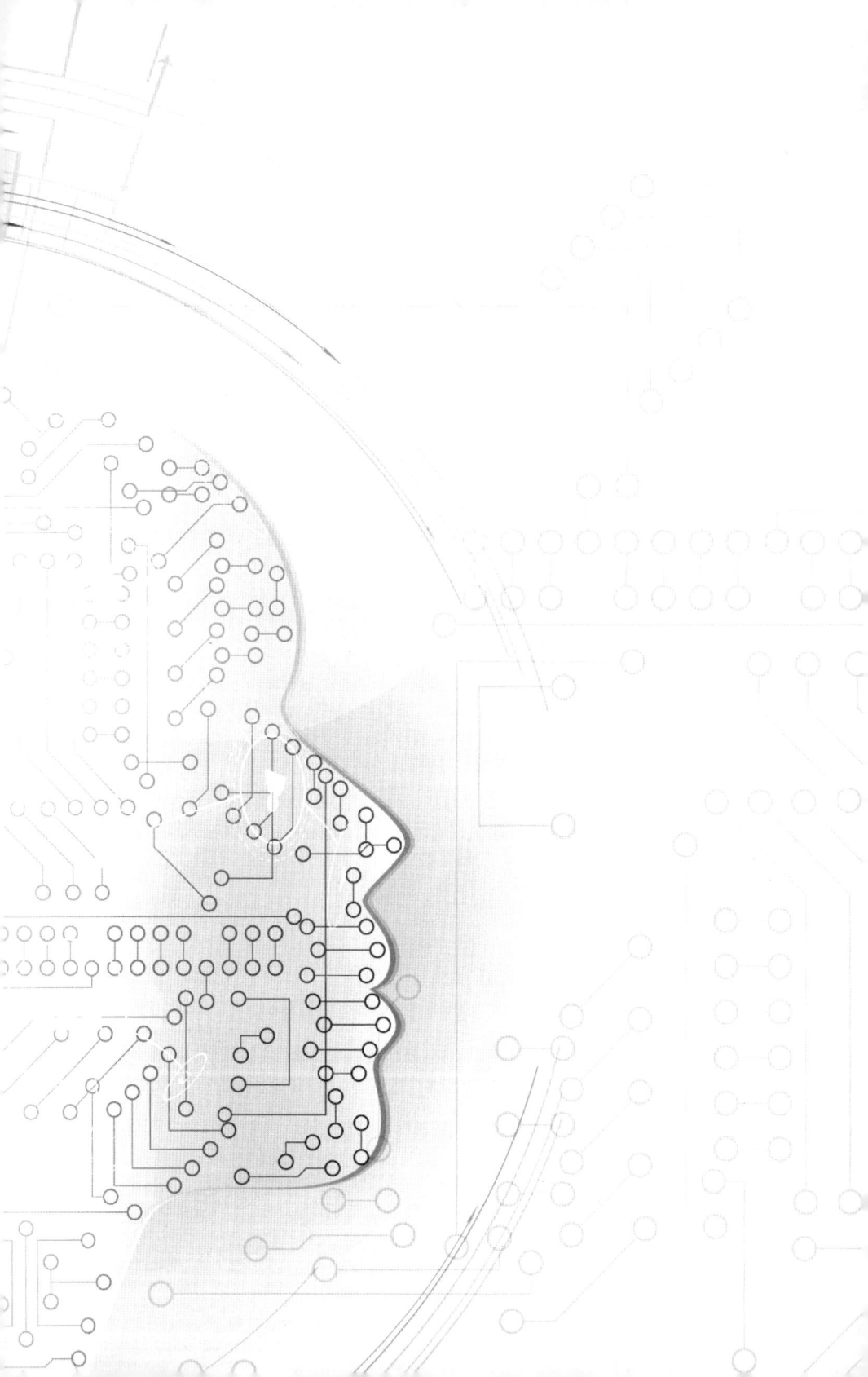

제5장

ESG 경영에서 지구환경을 지키는 Net Zero 탄소중립

한상호

1. ESG 경영에서 Net Zero(탄소중립) 활동 이유

현재 지구는 환경위기에 처해있습니다. 지구온난화, 해수면 상승, 기후변화, 산림 파괴, 생물다양성 손실 등은 지구의 환경을 위협하고 있습니다. 이러한 환경위기를 극복하기 위해 2015년 파리협정은 지구온난화를 2℃ 이내로 제한하고, 나아가 1.5℃ 이내로 제한하기 위한 국제협약을 하여 모든 국가가 온실가스 배출량을 줄이기 위한 노력을 요구하고 있습니다. 이에 전 세계 195개국이 참여 중인 환경보존운동인 파리협정을 달성하기 위해 정부, 기업, 개인 모두가 적극적으로 참여해야 합니다.

이제 세계 속에서 경제적인 활동과 관계가 깊은 기업에 초점을 맞추어 살펴보려 합니다. 기업은 에너지 효율을 높이고, 신재생에너지를 사용하고, 탄소배출량을 줄이기 위한 노력을 기울여야 합니다. 기업은 또한 환경친화적인 제품과 서비스를 개발하고, 환경보호에 대한 인식을 높이는 노력을 기울여야 합니다. 기업이 환경위기 해결에 기여하기 위해서는 ESG 경영에 관심을 가져야 합니다. ESG 경영은 기업의 환경, 사회, 지배구조를 고려하여 사회적 책임을 가지고 경영하는 것으로 특히 기업은 ESG 경영 중에서 환경위기 해결에 기여하고 ESG 경영에 적극적으로 참여해야 합니다.

ESG 경영 중 환경(E)에 관심을 가져야 하는 이유는 다음과 같습니다.

- 환경은 기업의 지속가능성을 위한 필수 요소입니다.
- 환경은 기업의 사회적 책임입니다.
- 환경은 기업의 수익성입니다.

기업이 지구 환경보존을 위해 Net Zero(탄소중립)를 실천해야 하는 이유는 다음과 같습니다.

- 지구온난화를 방지하고, 기후변화에 대응할 수 있습니다.
- 에너지 비용을 절감할 수 있습니다.
- 기업의 이미지를 개선하고, 신뢰를 높일 수 있습니다.
- 새로운 시장을 창출할 수 있습니다.

Net Zero(탄소중립) 활동 실천을 위해 다음과 같은 노력이 필요합니다.

- 에너지 효율을 높이기 위해 노력해야 합니다(FEMS).
- 신재생에너지를 사용해야 합니다(RE100).
- 탄소포집 및 저장 기술을 개발해야 합니다.
- 폐기물 감량 및 재활용을 촉진해야 합니다.
- 친환경 제품을 개발·생산해야 합니다.

ESG 경영에서 환경(E)활동 중 Net Zero(탄소중립) 활동을 위해 먼저 Net Zero(탄소중립)의 의미와 기업이 해야 할 선행과제를 소개합니다.

2. Net Zero 및 비즈니스 성공을 위한 네 가지 경로

*"Net Zero(탄소중립) 세상으로의 전환은
모든 기업과 모든 산업을 변화시킬 것입니다.
문제는 여러분이 주도할 것인가, 아니면 주도 당할 것인가입니다."*

- Larry Fink, Chairman and CEO, Black Rock -

화석연료 기반 경제에서 Net Zero 경제로의 전환은 인류 역사상 가장 큰 전환 프로젝트(대전환)입니다. 산업화시대부터 시작된 지구 온도상승을 관리 가능한 수준인 1.5℃로 제한하려면 2050년까지 세계 경제가 Net Zero를 달성해야 합니다. 맥킨지 앤 컴퍼니는 금융 시스템 녹색화 네트워크의 Net Zero 2050 시나리오에 따라 Net Zero 경제를 달성하려면 2050년까지 물리적 자산에 대한 누적 투자만 275조 달러가 필요할 것으로 추정하고 있습니다. 대전환은 거대하지만 인류는 이전에도 경제의 근간을 성공적으로 변화시킨 적이 있습니다.

우리는 기업이 Net Zero 비즈니스 모델을 달성하고 대전환에서 상업적 성공을 거두기 위해 선택할 수 있는 네 가지 전략적 경로를 확인했으며, 이를 네 가지 "경로(Pathway)"라고 부릅니다. 여기서는 비즈니스 모델에서 온실가스(GHG) 배출을 제거하려는 기업의 계획이 근본적인 비즈니스 및 재무전략과 통합되어야 한다는 핵심사항을 강조하기 위한

"Net Zero와 비즈니스 성공을 위한 네 가지 경로"는 아래와 같습니다.

- 경로 1(Pathway One): Maintain
- 경로 2(Pathway Two): Transform
- 경로 3(Pathway Three): Create New
- 경로 4(Pathway Four): Transform Industry Ecosystems

3. Net Zero(탄소중립)의 혁신적 힘

기업들은 대전환에 참여해야 한다는 혁신적 압박을 받고 있습니다. 기업의 이해관계자들은 기업들에게 대전환에 동참하도록 압력을 가하고 있으며, 기업이 Net Zero를 달성할 때까지 계속 압력을 가할 것입니다. 이러한 변화의 압력은 Net Zero를 넘어 재생 경제로 전환하고 유엔의 지속가능한 개발 목표(SDGs)를 충족하는 경제로 전환하라는 압력이 커짐에 따라 더욱 거세질 것입니다. 기업은 이러한 변화의 힘을 피할 수는 없지만, 이를 선제적으로 관리하여 새로운 Net Zero 경제의 승자로 부상할 수 있습니다.

기업은 이러한 변화의 힘을 활용하여 비즈니스 모델이 Net Zero 경제에 부합하는 계획을 개발해야 합니다. 새로운 Net Zero 경제에서 기업이 성공할 수 있는 가장 확실한 방법 중 하나는 비즈니스 모델에서 온실가스를 성공적으로 제거하는 것입니다.

기업은 먼저 온실가스 배출량에 대한 완전한 조사를 실시해야 합니다. 이 과정은 단순한 데이터 수집이 아니라 기업의 탄소의존성, 즉 비즈니스 프로세스와 비즈니스 모델의 어디에서 얼마나 많은 탄소가 유입되는지, 어디에서 얼마나 많은 배출이 발생하는지, 어떤 프로세스와 활동이 온실가스 배출을 발생시키는지 파악할 수 있는 기회입니다. 이러한 정보 수집 프로세스는 시간이 많이 걸리지만 환경 효율성 및 비즈니스 혁신전략 중 어떤 것이 적절한지 결정하는 데 매우 중요합니다.

또한 기업은 온실가스 배출량 데이터와 탄소의존도에 대한 정보를 사용하여 탄소 가격상승 가능성이 있는 경우 비즈니스 모델에 대한 데이터와 정보의 재무적 영향을 평가해야 합니다. 기업은 온실가스 배출 데이터, 탄소집약도에 대한 정보, 탄소충격 테스트 결과를 사용해 산업을 분석하여 산업을 형성하는 요인을 파악하고 향후 Net Zero 산업이 어떤 모습일지에 대한 시나리오를 개발할 수 있습니다.

이 과정을 통해 기업은 Net Zero로 전환하는 과정 중 업계에서 성공적으로 경쟁하기 위해 해야 할 것을 파악해야 합니다. 어려운 일이지만 미래의 Net Zero 산업 비전을 위한 다양한 시나리오를 개발하여 세월이 흐르고 사건이 전개됨에 따라 이를 업데이트해야 할 것입니다. 그리고 이러한 시나리오의 계획을 수행하려면 기업은 다음과 같은 변혁의 힘을 이해해야 합니다.

1) Global 정부의 탄소세 부과 움직임

수십 년간의 논의 끝에 주권 국가들은 온실가스 배출을 줄이기 위한 조치를 취하는 데 진지하게 나서고 있습니다. 유럽연합(EU)과 195개국이 파리협정에 서명하여 지구 온도상승을 2℃로 제한하기 위해 온실가스 배출량을 감축하는 동시에 1.5℃로 제한하기 위해 노력하기로 합의했습니다.

EU와 33개국이 Net Zero 목표를 설정했으며 100개 이상의 국가가 Net Zero 목표를 제안했거나 고려하고 있습니다. 이러한 국제적인 약속으로 인해 온실가스 배출을 줄이기 위한 탄소세와 배출권 거래제가 도입되고 있습니다. 폴란드에서는 이산화탄소 환산톤(CO_2e) 배출량을 1톤당 1유로 미만부터, 스웨덴과 스위스에서는 1톤당 100유로 이상의 탄소세를 도입하였고 이러한 유럽 국가가 20개국에 달합니다. 탄소세의 범위는 국가마다 다릅니다. 미국은 연방 차원에서 탄소세 또는 배출권 거래제를 채택하지 않았지만 11개 주가 전력 부문의 CO_2 배출량을 제한하고 줄이기 위해 고안된 지역 온실가스 이니셔티브의 회원국이며 캘리포니아는 2013년부터 배출권 거래제를 시행하고 있습니다. 중국도 국가 차원에서 탄소세나 배출권 거래제를 도입하지는 않았지만 중국의 여러 도시와 성에서 배출권 거래제를 시행하고 있습니다. 그리고 EU와 미국은 2023 회계연도부터 상장 기업이 온실가스 인벤토리 및 기타 기후 관련 정보를 공개하도록 하는 증권 규정을 제안했습니다.

2) Global 기관투자자의 움직임

　Global 기관투자자들과 세계 최대 자산 운용사인 블랙록(Black Rock)은 상장 기업 CEO와 이사회에 비즈니스 모델 설계 시 Net Zero 경제에 부합하는 전략과 전환계획을 마련해야 한다고 전했습니다.

　예를 들어 기후변화 관련 요인이 기업에 중요한 영향을 미치는 경우, CPP 인베스트먼트는 기업이 신뢰할 수 있는 온실가스 배출량 감축계획을 수립할 것을 요구합니다. CPP 인베스트먼트는 각 기업에 온실가스 보고 및 감축을 위해 다음과 같이 3단계 접근방식을 제안했습니다.

　① 현재 기준 배출량 평가
　② 현재 비용 효율적으로 배출량을 줄일 수 있는 조치 파악
　③ 다양한 탄소가격 가정하에서 예상 감축 용량 결정

　이제 Global 투자기관은 기업이 Net Zero 경제에 발맞춰 충분히 신속하게 행동하지 않으면 이사를 교체할 수도 있습니다. 신뢰할 수 있는 전환계획을 수립하지 않은 기업은 Shell PLC와 같이 법정에 서게 될 수도 있습니다.

3) Global 기업의 가치사슬에 대한 요구사항의 움직임

　기업은 고객의 다운스트림 제품 사용으로 인한 배출량 또는 제품에 사

용되는 원자재의 업스트림 생산으로 인한 배출량과 같은 간접적인 온실 가스 배출량인 Scope 3 배출량을 정량화하고 줄여야 한다는 압박을 받고 있습니다. 15가지 범주에 해당하는 Scope 3 배출의 의도는 기업 간 협업을 통해 가치사슬의 다운스트림 및 업스트림 배출 데이터를 먼저 수집한 다음 배출량을 줄이도록 장려하는 것입니다.

그 결과, Net Zero를 달성하고자 하는 기업들은 공급업체에 점점 더 엄격한 배출량 감축 요건을 요구하고 있습니다. 예를 들어, 세계 최대 소매업체인 월마트는 2030년까지 가치사슬에서 1기가톤의 온실가스 배출을 제거하기 위해 공급망 네트워크에 4,500개 이상의 기업을 참여시켰습니다. 향후 이런 추세는 지구상의 모든 기업들에게 해당될 것이라 사료됩니다.

4) 고객들의 요구사항

고객들은 기업이 지속가능하고 탄소배출이 없는 제품과 서비스를 제공하기를 점점 더 원하고 있습니다. 최근의 한 여론조사에 따르면 미국에서 전기자동차에 대한 소비자 정서가 최근 휘발유 가격 인상에 힘입어 티핑 포인트에 도달한 것으로 나타났습니다. 2022년 4월, 설문조사에 참여한 소비자의 40%가 5년 이내에 전기차를 소유할 것으로 예상했고, 이는 2018년의 18%에 비해 증가한 수치입니다. 순환의 원리에 대해 잘 알게 되면서 탄소배출이 없는 순환형 제품과 서비스를 원하는 소비자도 점점 더 늘어날 것입니다.

5) 기후변화

기상이변, 폭염, 가뭄, 홍수, 산불로 인해 기업들이 온실가스 배출을 줄이기 위한 조치를 취해야 한다는 압박이 커지고 있습니다. 2022년만 해도 3월에 인도는 122년 만에 가장 더위를 경험했고, 7월에는 영국이 역사상 가장 높은 기온을 기록했습니다. 프랑스, 스페인, 포르투갈, 이탈리아에서는 산불로 농작물이 불에 타는 등 또다시 폭염을 경험했고, 미국도 마찬가지였습니다. 이와 같이 전 세계의 기상이변, 가뭄, 산불이 증가함에 따라 기업이 Net Zero 경제로의 전환에 동참해야 한다는 압박은 더욱 거세질 것입니다.

4. Net Zero(탄소중립)의 의미와 그 이상

블랙록의 CEO인 래리 핑크는 2021년 CEO들에게 보낸 서한에서 Net Zero 경제를 "지구온난화를 2℃ 이하로 유지하는 데 필요한 과학적 임계치인 2050년까지 대기 중 이산화탄소를 더 이상 배출하지 않는 경제"로 정의했습니다. 그러나 블랙록의 성명은 이산화탄소(CO_2)에 국한된 것이며, 2℃ 임곗값은 대부분의 과학자들이 중요하다고 생각하는 1.5℃보다 높습니다. 여기서 'Net Zero'라는 용어는 지구 온도상승을 1.5℃로 제한하는 목표를 지원하기 위해 전체 가치사슬의 업스트림과 다운스트림에서 절대 배출량을 줄이고 제거하여 온실가스(GHG)를 전혀 배출하지 않는 경제 또는 비즈니스 모델을 의미합니다. 남아있는 온실가스는 상쇄 및 탄소포집으로 상쇄합니다. 이 연구의 목적상 온실가스 배출에는 CO_2와 온실가스 의정서에 열거된 기타 모든 온실가스가 포함됩니다.

Net Zero 경제나 Net Zero 비즈니스 모델 모두 모든 온실가스 배출과 화석연료 사용을 제거하지 않습니다. 즉 Net Zero는 배출 제로(Zero Emission)가 아닙니다. 경제와 비즈니스는 여전히 CO_2 및 기타 온실가스를 생산하지만, 제거하기 어려운 온실가스의 잔여 생산량은 탄소배출권과 탄소포집 및 마이너스 배출 기술, 탄소포집을 위한 자연 기반 솔루션을 통해 상쇄할 수 있습니다(Net zero is not zero emissions).

Net Zero라는 용어는 '탄소중립(Carbon Neutral)'이라는 용어와 동의어가 아닙니다. 사람들은 종종 두 용어를 혼동하지만 그 의미는 매우 다릅니다. 기업이 자체 온실가스 배출량을 줄이거나 제거하지 않고 탄소배출권을 구매하거나 대기 중 탄소 제거비용을 지불하여 배출량을 상쇄하는 경우 탄소중립(Carbon Neutral)이라고 주장할 수 있습니다.

2050년까지 Net Zero 경제를 달성하는 것이 목표지만 기후를 안정화하지 못할 것이고, 경제는 2050년 Net Zero를 달성할 때까지 매년 수십억 톤의 온실가스를 대기로 계속 배출할 것이기 때문에 궁극적으로 경제는 Net Zero 경제에서 Net Negative Economy로 전환해야 할 것입니다.

여기에서 말하는 '탄소 네거티브(Carbon Negative)' 경제 또는 기업은 생산량보다 더 많은 온실가스 배출을 격리하거나 제거하는 기업으로 마이크로소프트(Microsoft)와 같은 기업은 기업 온실가스 배출량 감축의 표준으로 Net Zero를 시작하여 2030년까지 탄소 네거티브를 달성하고 1975년 설립 이래로 회사 운영에서 배출된 모든 탄소를 대기에서 제거하기로 약속했습니다.

플로리다의 공익사업체이자 세계 최대 재생에너지 개발업체 중 하나인 넥스트에라 에너지(Next Era Energy)도 Net Zero을 넘어선 목표를 향해 태양광 발전 용량을 확대하고, 천연가스 발전소를 친환경 수소로 가동하도록 전환하고, 배터리 전력 저장 용량을 100배 늘리는 등 2045년까지 'Real Zero'를 달성하기 위해 탈탄소화에 전념 중입니다. 넥스트에라 에너지는 확장된 태양광 발전 용량을 활용해 그린 수소를 생산할 계획입니다. 이에 탄소포집, 크레딧, 상쇄를 사용하지 않고도 실질적인 'Real Zero'를 달성할 것으로 기대합니다.

넥스트에라 에너지는 향후 5년에서 30년 동안 아래 세 가지 중요한 전환을 추진할 계획입니다.

- 비즈니스 모델을 실질적인 탄소배출 제로로 전환하는 것입니다.
- 2040년대 초 무탄소에너지를 위한 친환경 수소 가스터빈과 스마트 청정에너지 전력망을 위한 송전, 배전 및 배터리 저장 백본 인프라 구축 등 혁신적 투자를 통해 전력 부문에서 실질적인 탄소배출 제로로 전환하는 것입니다.

- 고객이 비즈니스 모델을 Net Zero로 전환하고 고객과 미국이 실질적인 배출 제로와 경제의 탈탄소화를 달성하는 데 도움이 되는 파트너가 되어 미국 경제의 탄소배출 제로로의 전환을 주도하는 것입니다.

넥스트에라 에너지는 자사의 전략과 계획을 통해 비즈니스 모델 및 전력 산업 생태계 혁신과 탈탄소화를 위한 새로운 전력 산업 표준을 수립할 계획입니다.

Net Zero 경제를 달성하는 것이 최종 목적지가 아니라 지구의 수용 능력 내에서 운영되는 재생 경제로 나아가는 긴 여정의 이정표이기 때문에 많은 기업과 산업이 실질적인 배출 제로 'Real Zero'를 달성해야 할 것입니다.

유엔은 재생 경제가 경제적으로 지속가능해야 할 뿐만 아니라 환경적, 사회적으로도 지속가능해야 한다는 점을 인식하고 있습니다. 2015년 유엔은 193개국의 지지를 받아 2030년까지 더 나은 지속가능한 미래를 달성하기 위해 목표 ⑦ 저렴하고 깨끗한 에너지, 목표 ⑪ 지속가능한 도시, 목표 ⑬ 기후 행동 등 17개의 지속가능한 개발 목표(SDG)를 채택했습니다.

각각의 개별 목표도 중요하지만, 모든 목표는 서로 연결되어있으며 Net Zero 경제를 넘어 인류와 지구를 위해 평화롭고 번영하는 미래를 위한 청사진을 제공합니다. Nestlé, ENI, 바텐폴을 비롯한 많은 기업들도 비즈니스 전략과 Net Zero 전환계획에 SDG를 통합했습니다.

   이는 Net Zero 비즈니스 모델과 Net Zero 글로벌 경제 달성에 초점을 맞추고 있지만, 기업이 Net Zero 글로벌 경제에서 성공적으로 경쟁하고, 지속가능하고 재생 가능한 미래로 나아가기 위한 장기전략을 수립할 때 Net Zero 그 이상의 것을 생각할 수 있는 더 큰 기회가 생긴 것입니다.

5. Net Zero 경제로의 전환은 어떤 모습일까?

   국제에너지기구(IEA)는 2050년까지 세계 경제가 Net Zero를 달성할 수 있는 방법을 설명하는 에너지 부문의 청사진을 발표했습니다. 일부 국가에서는 2050년까지 국가 경제가 어떻게 Net Zero를 달성할 수 있는지에 대한 국가별 로드맵을 공표하기도 했습니다. 이러한 로드맵은 Net Zero 경제를 달성하려면 2050년까지 지구 온도상승을 1.5℃로 제한하기 위한 다양한 솔루션과 시스템 사고의 영역을 포함하는 비선형적이고 창의적이며 반복적인 프로세스가 필요하다는 점을 강조하는 데 유용합니다.

   클라이밋 인터랙티브(Climate Interactive)와 MIT의 경영 지속가능성 이니셔티브의 공동 프로젝트인 '온라인 En-ROADS 기후 솔루션 시뮬레이터'는 온실가스 배출, 삼림 벌채, 석유, 천연가스, 석탄의 온실가스 배출에 대한 상대적 기여도 등 지구온난화의 주요 원인을 파악할 수 있습니다. 또한 이 시뮬레이터를 통해 솔루션의 조합과 강도를 조정하여 2050년까지 지구온난화를 1.5℃로 제한하기 위한 배출 완화전략을 신속하게 모델링할 수 있습니다. 이 시뮬레이터는 메탄배출 제거와 같은 어떠한 조치가 지구온난화를 제한하는 데 가장 큰 긍정적인 영향을 미치는지도 보여줍니다. 이 시뮬레이터를 사용할 경우 다음과 같습니다.

- 석탄, 석유, 천연가스, 메탄 등 화석연료가 지구온난화의 가장 큰 원인이며 전체 온실가스의 약 70%를 발생시킨다는 사실을 바로 알 수 있습니다.
- 화석연료 연소로 인한 온실가스 배출을 줄이거나 없애지 않고는 Net Zero 경제를 달성하는 것이 불가능하다는 사실을 확인할 수 있습니다.
- Net Zero 경제를 달성할 수 있는 다양한 경로를 신속하게 설계하고 모델링할 수 있기 때문에 앞서 설명한 영국 Net Zero 전략, 금융시스템 녹색화 네트워크의 Net Zero 2050 시나리오와 같은 모델을 현실화할 수 있습니다.

세계경제포럼과 보스턴컨설팅그룹(BCG)이 탄소정보공개프로젝트 및 리피니티브 데이터를 분석한 결과, Net Zero 목표를 설정하고 배출량을 감축한 기업은 약 9%에 불과했습니다. 2050년까지 Net Zero를 달성하는 방법이나 2025년까지 온실가스 배출량을 25~30%, 2030년까지 50% 감축하는 방법에 대한 세부적인 전환계획을 가지고 있는 기업은 적습니다. 다행히 마이크로소프트, 넥스트에라 에너지, 네슬레, 외르스테드, 바텐폴 등 많은 기업이 이미 포괄적인 Net Zero 전환계획을 공표했으니, 기업들은 자체적으로 계획을 수립하는 데 이를 참고할 수 있을 것입니다.

6. 지구환경을 지키는 Net Zero의 기회

기업에게 진정한 기회는 Net Zero 전환계획과 실행 사이의 간극을 메우는 데 있습니다. 신뢰할 수 있고 진정성 있는 전환계획을 수립해야만 기업이 Net Zero 경제로의 전환을 주도할 수 있습니다. 전환을 주도한다는 것은 탄소배출이 없는 새로운 제품과 서비스를 개발하거나, 비즈니스 모델을 탄소배출이 없도록 재설계하거나, 완전히 새로운 혁신 비즈니스를 창출하거나, 산업의 완전한 전환을 주도하는 것을 의미할 수 있습니다.

이러한 종류의 이니셔티브는 전환계획을 기업의 전반적인 목적, 전략 및 비전과 자연스럽게 연계하여 Net Zero의 혁신적 힘이 제공하는 추진력을 보완할 수 있도록 합니다. 이렇게 하면 Net Zero 전환계획이 기업에 강요되는 것보다 Net Zero 계획을 실행함으로써 더 나은 비즈니스를 만들 수 있기 때문에 기업이 열성적으로 지지할 수 있는 것으로 바뀔 것입니다.

다음은 기업이 아직 파리협정 목표 도달에 미흡했다는 통계 수치

(91%)입니다.

- 63%: No/Partial Emission Disclosure
- 8%: Full Emission Disclosure
- 20%: Full Emission&Reduction Targets Disclosure
- 9%: Full Emission&Reduction Targets Disclosure＞4% per Year

Net Zero 전환계획 수립을 ESG 체크리스트의 또 다른 항목으로만 여기는 기업은 Net Zero 및 순환경제에 부합하는 제품과 서비스를 만들어 기업 가치를 창출하려는 전반적인 목적, 전략 및 비전과 계획을 연계할 기회를 놓칠 수 있습니다.

일반적으로 이사회에서 누군가 기후 관련 문제를 제기하면 이사회는 '최고 지속가능성 책임자에게 넘겨라'라고 말하며 해당 이슈는 다시는 이사회에 상정되지 않습니다. 그러나 Net Zero 비즈니스 모델로의 전환은 비즈니스 모델의 근본적인 재설계와 자본 배분이 필요할 수 있으므로 이사회에서 다뤄야 하는 비즈니스 전략 문제입니다.

> "Net Zero는 온실가스 배출량을 줄이는 것뿐만 아니라
> 핵심 비즈니스 전략에 관한 것이기도 합니다."

기업들은 기후 행동을 취함으로써 브랜드 평판 향상, 투자자 신뢰도 제고, 규제에 대한 탄력성 강화, 비용 절감 등 다양한 이점을 얻을 수 있

다는 사실도 알아야 합니다. 2050년까지 Net Zero를 달성하는 것은 긴 여정이 될 것이므로 기업은 모든 이해관계자가 Net Zero 전환계획(비즈니스 모델을 완전히 전환하고 전략과 비전을 전면적으로 재검토)에 동참하여 성공 확률을 최적화해야 합니다.

7. Net Zero 수행을 위한 기업의 선행과제

많은 기업에서 기후 관련 프로그램은 지속가능성 또는 ESG 부서로 위임됩니다. 그러나 Net Zero 비즈니스 모델을 달성하기 위해서는 Net Zero 전환계획을 전체 비즈니스 전략과 운영에 완전히 통합해야 합니다. 성공하려면 기업은 Net Zero 비즈니스 모델로의 전환을 핵심 비즈니스 전략에 통합해야 합니다. 그러나 가장 큰 과제는 Net Zero 전환계획을 수립하는 방법이 아니라 이를 실행에 옮기는 방법입니다.

Net Zero 전환계획을 실행하려면 변화 리더십과 전환전략이 필요할 수 있습니다. 기업은 현재 경영진의 시스템적 사고 역량을 평가하여 Net Zero 전환계획을 실행하는 데 필요한 전략 및 시스템적 사고 역량을 갖추고 있는지 확인해야 합니다. 우선 기업에게는 현재 비즈니스 모델과 미래의 Net Zero 비즈니스 모델 간의 격차를 파악하기 위해, 총 온실가스 배출량(Scope 1, 2, 3)에 대해 유효하고 정확하며 제삼자가 검증한 데이터가 필요합니다.

　격차의 크기는 탄소집약도에 따라, 산업마다 다릅니다. 이 격차를 해소하기 위해 기업은 매출 백만 달러당 이산화탄소 배출량(CO_2e) 톤으로 탄소집약도를 파악해야 합니다. 또한 온실가스 의정서, Scope 1, 2, 3 배출량, 기업이 총 온실가스 발자국을 분석하는 방법에 대해서도 이해해야 합니다.

참고문헌

- Jojn M.&Mark V. C., 「Net Zero Business Models」, 「Winning in the Global Net Zero Economy」, 2022.
- Black Rock, Inc, 「Larry Fink's 2021 letter to CEOs: the power of capitalism」, 2022.
- Krishnan, M., Samandari, H., Woetzel, J. et al., 「The economic transformation: what would change in the net-zero transition」, McKinsey&Company blog, 2022.1.25.
- Bray, S., 「Carbon Taxes in Europe」, Tax Foundation blog, 2022.6.14.
- 「Walmart Sustainability Hub」, Project Gigaton.
- 「CPP Investments」, Manley, R., https://www.cppinvestments.com/insights/investing-in-the-path-to-net-zero, 2022.2.10.
- Asher, C., 「The nine boundaries humanity must respect to keep the planet habitable」, Mongabay, https://news.mongabay.com/2021/03/the-nine-boundaries-humanity-must-respect-to-keep-the-planet-habitable, 2021.
- International Energy Agency, 「Net zero by 2050」, IEA, Paris, https://www.iea.org/reports/net-zero-by-2050, 2021.5.
- IEn-ROADS, Scenario, https://en-roads.climateinteractive.org/scenario.html

저자소개

한상호 HAN SANG HO

학력
- 성균관대학교 산업공학과(1981~1985)
- 한성대학교 스마트융합컨설팅 석사과정(2019~2021)
- 한성대학교 스마트융합컨설팅 스마트융합컨설팅 박사 ABD(All But Dissertation) for PhD (2021~2024)

경력
- 대우자동차, 한국지엠(1986~2012)
- 경희대학교 경영대학 산중교수(2017~2019)
- 한성대학교 대학원 겸임교수(2022~)
- EBRD SIA(Senior Industry Advisor, 선임컨설턴트)(2018~)
- 조인아이엔씨 컨설팅사 운영(2013~)

자격
- ESG 전문가(전경련)

저서
- 『취업, 이제는 글로벌 기업이다!』, 북랩, 2014.

- 『ISO 경영시스템 구축 실무 가이드』 정일, 2020.(공저)
- 『모빌리티 혁명』 브레인플랫폼(주), 2023.(공저)
- 『창업경영컨설팅 방법론 및 사례』 브레인플랫폼(주), 2023.(공저)

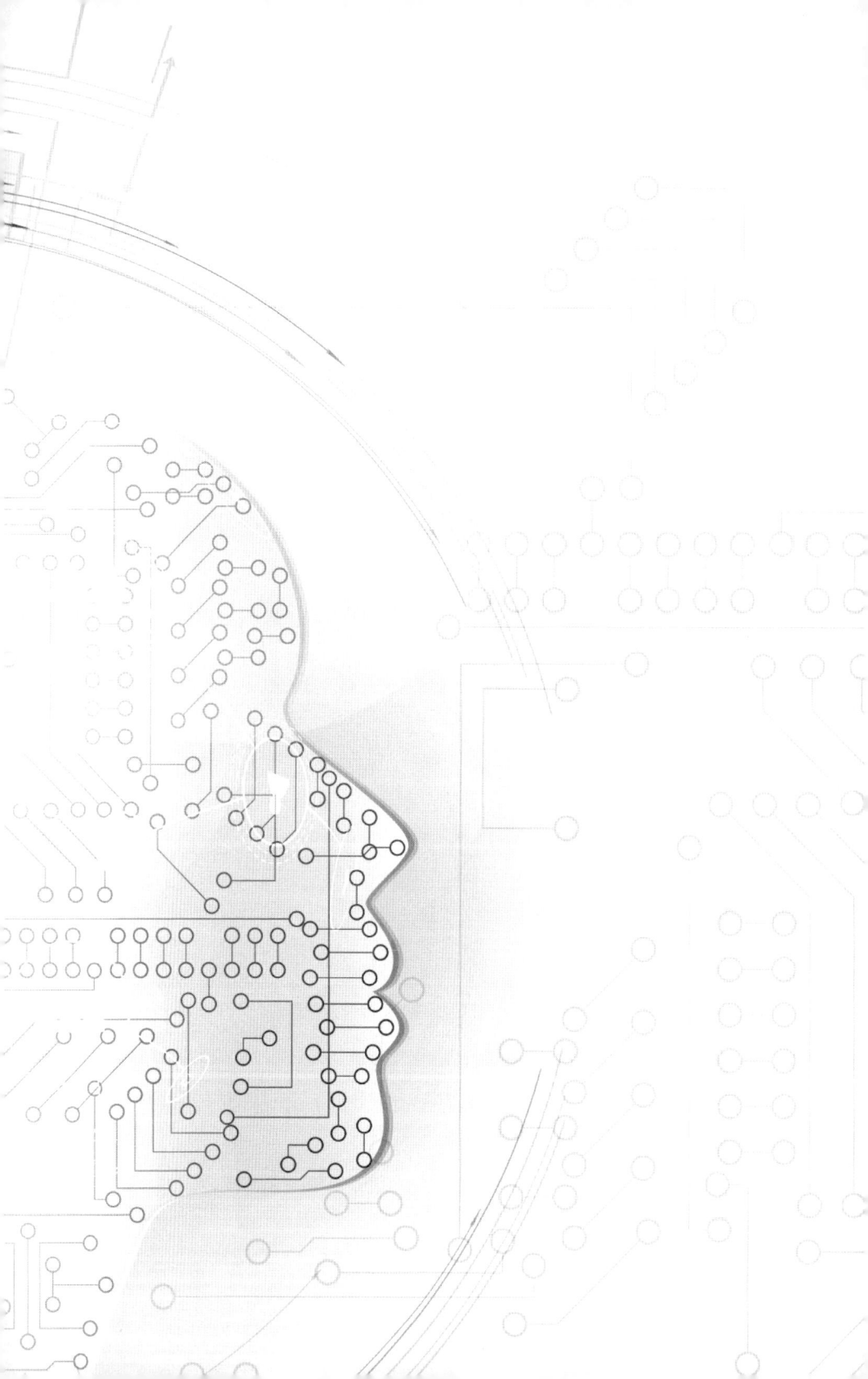

제6장

중소제조업의 E+SG 경영

이한규

1. 내가 만났던 E+SG

"Just a moment. Can you put eggs and butter in the sandwich?"
"오카이(O-Key)."

홈스테이 주인이 주는 잼만 바른 드라이 샌드위치로는 아침 식사량이 부족할 것 같아, 잠시 밖에 나가 계란을 사 온다고 하였더니, 주인아주머니의 '오케이' 대답이 돌아왔다.

계란, 치약, 칫솔, 비누 그리고 버터를 사는데 3개의 상점을 들렀다. 38년 전인 1995년, 영국 남부 해안 도시 브라이턴시의 주택가 상점에서 경험했던 일이다.

마을 입구에 4~5개의 작은 점포들이 있었는데, 취급하는 상품이 모두 달라 겹치는 물건을 하나도 볼 수 없었고, 서너 개의 생필품을 사기 위해 이곳저곳 세 군데 상점을 들르고 나서야 비로소 원하는 쇼핑을 완료할 수 있었다.

이게 뭐지?
비누·치약(캐미컬), 칫솔·화장지(일용품), 계란·버터(식품)를
제각각 다른 상점에서 사야 한다니…

동네 골목 양쪽에, 수백 수천 가지의 진열 상품이 완전히 똑같은 동네 슈퍼가 마주하고 있다. 가게 앞 평상에 앉아 지나가는 동네 사람들을 빤히 바라보고 있던 우리 동네 모습과 크게 대비되었다.

이렇게 하자고 약속이라도 했을까?
그런데 이런 약속이 이렇게 완벽하게 지켜지고 있다니…

치약과 칫솔을 서로 다른 상점에서 살 수밖에 없었던 경험을 방금 전에 해놓고도, 도저히 믿어지지 않는 딴 세상의 일이었기에 쉽게 충격과 흥분이 가라앉지 않았다. 얼굴이 벌겋게 달아오를 만큼의 부끄러움과 함께, 이루 말할 수 없는 부러움이 한꺼번에 몰려왔다.

이래서 선진국, 해가 지지 않는 나라라 부르는 거겠지?

대한민국 1인당 국민소득이 최초로 1만 달러를 넘어섰던 1995년의 기억이지만, 3만 달러 시대를 살고 있는 2023년의 대한민국 사회에 비춰봐도 그때 느꼈던 부끄러움과 부러움은 똑같이 유효하다.

낯선 배낭여행자의 얼굴을 붉히게 했던 그 느낌이, 38년이 지난 대한민국에 'ESG라는 갑옷'을 입고 내 앞에 서 있다.

'ESG가 아니면 대한민국과 기업들의 미래는 초라해질 것'임을 수많은 매스컴과 학자들이, 다양하고 구체적인 사례를 들어가며 쉴 새 없이 국민과 사회 그리고 정부를 압박한 결과, 드디어 대한민국 전체가 ESG를 반드시 받아들여야만 하는 최우선 과제로 승복하도록 만드는 데 성공한 모양새다.

세계 질서를 선도하는 선진국 그룹에서 창안한 새로운 형태의 약속일 뿐일 텐데 이번에 불어온 'ESG 태풍'의 파급력과 파장은 상상을 초월하는 초대형급으로 거세게 나오고 있다.

환경(E)의 등에 올라타는 데 드디어 성공했기 때문이겠지?

이제 ESG라는 말(馬)이 달리면 달릴수록, 환경파괴에 대한 두려움과 공포가 커지면 커질수록, 국제적 규제와 경제적 손실이 현실화되면 될수록, 일찌감치 말(馬) 위에 올라탄 S(사회)·G(지배구조)의 열매는 크고도 달콤한 꿀단지가 되겠지?

그 꿀을 듬뿍 가져가는 국가와 기업이,
우리가 가늠해볼 수 있는 'ESG 설계자'가 아닐까?

환경(E)이 불쌍해…
혼자도 감당하기 버거운 '2050 탄소중립' 위에
SG라는 손님을 무등 태우다니~

너무나 중요해진 '다중이해관계자',
그래도 당분간 환경(E) 혼자 뛸 기회는 줘봐야 하지 않을까?

2. 지구환경 지킴이, 환경(E)

1) 모두 함께 누렸던 행복과 풍요로움, 1~4차 산업혁명

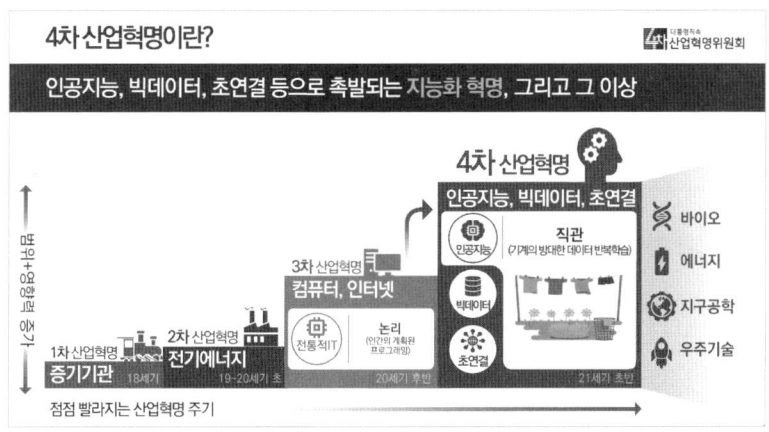

출처: 대통령직속 4차 산업혁명위원회 주요성과 및 추진방향, 2019.

1~4차 산업혁명은 45억 년 지구 역사 중 불과 350여 년간 일어나고 있는 짧은 역사이나, 그 파급력은 놀라울 정도라고 인정하지 않을 수 없다.

수많은 도구와 기술이 개발되고, 여러 명, 여러 장소, 여러 단계를 거쳐 완성품을 생산해낼 수 있는 '표준과 분업, 그리고 무역'이라는 수단으로 인하여, 대량생산처와 대량소비처의 균형이 맞춰지는 결과를 가져왔고, 이를 통해 전 지구가 하나의 생활권으로 통합되어가는 과정에 놓여있다고 볼 수 있다.

인류에게 참혹한 고통을 주던 '식량과 에너지 부족으로부터의 자립 실현'을 눈앞에 두게 된 현재의 시점은, 인류 문명을 통틀어 가장 안정된 풍요의 터널을 지나고 있는 시기라고 볼 수 있다.

산업화를 통한 대량생산과 대량소비, 원재료·생산처·소비처 불일치를 거뜬하게 해결한 '국제무역', 로봇, ICT, Network, Big Data, AI, Cloud로 쉴 새 없이 발전을 거듭하고 있는 4차 산업혁명까지 무엇 하나 부족함이 없어 보이는 행복한 터널을 흐뭇한 마음으로 통과하고 있다.

2) 환경(E)이 할 일은 곳곳에 숨어있는 공해(公海)를 찾아내는 일

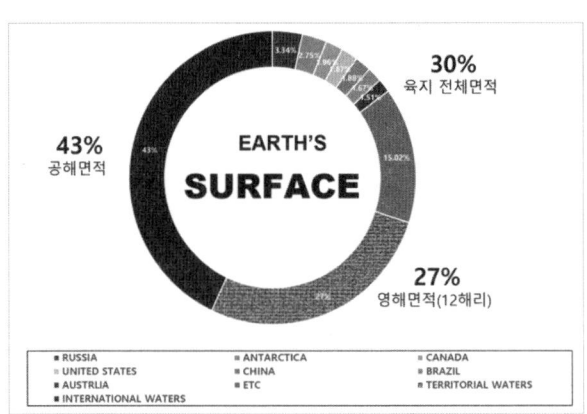

<지구의 표면적: 육지(30%), 영해(27%), 공해(43%)>

참고: How much of Earth's surface is covered by each country- In one graphic(World Economic Forum)

오대양 육대주, 전 세계의 바다와 육지를 한마디로 표현하는 말이다.

세계에서 가장 큰 섬으로 분류되는 덴마크령 그린란드(면적 2,200km^2)가 섬과 대륙을 가르는 표준이 되어, 아시아·오세아니아, 북아메리카·남아메리카, 유럽·아프리카로 구분된 6개의 대륙 그리고 태평양, 대서양, 인도양, 북극해, 남극해 등 오대양으로 구분하였다.

지구 표면적 510,000,000km^2 중 해양 표면적은 360,000,000km^2, 육지 표면적은 150,000,000km^2로 70%의 해양 면적, 30%의 육지 면적을 가진 것이 지구의 모습이다.

70%의 해양 면적은 전체 27%의 영해 면적(Territorial Waters, 12해리)과 43%의 공해 면적(International Waters)으로 구분되어있다.

인류가 이룩해온 산업혁명의 풍요로움은, 끝없이 자행된 '각종 자원 발굴을 통해 이룩한 에너지 자립'을 딛고 얻어낸 소중한 결과물이다.

깊은 산 속 탄광에서, 사막에서, 대륙붕에서 그리고 심해의 시추선에서, 심지어 완전한 안전담보를 해결하지 못한 원자력에서 채굴한 에너지가 없었다면, '에너지 자립의 꿈'은 상상조차 할 수 없었다. 에너지가 없는 산업화란 한낱 공상에 불과했었기 때문에, 에너지가 산업에 미친 영향은 절대적일 수밖에 없었다.

에너지는 채굴부터 운반, 정제, 사용 및 사용 후 폐기까지 전(全) 단계에서 지구온난화의 주범인 이산화탄소(CO_2)를 배출한다. 이산화탄소의 영향으로 생성된 지구온난화로 인해 지구촌 곳곳에 심각한 기후변화 경향이 나타나게 된 것이다.

<기후변동, 기후변화, 지구온난화>

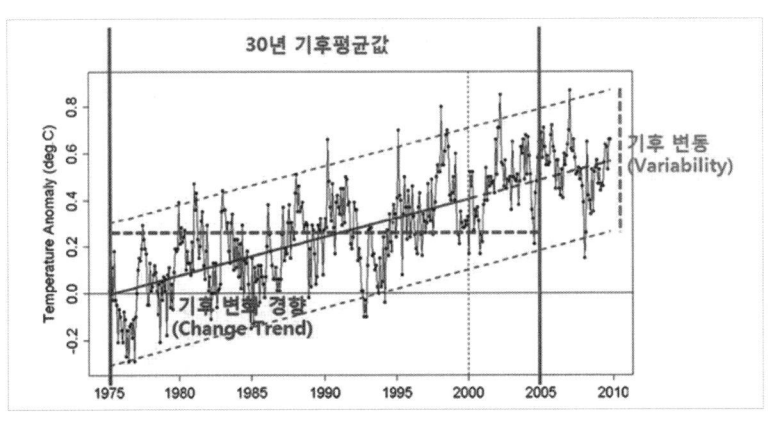

출처: 국립기상과학원

기후변화로 인한 지구온난화의 영향으로 일어나는 지구 곳곳의 환경파괴는, 개인이나 개별국가의 문제가 아닌 전(全) 지구적 과제가 되었다. 환경파괴로부터 지구를 지켜 내려는 유엔기후변화협약(UNFCCC)과 국제해사기구(IMO)가 최전방에 서서 지구 환경파괴를 막아내는 첨병 역할을 해내고 있다.

UNFCCC은 주로 각 국가의 책임소재가 분명한 대륙과 영해지역을 기반으로 하고, IMO 역시 영해와 공해상을 운항하는 해운과 조선에 관한 협약과 규제를 전문으로 추진하는 유엔소속의 국제기구이다.

<동북아시아 지역 온실가스의 농도 분석>

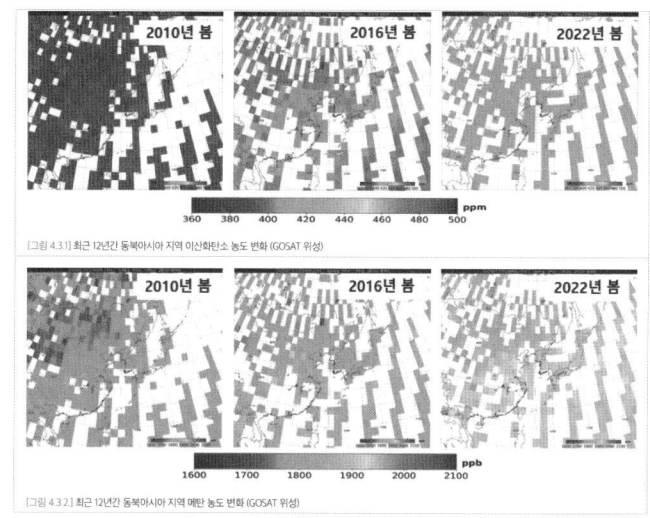

출처: 국가기상위성센터 2022 연차보고서

<선박에서 배출되는 배기가스>

출처: www.haesanews.com/news/articleView.html?idxno=83108

우리가 살고 있는 육지와 영해지역은, 비교적 공공적 관리 감독 및 감시가 작동하는 지역이라고 볼 수 있고, 국가적 수준에 따라 정도의 차이는 있겠으나, UNFCCC 주도의 강력한 국제규약과 이행 합의, 그리고 무역에 직접 반영될 탄소국경세 등의 직·간접적 강제 규정으로 약속이행이 준수될 수 있는 조건은 갖춰나가고 있다.

그러나 전 지구의 43%에 해당하는 공해(公海) 지역의 경우, 참으로 규제가 어렵고 환경오염에 대한 책임소재를 가리기 어려운 구역이 아닐 수 없다. 영해(領海)에서 배출한 폐기물의 공해 유입, 공해(公海)를 운항하는 해운·선박, 시추선 등에서 내뿜는 공해의 총량은 상상을 초월할 정도이다.

모든 국가가 주인인 구역이란, 아무도 책임지지 않는 구역이라는 말과 같다. 즉 '공유지의 비극' 현상이 나타날 가능성이 높은 지역이 바로 공해(公海)인데, 이 지역의 효율적 관리는 전(全) 지구적 환경보존에 지대한 영향을 미칠 수 있는 중요성이 있다.

초대형 컨테이너선(22,000TEU급)의 경우, 최대급유량은 중유 8,000톤(8,000,000L)에 달한다. 이를 자동차 휘발유 동일량(80L, 대형세단, 10만 대)의 석유환산톤(TOE) 및 이산화탄소배출량(tCO_2)과 비교했을 경우, 오히려 30~40%를 웃도는 환경오염을 기록하고 있다.

<초대형 컨테이너선(22,000TEU급) 1척의 배출량>

석유환산톤(TOE): 129
이산화탄소배출량(tCO₂): 140

<자동차(80L 연료 주입) 10만 대의 배출량>

석유환산톤(TOE): 100
이산화탄소배출량(tCO₂): 100

출발 시 영해(12해리)를 벗어나기 전까지와 도착 시, 영해지역에서는 공해가 적은 '고급의 디젤유(MDO, Marine Diesel Oil)'를 엔진에 주입하지만, 공해상 운전의 경우 '환경에 치명적인 중유(벙커C유)'를 주원료로 사용하기 때문에 엄청난 공해 유발 원인이 되는 것이다.

전 세계 어느 국가, 어느 지역, 어느 기업, 아니면 일반인이나 가정집을 막론하고, 감시의 눈이 있을 때와 그렇지 않을 때 사용하는 연료와 재료가 다르고, 그로 인한 환경파괴의 정도가 확연하게 다르다면, 그 일은 무척 심각한 일이 아닐 수 없다. 감시의 눈이 미치는 곳과 그렇지 않은 곳에서 이중 연료를 사용하여 이동하는 경우가 허용된다면, 그 폐해는 어떻게 감당할 수 있을 것인가?

환경(E)에는, 우리 주변 곳곳에 산재한 공해(公海)를 들춰내어 정상시스템으로 작동되도록 철저하게 감시하는 역할이 부여되어있다고 볼 수 있겠다.

> [공해(公海)의 정의]
> ① 어느 나라의 주권에도 속하지 않는 해양의 전부로서 국제법상 모든 국가에 개방되어있는 해역.
> ② 공해의 법적 성질에 대해서는 무주물(無主物)·공공물(公共物)·불융통물(不融通物) 또는 국제공역(國際公域) 등의 설이 있으나, 유력한 학설은 국제공역설이다.

출처: 한국민족대백과

3. 환경(E)의 어깨 위에 무등을 탄 SG

선진국 동네 입구 상점가에서 느꼈던 '잘사는 나라의 규칙'이 부러웠던 경험은, 40년 가까운 사회생활 내내 중요한 판단의 기준이 되었다.

나 스스로 또는 사회가 정한 어떤 원칙을, 남의 시선과 여건에 휘둘리지 않고 준수하려는 노력을 기울여왔다. 그러나 한 개인이 경험한 특정한 경험, 기준 및 원칙이, 지구상 70억 모두에게 똑같이 적용되는 것은 아니다.

인류 문명의 발전을 이룬 '표준, 분업화, 무역'의 예를 살펴봐도, 같은 표준이 사람에 따라, 국가에 따라, 기업에 따라 다르게 해석되고 있다면, 분업화 자체가 불가능할 것이다. 태어나서 한 번도 가본 적 없는 바다 건너 지구 반대쪽 국가의 기업을 믿고 상품을 주고받는 국제무역도 성립할 수 없다.

결국, 문명사회가 유지된다는 것은 '크고 작은 약속들'이 끊임없이 제정되고, 선포되고, 준수되고 있다는 것을 의미한다. 열풍처럼 전 세계를 휩쓸고 있는 E(환경), S(사회), G(지배구조)도 예외 없이 동일하다.

환경(E)은 결코 가볍게 지나칠 수 있는 상황이 아니다.

임시방편으로 단속만 피하려는 대처나, 구조적 불합리를 안고서는 더 이상 제조업을 영위하기 불가능한 시대에 접어들었다. 이미 다양화된 사회망의 한가운데에 '중소기업'이 서 있고, 새롭게 형성된 '다중이해관계자 계층'으로부터 끊임없이 사회(S), 지배구조(G)와 관련된 요구사항이 쏟아져나올 태세다.

이 또한 중소기업이 맞닥뜨려야 하는 또 하나의 허들이겠지만, 그들은 그들 나름의 옷을 입고, 그들 나름의 모습으로 중소기업에 다가와야 한다. 이미 큰 짐을 떠안은 환경(E)의 등에 올라탄 ESG의 모습으로, 동시에 중소기업 문앞에 몰려오면 안 된다는 말이다.

누가 힘들어하는 환경(E)의 어깨에 SG를 얹었는가?

E+SG, 이게 분리 가능하다고?
'다중이해관계자' 자체를 이해하지 못하는 것이 아닌가?

정도의 차이는 있었을지언정, 다중이해관계자는 과거에도 있었고, 현재에도 있고, 미래에도 반드시 있기 마련이다. 다만, 사회관계망의 급속한 확산으로 과거에 비해 비교할 수 없을 정도로 빠르게 확산하는 경향이 있으니, '2050 탄소중립 달성'이라는 지구 전체의 절대 과제를 떠안은 환경(E)에 올라타는 모습은 절대 바람직하지 않다.

중소기업, 특히 중소제조업의 대응력 수준을 고려한 현실적인 우려다.

4. 중소기업, 특히 중소제조업의 환경(E)+SG

대한민국의 오천 년 역사에서 가장 특이했던 정책 용어 중 하나가 바로 '녹색성장(Green Growth)'이 아닐까 생각해본다.

2008년 광복절 축사에서 등장했던 '저탄소 녹색성장(Low-Carbon Green Growth)'의 파장은 실로 대단했다. 완전한 대척점에 서 있던 쌍두마차를 순식간에 같은 방향으로 달려나가도록 방향을 설정했던 것이다.

국가적 개발과제들이 산적하고 있는 성장지향의 산업자원부와 보존을 위한 과제들이 줄지어있는 환경부가 두 다리를 질끈 묶고 이인삼각 달리기를 시작했었다. 4대강 정책이 시행되었고, 차차기 정부에서는 '물관리 일원화 정책'이 추진되기도 했다. '녹색성장'이 등장한 지 15년이 넘었지만, 아직 뿌리를 튼튼히 내린 단계는 아니며, 지금까지와는 차원이 다른 태산 같은 과제들이 셀 수 없을 만큼 많이 환경(E)의 손길을 기다리고 있다.

그만큼, 환경(E)에 부여된 역할과 책임은 무거울 수밖에 없고, 사회망을 통해 급속히 확산되고 있는 SG의 무게와 비교할 수 없는 근원적 과제들을 떠안고 있다. 환경(E)의 어깨는 실로 무겁고 두 다리는 천근만근이다. 그 어깨와 다리에, '다중이해관계자의 요구'에 대응해야 하는 또 다른 식구(S(사회), G(지배구조))를 얹어놓는 것은 어떤 의미일까?

ESG가 사이좋게 손잡고 기업을 성장시키는 모습이 실현되고 있다면, 무척 아름다운 모습일지 모르나, 실현 단계의 중간과정에서 온전히 살아남을 중소기업(특히, 중소제조업)이 얼마나 있을까? 아침 8시에 기계 가동이 시작되고, 점심시간을 제외하고는 하루 8~10시간씩 1년 250일 이상 쉴 틈 없이 가동되고 있는 제조 현장을 보유한 중소기업에는 환경(E) 하나만으로도 벅찬 근심거리가 아닐 수 없다.

수십 년간 써왔던 원료, 원재료, 생산방식, 생산시설과 장치 등을 하루아침에 바꿀 수 있겠는가? 원재료를 바꾸고, 생산방식을 바꾸고, 시설 및

장치를 개선하면 확실하게 환경(E)에 도움이 된다는 표준이 제정된 상태인가? 환경(E)에 도움이 되었을 경우, 제품 자체의 품질수준 및 가격경쟁력에 영향을 미치지는 않겠는가? 표준을 제정하려는 국가적 노력이 선행되고 있으며, 연구개발(R&D)을 통한 기술개발이 활발하게 이루어지고 있는가?

검증된 방식, 시설, 장비로 교체하기 위한 경제적 부담을 완화할 수 있는 지원 제도는 마련되고 있는가? 공정과 공정 사이에 발생 되는 분진, 매연, CO_2, 소음, 폐기물 등의 개선은 물론이고, 이로 인한 비용 부담과 원가상승으로 인한 기업경쟁력 약화 현상이 발생하지 않을 것인가?

중소기업들이 대응할 수 있는 제도적 지원이 절대적으로 필요하다. 그들이 E(환경)와 S(사회), G(지배구조)를 구분하여 대응해나갈 수 있는 사회적 배려와 적극적인 여건 조성이 준비되고 제공될 필요가 있다.

왜냐하면 이것은 중소기업의 경쟁력과 직결된 중대과제인 동시에, 전(全) 지구적 공동 추진과제인 '2050 탄소중립 달성'의 성패를 가름할 핵심 열쇠가 될 수 있기 때문이다.

이루 말할 수 없는 복잡한 현장이 운영되고 있는 중소기업들이 E+SG의 파고를 순탄히 넘어갈 수 있도록, 정책 당국과 정책 수행기관들의 큰 관심을 기대해본다.

저자소개

이한규 LEE HAN KYU

학력
- 전북대학교 공과대학 정밀기계공학과 졸업
- 전북대학교 생명자원과학대학원 졸업

경력
- 쌍용중공업, 대우상용차 근무
- 중국 STX대련조선동반진출기업(세진정공) 총경리
- 현) 우석대학교 전기자동차공학부 조교수
- 현) 전주시중소기업연합회 자문교수
- 현) 중소기업융합중앙회 교육상임위원
- 스마트제조혁신추진단 전문가
- 중진공 글로벌사업처 해외기술교류사업 전문가
- 창업진흥원 초기창업, 예비창업 평가위원
- 전북농촌융복합지원센터(6차산업) 전문위원
- 한국농어촌공사 농어촌개발 컨설턴트
- 전라북도 탄소기업 유치위원 활동
- 2차전지특화단지유치 전북실행위원회 활동

저서

- 『100세 시대, 평생교육 평생현역』 브레인플랫폼(주), 2023.(공저)
- 『미래 유망 일자리 전망』 브레인플랫폼(주), 2023.(공저)
- 『창업경영컨설팅 방법론 및 사례』 브레인플랫폼(주), 2023.(공저)

수상

- 중소기업진흥공단 이사장 표창장
- 한국외국어대학교 총장 감사장
- 중소벤처기업부 장관 표창장
- 전주시장상, 전주시의회 의장상 수상
- 대통령직속 국가균형발전위원장상(지역혁신가)

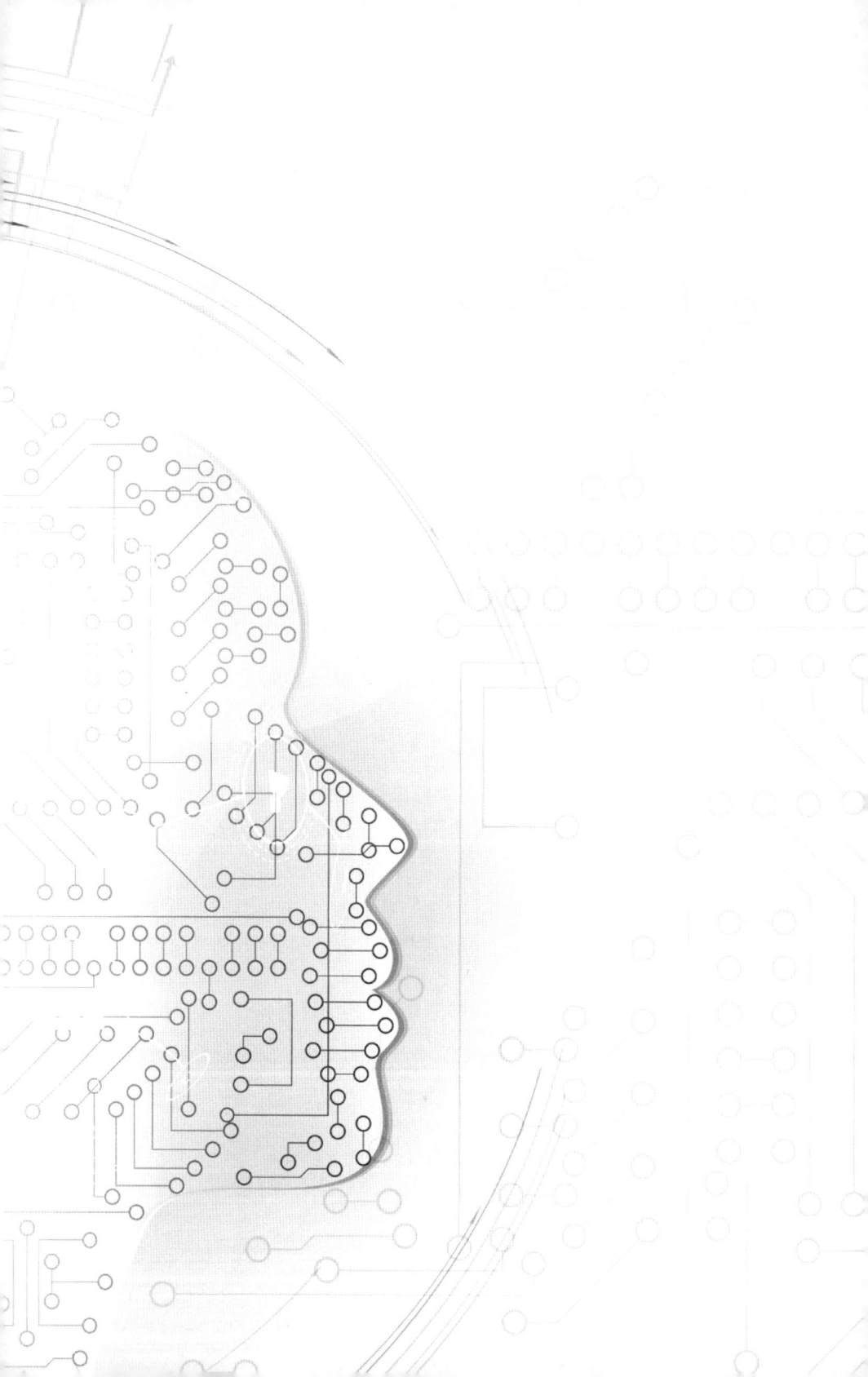

제7장

OTT와 ESG 경영의 쌍두마차, 넷플릭스 Netflix

박찬혁

1. 넷플릭스, 알고 계시죠?

넷플릭스는 굳이 자세히 얘기를 안해도 모두들 잘 알고 있고 지금도 '카우치 포테이토(Couch Potato)[1]'를 양산하고 있는 글로벌 OTT[2] 업체이다. 넷플릭스는 Net(인터넷)+Flicks(영화, 획획 움직이다)의 합성어로 1997년에 인터넷 유통 시스템을 벤치마킹하다가 1998년 세계 최초로 온라인 DVD 대여 서비스를 개시하게 되었다.

그런 넷플릭스가 2023년 1분기 현재 전 세계 2.3억 명의 유료이용자를 확보하고 있는 명실공히 글로벌 1위 OTT 업체가 되었다. 이런 가운데 막대한 자금을 투자하는 넷플릭스와의 경쟁에서 국내 토종 OTT 업체들이 고전하고 있다는 씁쓸한 기사를 뒤로하고 'OTT 공룡' 넷플릭스가 깜짝 놀랄만한 ESG 경영을 몇 년 전부터 활발히 진행해오고 있다는 사실이 내게는 너무나 의외였고 또 궁금증을 자아내는 부분도 많았다.

우리가 평상시 ESG 경영을 생각하면 굴뚝 산업을 대표하는 제조업체들을 바로 떠올리게 된다. 그런데 왜 엔터테인먼트 회사인 넷플릭스가, 그것도 ESG 경영과는 전혀 관계가 없을 것 같은 전 세계 OTT 1위 업체가 왜 그런 행보를 이어나가고 있는지와 함께 주도하고 있는 부분이 무

---

[1] 카우치(Couch, 소파)'에 누워 텔레비전을 보며 '포테이토 칩(Potato Chip, 감자칩)을 먹는 사람'을 줄여 말하는 속어다.
[2] 어원은 'Over The Top(셋톱박스를 넘어)'라는 뜻이며, 인터넷을 통해 다양한 플랫폼으로 사용자가 원할 때 방송을 보여주는 VOD 서비스다.

엇인지가 주요 관전 포인트로 다가왔다.

2. 도대체 넷플릭스가 왜 ESG 경영을?!

앞서 얘기한 바와 같이 일반적으로 ESG 경영에 있어서 가장 관심을 가지고 역량을 집중하고 있는 업계는 바로 제조업과 금융업일 것이다.

예상한 대로 제조업은 각종 제조 공정과정에서 분출되어나오는 탄소배출과 이를 상쇄하기 위한 신재생에너지 사용 등의 환경요소가 가장 큰 이슈라고 할 수 있다. 금융업의 경우 이해관계자(Stakeholder)들이 많은 관심을 갖는 투자처의 ESG 경영수준이 어느 정도 인지가 투자 여부를 결정하는 매우 중요한 요소로 평가되고 있는 게 현실이다.

그런데 이런 상황에서 넷플릭스는 제삼자가 봤을 때 낭비처럼 또는 호기롭게 보일 수도 있는 ESG 경영에 상상 이상의 많은 투자와 노력을 기울이고 있는 것을 볼 수 있다. 2019년부터 꾸준히 발간해오고 있는 「Netflix Environment, Social&Governance Report」에서 그들은 "다양한 장르와 언어를 통해 최고의 스토리로써 세상을 즐겁게 한다"라고 스스로의 사업목표를 제시하고 있다. 아울러 "엔터테인먼트로 즐거운 세상을 만드는 것의 큰 전제는 우리가 살고 있는 바로 이 지구이며 이를 위해 중요한 것은 바로 환경의 지속가능성이다"라고 강조하고 있다.

다시 말해 그들은 자신들의 정체성이라고 할 수 있는 '엔터테인먼트'를 통해 세상을 즐겁게 하기 위해서는 환경의 지속가능성이 매우 중요하며 더 나아가 이 세상을 구성하는 우리 자신과 우리 사회의 다양성을 존중하고 포용할 줄 알아야 하는 것이 기본이라고 생각한다. 이를 실천하기 위해 부단한 노력과 상당한 투자활동을 진행해왔음을 자사 홈페이지를 통해 자세히 보여주고 있다.

다음에 소개할 차별화되고 포괄적인 ESG 경영사례의 벤치마킹을 통해 ESG 경영의 불모지나 다름없다고 생각하는 다른 산업계에 접목시킬 수 있는 안목과 아이디어를 드렸으면 하는 욕심과 함께, 지금 이 순간에도 ESG 경영에 대해 어려워하고 또 수많은 고민을 하고 계시는 분들에게 즉시 실행할 수 있는 작은 트리거(Trigger)가 되었으면 하는 바람이다.

3. 눈여겨볼 ESG 실행 사례들

1) 환경(E) 추진과정, 구체적인 실행내용, 추진효과

넷플릭스는 "예스, 앤드(Yes, And)"[3] 전략에 따라 "탄소 순배출 제로, 이제 다시 자연으로(Net Zero+Nature)" 프로젝트를 진행하여 2022년까

---

3) 넷플릭스의 기후 대응전략 캐치프레이즈: 네, 우리는 내부 배출량을 줄여야 하고, 동시에 시장의 힘을 활용하여 전 세계적으로 가장 우수한 품질과 가장 효과적이며 비용 대비 가장 효과적인 기후변화 완화를 이끌어야 합니다.

지 탄소중립을 목표로 삼게 된다. 지속가능한 비즈니스 모델의 일환으로, 기후변화와 자연환경 보전을 통합하여 긍정적인 영향을 창출하는 것을 목표로 탄소중립을 달성하고 생태계 보호에 기여함으로써 기후변화 문제에 적극적으로 개입하고 대응하려는 노력을 보여주었다. 이러한 노력의 일환인 3R(Reduce, Retain, Remove) 활동을 중심으로 탄소중립을 적극적으로 실천하게 되는데 하나씩 살펴보면 흥미로울 것 같다.

Decarbonization Target

	NETFLIX EMISSION REDUCTION ACTIONS			TARGET	TERMINOLOGY
Scope 1 "Fuel"[8]	Energy Efficiency	Electric Vehicles	Clean Mobile Power	46% by 2030 absolute reduction	Our "Sphere of Control" / Absolute Reduction Goal
Scope 2 "Electricity"[9]	Energy Efficiency	Renewable Energy	Supplier Incentives		
Scope 3 "Value Chain"[10]	Demand Signaling	Technology Accelerators	Educational Offerings	55% by 2030 Intensity reduction (million $ value added)	Our "Sphere of Control" / Intensity Reduction Goal

출처: 「Netflix Environmental, Social&Governance Report」, 2022.

(1) Reduce

Reduce(저감)는 넷플릭스가 지구 평균기온의 상승 폭을 1.5℃ 이하로 제한하기 위한 유엔기후변화협약(UNFCCC) 파리협정에 맞춰 자체적으로 내부 탄소배출량 저감을 실행하면서 시작하게 되었다.

이를 위한 첫 단추로 'Scope 1과 2[4]' 배출을 2030년까지 2019년 수

---

4) 온실가스 배출원에 따라 Scope 1, 2, 3으로 구분되며, Scope 1은 사업장에서 직접 배출하는 온실가스를, Scope 2는 기업이 구매하는 에너지를 공급자들이 생산할 때 발생하는 간접 배출을, Scope 3은 기업의 가치 사슬 내에서 발생하는 모든 간접 배출을 의미한다.

준의 46%로 감소시키는 것을 자체 목표로 설정함은 물론 제삼자 검증도 실시하고 있다.

그런 첫발을 떼는 활동으로서는, 우선적으로 내부 배출량을 획기적으로 감축하기 위한 '최적화, 전동화, 탈탄소화(Optimize, Electrify, Decarbonize)' 프레임워크를 적용하여 엔터테인먼트 산업에 가장 적합히다고 판단되는 솔루션에 십승했다.

<최적화, 전동화, 탈탄소화 프레임워크>

The Optimize, Electrify, Decarbonize Framework

Net Zero Netflix

1st **Optimize**
via energy efficiency and smart operations.

2nd **Electrify**
vehicles, buildings, & generators.

3rd **Decarbonize**
what's left.
(shift to low and zero carbon fuels and power)

*In some cases, steps will take place in parallel to reach our objectives on time

출처: 「Netflix Environmental, Social&Governance Report」, 2021, 2022.

① 최적화(Optimize)

넷플릭스는 영화 및 TV 프로그램 등의 자체 제작과정상의 탄소발자국(Carbon Footprint)을 평가하고 이를 축소하기 위한 지속적인 노력을 기울여왔다.

<2022년 넷플릭스 비즈니스 활동에 따른 탄소발자국>

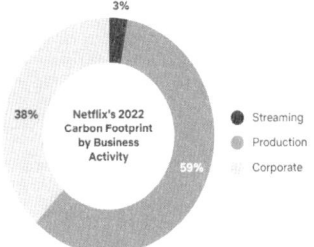

출처: 「Netflix Environmental, Social&Governance Report」, 2021, 2022.

　드라마 제작과정(59%)에서 발생하는 탄소배출을 감소시키기 위한 가이드라인을 제공하고, 제작 스튜디오(38%)와 협력하여 환경적 영향을 최소화하며, 송출(3%)과정에서의 자원 효율성을 개선하고 에너지 소비를 줄이는 등의 목표를 자체적으로 세워서 에너지 효율성을 최적화하고 비용 절감 기회를 발굴해왔다.

　예를 들면, 영상 스트리밍 서비스를 제공하면서 막대한 전력을 소비하고 온실가스도 상당량 배출하고 있는 대규모 데이터 센터의 냉각 시스템을 업그레이드하거나 높은 효율성을 갖춘 서버를 도입하는 등의 방법으로 에너지 효율성을 향상시키고 있으며 가상화 기술과 클라우드 컴퓨팅을 적극적으로 활용하여 효율적인 에너지 사용을 지향하고 있다.

② 전동화(Electrify)

비교적 친환경적인 에너지로 알려진 전기 소비에 가능한 한 의존하는 방식으로 전환하려는 노력을 의미하며, 전기에 의해 작동되는 장비 및 시설을 사용함으로써 탄소배출 축소 목표를 달성하기 위해 노력하고 있다.

예를 들어, 영화 및 TV 촬영장에서는 보통 경유를 사용하는 발전기(Generator)를 이용해왔는데 넷플릭스는 경유 대신 전기로 작동할 수 있는 배터리나 전지로 전환하는 등의 방법을 택했다.

출처: 「Netflix Environmental, Social&Governance Report」, 2022.

이러한 디젤 발전기에 대한 의존도를 낮추기 위해 영국에서부터 그린 수소 연료 전지(〈브리저튼 시즌2〉에 최초로 적용)를 사용하기 시작했고 캐나다, 미국에서는 모바일 배터리를 사용하는 등 제작과정의 탈탄소화를 시범적으로 적용했는데 이러한 실천 덕분에 2020년 프로덕션에서 사용되는 연료량을 약 10만3,000L나 절감했다고 밝혔다.

③ 탈탄소화(Decarbonize)

직접적으로 온실가스 배출량을 줄이고 탄소중립을 추구하기 위한 노력으로써, 재생에너지 소스를 도입하고 탄소배출 제로 목표를 달성하기 위한 기술적, 운영적 솔루션 개발에 집중하고 있다.

넷플릭스는 자사가 사용하는 데이터 센터나 사무실에 태양광 발전 시스템의 설치 및 풍력 발전소와 같은 대규모 재생에너지 프로젝트에 투자할 뿐만 아니라 그러한 재생 가능 에너지 공급 업체와의 계약을 통해 재생에너지 구매 전력을 공급받고 있다.

이렇게 넷플릭스는 '최적화, 전동화, 탈탄소화' 프레임워크를 통한 자신들만의 로드맵을 통해 탄소배출 저감(Reduce)활동에 적극적으로 집중해왔다.

(2) Retain

보존(Retain)은 저감(Reduce)활동으로도 탄소배출이 불가피할 경우 내부적으로 발생하는 피할 수 없는 탄소배출을 상쇄하고, 자연의 기존 탄소저장 능력을 보존함과 동시에 탄소의 대기 유입을 방지하는 노력의 일환으로써, 열대림 등의 자연보호를 위한 프로젝트에 투자해왔다.

대표적인 활동으로는 'Vida Manglar Blue Carbon Project'라 불리는 것이 있는데 2021년 탄소배출권 프로젝트 중 하나이며 콜롬비아 카리브해 Mangrove 숲 보호 및 생물다양성을 보존하는 프로젝트이다.

<생태계 보존 프로젝트>

Vida Manglar Blue Carbon Project   Scott River Improved Forest Management

출처: 「Netflix Environmental, Social&Governance Report」, 2021, 2022.

Mangrove 숲은 해안에 자라는 나무와 수종으로 구성된 복합 생태계로서 매우 중요한 생물다양성을 유지한다. 대기 중 이산화탄소를 흡수하여 지구온난화에 대항하는 역할을 수행하는 '블루 카본(Blue Carbon)[5]'이라고 알려진 특별한 기능을 가지고 있는 것으로 알려져서 특히 주목을 끌었던 프로젝트였다.

아울러 넷플릭스는 자신만의 장기라고 할 수 있는 다양한 콘텐츠 라인업의 특성을 십분 활용하여 환경보존과 관련한 다큐멘터리 시리즈를 꾸준히 제작하여 시청자들에게 감명을 주는 주옥같은 명작들을 많이 보여주었다.

---

5) 연안에 서식하는 염생식물이 광합성을 통해 흡수한 탄소와 조석·파도 등 물리적 작용에 의해 갯벌(진흙) 사이사이 공간에서 포집된 탄소를 이르는 말이다. 아직 협약상 정식 탄소흡수원으로 인정받지는 못했으나, 해양생태계가 육상생태계보다 온실가스 흡수속도가 최대 50배 빠른 것으로 알려져 새로운 온실가스 흡수원으로 주목받고 있다.

출처: 넷플릭스 홈페이지

2019년 에미상 수상작인 〈우리의 지구(Our Planet)〉와 2021년 오스카상에 노미네이트된 〈나의 문어 선생님(My Octopus)〉 등 여러 다큐멘터리 시리즈를 1억6,000만 이상의 가구에서 시청했는데, 자연풍경과 동물들의 모습을 통해 자연의 아름다움을 보여줌과 동시에 환경보호 및 보존에 대한 이해도를 높이고 실질적인 행동과 실천을 취할 수 있는 동기를 부여한 부분에 대해 전문가들은 높은 평가를 하고 있다.

(3) Remove

제거(Remove)는 2022년 말까지 탄소중립을 달성하기 위한 초원, 숲, 토양 복원 등의 자연 생태계 재건 투자 프로젝트를 시행함으로써 대기 중 탄소제거를 통해 '순 배출량 제로'를 달성하고 매년 이를 지속적으로 유지해나가는 활동들을 전개해나갔다.

Chyulu Hills
VCS 1408
Southeastern Kenya

The Kasigau Corridor
REDD+ project (photo
courtesy of Filip Agoo)

출처: 「Netflix Environmental, Social&Governance Report」, 2020, 2021.

구체적인 활동을 보면, 탄소저장과 생물다양성 유지에 중요한 역할을 하는 초원 지역의 식생과 생태계를 보호하고 산림복원활동을 통해 기후변화와 인간의 영향으로 손상된 지역을 회복시키는 프로젝트를 지원했으며, 토양의 탄소저장 능력을 최대화하기 위한 지속가능한 농사 및 경작 농법을 촉진하고, 토양의 건강성과 탄소저장 능력을 향상시키는 활동도 병행했다.

이렇듯 환경 측면에서 넷플릭스는 3R(Reduce, Retain, Remove)활동 같이 자체적으로 실행할 수 있는 방법들을 적극적으로 실천한 노력들이 지렛대가 되어 밑의 그림에서 보는 것처럼 탄소중립의 성과로 나타났다. 'Scope 1과 2' 자체 감축량은 2021년(14,210메가톤) 대비 2022년(25,504메가톤)에는 80%나 추가적으로 감축(약 11,294메가톤)하는 놀라운 결과를 도출하게 되었다.

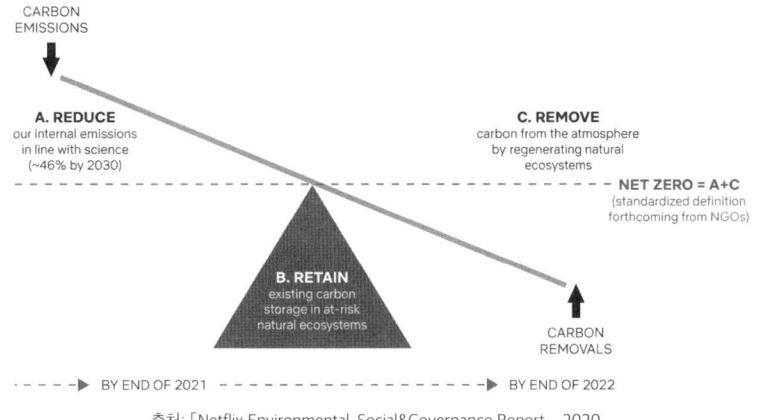

출처: 「Netflix Environmental, Social&Governance Report」, 2020.

2) 사회(S) 추진과정, 구체적인 실행내용, 추진효과

얼마 전부터 글로벌 기업들이 강조하는 가치 중 대세로 떠오르고 있는 것이 바로 다양성(Diversity)과 포용성(Inclusion)이다.

다양한 배경과 문화를 가진 구성원들이 많으면 많을수록 더욱 혁신적이고 창의적인 아이디어를 도출해서 결국은 조직의 성과도 개선된다는 믿음이 그 기반에 있으며 이러한 믿음은 조직 이론가, 경제학자, 사회학자들의 연구 결과와도 일치하고 있다.

어떠한 다양한 의견이 존재하더라도 특정 의견만을 따르거나, 다른 이유로 자신의 진정한 모습을 드러내기 어려운 조직은 건강한 다양성을 존중하는 조직이라 할 수 없기 때문에 최근에는 포용적인 태도를 특히 강조하고 있다.

이러한 배경에서 넷플릭스는 "좋은 이야기는 즐거워야 할 뿐만 아니라 편견에 맞서고 공감과 이해를 확대하는 것이다"라고 정의하고 있다. 많은 작품들을 통해 자신과 타인의 삶과 문화를 성찰하여 다양성을 인정하고 실질적인 포용성을 실천할 수 있도록 제시하고 있다.

(1) 다양성(Diversity)

미국에서의 넷플릭스 영화 및 시리즈물 제작에 참여한 작가, 감독, 프로듀서, 크리에이터 분포를 분석한 결과, 2021년 대비 2022년은 여성과 유색 여성 감독을, 시리즈에서는 여성 크리에이터의 고용 확대와 여성이 주인공인 영화의 시리즈물 제작 증가에 있어서 다른 엔터테인먼트 산업보다 앞선 수치를 보여주고 있다.

하지만 아직도 개선이 많이 필요하다고 판단한 넷플릭스는 2026년까지 격년으로 '다양성 분석보고서 발간'을 통해 조직 내 인구통계학적 다양성 수준 파악과 다양성 증진을 위한 정책과 프로그램 및 이니셔티브에 대한 정보를 제공할 예정이다.

그러한 노력의 결과로 백인의 직원 구성비는 지속 감소하고 있는 반면에 다른 민족들의 구성비가 점차 상승하고 있는 것을 보고서를 통해 확인할 수 있다.

<Netflix 2021년 대비 2022년 직원의 민족별 분포 변화>

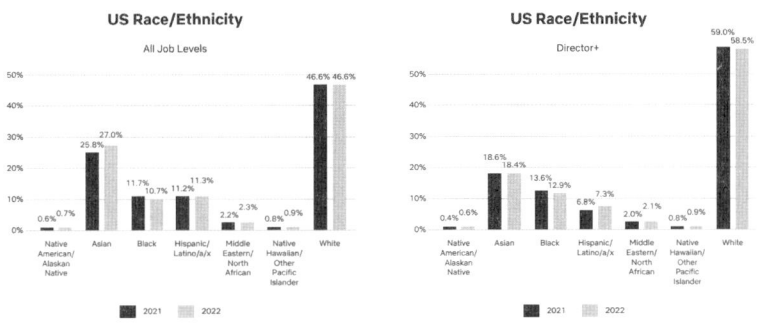

출처: 「Netflix Environmental, Social&Governance Report」, 2022.

다양한 배경과 관점을 가진 구성원들의 협업이 혁신과 창의성을 촉진한다고 앞서 언급한 바와 같이 다양한 민족, 종교, 문화, 사고방식을 바탕으로 시장과 고객에 대한 깊은 이해를 투영하여 비즈니스를 성공적으로 이끈 실제 사례들을 많이 볼 수 있다.

출처: 넷플릭스 홈페이지

다양성 차원에서 인종, 성별, 문화적 배경 등을 대표하는 현지화된 콘텐츠물을 제작하고 있는데 진출국을 배경으로 한 자체 제작 콘텐츠물을 실제로 늘려가고 있다. 야비하고 잔혹한 마약범죄를 다룬 〈나르코스

〈Narcos)〉의 배경은 남아메리카 콜롬비아와 멕시코이고, 정치물인 〈마르세유(Marseille)〉의 배경은 프랑스다.

또한 자막, 더빙 제작 등의 콘텐츠 제공 방식도 현지 맞춤형으로 제작하고 있는데 자막보다 더빙을 선호하는 튀르키예에서는 공전의 히트를 기록한 〈하우스 오브 카드(House of Cards)〉, 〈제시카 존스(Jessica Jones)〉 같은 인기 콘텐츠들을 더빙 버전으로 제공하기도 했다.

이밖에 다양성 차원에서 향후 5년간 총 1억 달러의 넷플릭스 창작기금(Netflix Fund for Creative Equity)을 조성하여 외부조직과의 협력을 통해 유색인종, 성 소수자(LGBTQ+) 및 장애인 등 TV와 영화 산업에서 소외된 인재들을 발굴하고 훈련시켜 일자리를 제공하는 데 투자할 계획이다. 이렇듯 다양성을 반영한 여러 관점과 경험을 발산하게 함으로써 사회적 이해와 연대감을 촉진시키는 역할을 주도적으로 공유하는 기업문화를 조성하고 있다.

(2) 포용성(Inclusion)

2021년 첫 「포용성보고서(Inclusion Report)」 발간을 통해 조직 내 포용성에 대한 중요성을 강조하고 다양성과 포용성을 높이는 방법과 그 결과에 대해 다루고 있는데, 다양한 측면에서의 포용성 표현방식과 콘텐츠를 탐구하면서도 이를 실천하기 위한 '포용렌즈(Inclusion Lens)'라는 프로그램을 실행하고 있다.

'포용렌즈(Inclusion Lens)'는 경영진들이 다양성과 포용성을 강화한 의사결정을 내리기 전에 구성원들의 여러 의견을 반영하기 위한 도구이다. 구성원들이 여러 의견교환을 통해 다양성 측면에서의 차별 예방 및 포용성을 실천할 수 있도록 함으로써 결국은 다양성을 반영한 콘텐츠를 제공하여 시청자들에게도 보다 포용적인 내용의 제작물을 경험할 수 있도록 해주었다.

또한 보고서에서는, '포용렌즈(Inclusion Lens)'를 바탕으로 조직 내의 인종, 성별, 국적, 성적 지향, 장애 등 여러 측면에서의 다양성과 포용성을 촉진하기 위한 목표와 제안을 제시함은 물론 다양한 인력을 채용하면서도 차별을 예방하기 위한 교육과 훈련을 별도로 제공하고 있다.

구체적인 예를 보면 포용적 채용을 위해 훈련 프로그램을 채용팀에게 제공하고 있는데 채용과정에서의 어떠한 편견, 관습 등이 발견되면 공개적으로 개선하여 재발하지 않도록 지원하고 있다.

더 나아가, 흑인, 라틴계, 아시아계, 성 소수자와 같은 소외된 커뮤니티와의 이벤트 개최와 네트워크 구축을 통해 새로운 인재를 발굴하기 위해 노력하고 있다. 더불어 그러한 직원 커뮤니티 운영을 장려함으로써 구성원들의 소속감을 고취하고 유대감을 향상시키기 위한 지원을 적극적으로 펼치고 있다.

<Netflix 다양한 사내 커뮤니티 그룹>

출처: 「Netflix Environmental, Social&Governance Report」, 2020, 2021.

(3) 사회에 끼친 선한 영향력 사례

〈오렌지 이즈 더 뉴 블랙(Orange is the New Black)〉이라는 작품은 2013년부터 2019년까지 총 7개 시즌을 선보인 넷플릭스 오리지널 시리즈다. 여성 교도소를 배경으로 전개되는 스토리는 재소자들과 이들의 삶을 깊이 있게 다룸으로써 공개와 함께 당시 높은 화제성이 부각되었다.

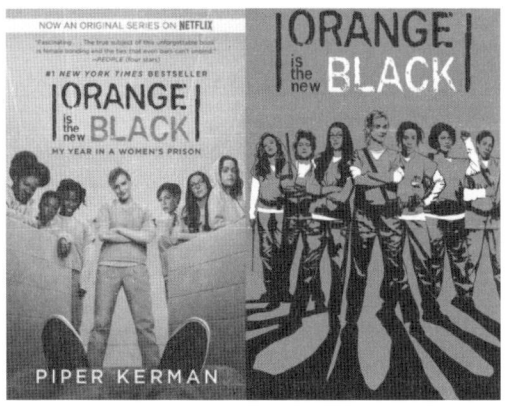

출처: 넷플릭스 홈페이지

성적 소수자를 비롯해 유색인종, 저소득층 등 다양한 배경을 가진 사회적 약자를 대변하는 삶의 투영을 통해 미국 사회의 숙제를 조명함으로써 시청자들의 많은 주목을 받은 작품이다.

그런데 놀라운 일은 드라마 인물의 이야기에서 영감을 받아 사회적인 지원을 이끌어낸 사례가 실제로 발생하게 되었다는 점이다.

드라마 종영 이후 실제 현실에서도 드라마상 동일한 이름으로 기금 펀드가 출현하여 운영되었는데, 마지막 시즌에서 교도소를 막 출소한 재소자들의 자립과 사회복귀를 고안한 대출 프로그램인 '푸세 위싱턴 펀드(Poussey Washington Fund)'가 조성된 부분들은 사회적으로도 주목할 만한 넷플릭스의 선한 사회적 영향력 사례 중 하나라고 할 수 있다.

이러한 영향력이 선한 부메랑이 되어 넷플릭스는 현재 교도소 및 형사사법, 이민자 권리 등 사회적 이슈에 초점을 맞춘 8개의 비영리 단체를 지원하는 등의 활발한 활동도 지속하고 있다.

3) 지배구조(G) 구체적인 실행내용, 추진효과

넷플릭스는 투명하고 윤리적인 지배구조를 위한 다양한 제도와 정책을 도입하여 운영하고 있는데 관련 활동들에 대한 보고서를 꾸준히 업데이트하며 공개해왔다.

특히 GRC(거버넌스, 리스크 및 규정 준수)를 통해 리스크를 최소화하고, 비즈니스 연속성을 보장하기 위한 사전 예방적 접근방식을 취하는 한편 이해관계자들과의 끊임없는 소통을 통해 의사결정을 내린 과정들을 보고서에서 자세히 설명하고 있다.

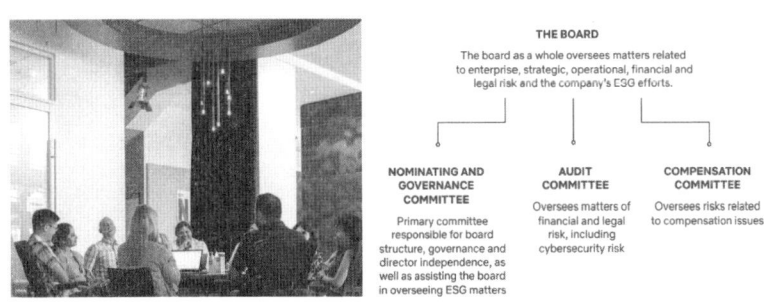

출처: 「Netflix Environmental, Social&Governance Report」, 2022.

2018년 라커와 타얀(Larcker and Tayan)[6]의 「넷플릭스 기업 지배구조에 관한 보고서」에는 이러한 투명한 지배구조를 위한 넷플릭스의 접근방식을 잘 표현한 것으로 알려졌다.

해당 보고서에는 넷플릭스가 다양한 이해관계를 대표하는 이사진들이 참여하는 회의체를 정기적으로 개최함으로써 경영진이 기업의 ESG 및 경영 관련 운영전략과 업무 및 정책 동향을 함께 검토하고 회사가 당면한 주요 이슈에 대한 대응책을 논의하며 소통할 수 있는 기회를 제공해왔다는 것을 보여주고 있다.

---

6) 데이비드 라커(David Larcker)와 브라이언 타얀(Brian Tayan)은 스탠퍼드 경영대학원의 기업 지배구조 연구 이니셔티브(Corporate Governance Research Initiative) 회원으로, 기업 지배구조 및 관리회계, 재무회계에 관한 많은 연구 논문을 발표했으며 대중언론과 비즈니스 언론에서 자주 인용되고 있다.

또한 주주총회에서 주주들에게 제공되는 넷플릭스 주총안건(Proxy Statement) 보고서 내용에서는 주주의 알 권리를 잘 설명하고 있다. 이사의 선임 및 인준, M&A의 찬반, 선임된 임원들의 넷플릭스에서의 역할 등의 정보를 제공하여 주주들이 임원들의 역량을 확인하고 향후 넷플릭스의 미래 성장 가능성을 예측할 수 있는 가이드를 제공한다는 평을 받고 있다.

그리고 안건의 가결과 부결 여부를 안건 보고서에서 확인할 수 있도록 하고 가결과 부결 측 의견을 함께 서술함으로써 주주들의 알 권리를 보장한 것이 대표적인 예라고 할 수 있다.

4. '각곡유목(刻鵠類鶩)'의 길을 가야 한다

刻 鵠 類 鶩

후한서(後漢書) 마원전(馬援傳)에서 후한의 명장 마원이 두 조카에게 보낸 편지에서 다음과 같이 언급했다. "백고(伯高)라는 사람을 본받으면 그렇게 되지는 못한다 하더라도 하는 일에 조심하고 신중한 사람이 될 수 있단다. 이른바 고니를 새기려다 이루지 못한다 하더라도, 집오리와는 비슷하게 되는 이치와 같지." '각곡유목(刻鵠類鶩, 새길 각, 고니 곡, 무리 류, 집오리 목)'은 이와 같이 훈계한 일화에서 유래한 고사성어이다. 직역하면 '고니를 새기려다 실패해도 집오리는 새긴다'는 뜻이다. 고니와 집오리는 분명 다르지만 같은 새라는 점에서는 비슷하다. 이는 완전한 성공은 아니더라도 완전한 실패는 더더욱 아니라는 말이며, 이를 학문에 빗대면 배움이 완벽하지 않더라도 열심히 정진하다 보면 어느 정도의 수준까지는 도딜한다는 의미라고 할 수 있겠다.

학업이나 어떤 일에 열심히 매진하다 보면 만족할만한 수준은 아니지만 어느 정도의 성과는 낼 수 있다는, 아니, 낼 수 있었던 것은 노력해본 사람들은 다 아는 일이다. 절반의 성공이라고도 봐야 한다. 아니, 그렇게 보고 싶다. 그러니 할 수 없다고 포기하는 대신 실패하더라도 일단은 도전하는 정신이 중요하다고 정말 말하고 싶다.

ESG 경영에서도 마찬가지로 이 '각곡유목(刻鵠類鶩)'의 마음가짐과 도전정신이 필요하다고 생각한다. 서두에서 잠시 언급했듯 ESG 경영과는 전혀 어울릴 것 같지 않은 넷플릭스의 맞춤형 활동들을 보면서 '언제 이렇게 준비했지'라는 생각과 함께 '대단하다'라는 말 밖에 나오지 않았으리라 추측한다.

그런 가운데 '그러면 이 상황에서 나는, 우리 조직은 도대체 뭐부터 시작해야 하지?'라는 막연한 고민과 한숨을 내쉬게 된다. 보통의 ESG 경영을 바둑에서처럼 큰 줄기를 보면서 복기(復棋)해보면 ESG 경영의 시작은 명확한 목표의 수립부터라고 생각한다. 기업이나 조직은 그들이 달성하고자 하는 ESG 목표를 설정하고, 이를 구체적이고 실현 가능한 방식으로 먼저 계획해야 한다.

그리고 ESG 경영은 조직의 최고 경영진과 리더들이 주도적인 역할을 수행해야 하며 경영진은 ESG의 중요성을 이해하고, 전략을 개발하여 조직 전반에 ESG 가치를 전파하는 데 주력해야 한다.

아울러 다양한 이해관계자들의 참여와 협력을 바탕으로 다양한 의견을 수렴하고 소통을 강화하여 더 나은 결과를 도출할 수 있도록 노력해야 한다. 신뢰를 쌓기 위해서는 정확한 기준에 의해 측정한 데이터를 지속 제공하려는 노력을 경주해야 한다.

또한 처음부터 완벽할 수는 없기 때문에 부단한 개선과 혁신을 위해 주기적으로 평가를 실시하고 그 결과를 반영하여 ESG 전략과 활동을 체크하면서 활발하게 개선해야 한다.

그러한 활동들을 분기 및 반기 단위로 집계하거나 이해관계자들에게 결과를 공유할 때 투명성에 의거한 보고서 제출을 통해서 이해관계자들에게 무한한 신뢰와 지지를 또한 얻어야 한다.

마지막으로, ESG 경영의 성공 여부는 ESG 경영을 경영진과 리더들만 실행하는 것이 아니라 ESG 경영에 대한 조직 구성원들의 태도, 인식과 교육에 달려있기 때문에 상하동욕자승(上下同欲者勝)[7]의 마인드로 ESG 문화를 정착시키는 데 주력해야 한다.

이러한 엔터테인먼트 업계 중 ESG 경영에서의 최강자인 넷플릭스 ESG 경영 사례를 탐구하면서 개인적으로 느낀 부분을 아래의 3가지 한자성어로 표현해보고 싶다.

- **한단지보(邯鄲之步)**[*]
  우리나라의 ESG 경영은 아직 초보단계로 서둘러 시행하거나 선도기업을 무조건 따라 하는 것은 금물이며, 기업의 현재 상황을 잘 분석해 '잘할 수 있는 영역'과 '잘해야만 하는 영역'을 구분하여 즉시 실행해야 한다.

- **공행공반(空行空返)**[**]
  해당 기업과 그 기업이 속한 업계에서 실천 가능한 ESG 경영요소를 찾는 것이 매우 중요하며 작은 활동이라도 ESG 경영목표를 세우고 방향을 수립하여 실천해야 한다.

- **솔선수범(率先垂範)**
  스스로 내·외부환경을 파악하여 다른 회사보다 먼저 앞장서서 자율적이면서도 적극적인 ESG 활동들을 선제적으로 실천해야만 업계를 선도할 수 있다.

---

[*] '함부로 자기 본분을 버리고 남의 행위를 따라 하면 두 가지 모두 잃는다'는 뜻의 사자성어다.
[**] 희망은 진행될 때 빛이 나지만 정지되면 공상일 뿐으로 '실천하지 않으면 얻는 것도 없다'는 사자성어다 (실천의 중요성).

---

7) 손자병법의 『모공편』에 나오는 말로 '윗사람과 아랫사람이 같은 것을 바라면 반드시 승리한다'는 뜻이다.

"영화 산업에도 기후 행동을 이끌 수 있는 리더가 필요합니다.
세상의 변화란, 한 회사가 한 발 더 나아가,
변화에 참여하도록 다른 회사를 독려하는 것으로 시작됩니다.
우리의 선택이 세계에 어떤 영향을 미치는지 설명하는 '물리적인' 과학,
그리고 우리가 어떻게 변화를 일으킬 수 있는지 설명하는 '사회적인' 과학을
바탕으로 넷플릭스가 리더 역할을 맡는 것을 보니, 정말 기쁩니다."

− 캐서린 헤이호 박사

(자연보호협회 수석 과학자, 텍사스 공대 특훈교수 겸 석좌교수) −

참고문헌

- 「넷플릭스 지속가능경영보고서」 2020, 2021, 2022, 넷플릭스 홈페이지
- 김일광, 「우리나라 자영업 업체 현황과 재무특성에 관한 연구(산업별 비중 및 창·폐업, 생존 기간 분석을 중심으로)」, 지역산업연구 제41권, 제3호, pp.343~364, 2018.8.18.
- 코리 바커, 마이크 비아트로스키 외, 『넷플릭스의 시대(저서)』, 팬텀북스, 2019.9.27.
- 박영주, 「해외미디어 기업의 ESG활동- 넷플릭스의 ESG보고서 분석」, 한국표준협회 KCA Media Issue Trend, Vol 46, 2021.9.8.
- 채제우, 「승승장구 넷플릭스에… 토종 OTT는 벼랑 끝」, 조선일보, 2023.6.14.
- 황초롱, 「넷플릭스도 탄소중립… 콘텐츠 기업의 ESG 활동」, 비즈트리뷴, 2022.5.26.
- 정교화, 「[동서고금]다양성과 포용성(Diversity and Inclusion)」, 법조신문, 2019.9.30.
- 정두남(한국방송광고진흥공사 연구위원), 「국내외 OTT 서비스 시장 현황 및 규제정책 연구」, 한국방송광고진흥공사, 2020.1.30.
- 이순, 「각곡유목(刻鵠類鶩)- 도전 정신이 필요한 이유」, 의약뉴스, 2021.6.18.
- 황성아, 「넷플릭스가 소비자 유혹하려고 만든 고단수 마케팅 전략 7」, 인사이트, 2019.1.8.
- 최예슬, 「'영화-OTT의 공생' 부산국제영화제… 넷플릭스 부스서 '인생네컷'」, 국민일보, 2022.10.7.

저자소개

박찬혁 PARK CHAN HYUK

학력
- 중앙대학교 경영대학 무역학과 졸업
- 세종사이버대학교 대학원 MBA 석사
- 중앙대학교 행정대학원 ESG 교육과정(1기) 수료
- 중앙대학교 행정대학원 표준고위과정(8기) 수료

경력
- GS리테일 편의점사업부 지역팀장
- 화성산업진흥원 자문위원
- 안양산업진흥원 전문가위원
- 강원신용보증재단 전문위원
- 한국사회적기업진흥원 전문컨설턴트
- 인천시 사회적 경제 전문자문단
- 농촌 융복합산업 현장코칭 전문위원
- 희망리턴패키지 경영진단전문가
- 인천시교육청 시민감사관

자격

- 경영지도사(36기, 마케팅)
- ISO9001, 14001, 45001
- 창업보육전문매니저
- 유통관리사 1급
- ESG 공급망 컨설턴트
- 전경련 ESG 전문가
- 빅데이터전문가 1급
- SNS마케팅전문가 1급

저서

- 『AI메타버스시대 ESG경영전략』 브레인플랫폼(주), 2022.(공저)
- 『평생현역 N잡러 도전기』 브레인플랫폼(주), 2023.(공저)

수상

- 산업통상자원부 장관 최우수 논문상(중앙대학교)- 「ESG 평가 대응을 위한 표준 분석 및 핵심 표준 도출」 2022.12.9.
- 국가기술표준원장 학술제 대상(산업통상자원부, 국가기술표준원, 중앙대학교)- 「ESG Governance Part: 국내 엔터테인먼트 대표회사 비교」 2022.12.10.

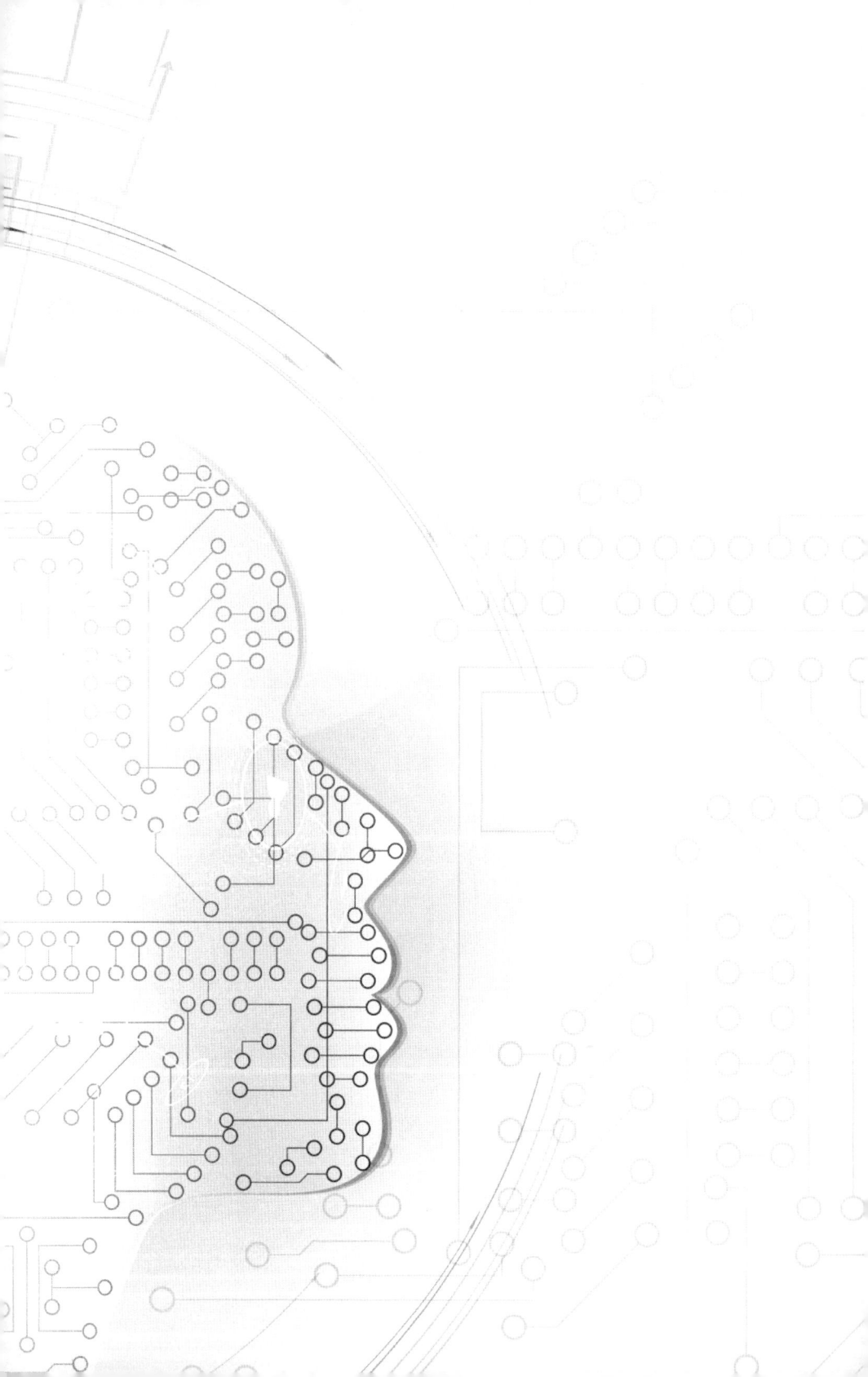

제8장

AI×ESG: AI 기술을 활용한 ESG 경영전략

김도연

1. AI와 ESG 경영전략의 결합

1) AI 기술과 ESG 경영전략의 이해

인공지능(AI)은 최근 몇 년간 전 세계 미래 기술 경쟁의 핵심 요소로 급부상하였다. 기계와 컴퓨터가 인간의 지능을 모방하여 스스로 학습하고 판단할 수 있게 하는 기술로, 데이터 처리 및 패턴 인식, 의사결정 지원, 자연어 처리 등과 같은 대표적인 AI 기술의 활용 분야는 점점 더 다양해지고 있다.

한편, ESG(환경, 사회, 거버넌스) 경영전략은 기업의 지속가능성 및 사회적 책임경영을 강조하는 것으로, 글로벌 기업은 이러한 전략을 통해 미래 성장의 기반이 되는 사회적 신뢰와 이미지를 확보한다.

AI 기술과 ESG 경영전략의 결합은 기업의 경쟁력을 높이기 위한 필수적인 발전 방향이다. 기업은 AI를 활용하여 ESG 데이터를 분석하고 이를 통해 사회적 책임경영 및 거버넌스 개선 등의 전략에 적용함으로써 기업의 지속가능한 성장을 도모한다. 이러한 결합은 비용 효율성과 시장 지위, 투자자들의 관심 등 다양한 측면에서 긍정적인 영향을 미치며, 기업가치 창출이 더욱 확대될 것으로 전망된다. 이에 따라 글로벌 기업들은 AI를 기반으로 한 ESG 경영전략을 적극 수용하고 확산시키고 있다.

2) AI 기술 발전과 ESG 경영전략의 글로벌 트렌드

(1) AI 기술과 ESG 관련 분야의 긍정적 측면

AI와 ESG의 미래 전망을 다음과 같이 긍정적 측면과 부정적 측면으로 나누어 비교해본다. ESG와 AI 기술이 더욱 발전한다면 미래에 다음과 같은 혁신이 일어날 것으로 예상된다.

① 실시간 ESG 모니터링 및 분석

AI가 수집한 대량의 ESG 데이터를 실시간으로 모니터링하고 분석하며, 기업 및 투자자들에게 즉각적인 인사이트를 제공한다. 이를 통해 의사결정과정이 더욱 빠르고 정확해질 것이다.

② 맞춤형 ESG 최적화 전략

AI는 개별 기업과 투자자의 ESG 목표와 선호도에 꼭 맞는 최적화된 전략을 제안할 수 있게 된다. 이를 통해 환경보호, 사회적 책임 및 거버넌스상의 효과를 극대화할 수 있다.

③ 지속가능한 생산 및 소비 장려

AI를 활용하여 생산과정의 에너지 소비와 환경영향을 줄인다. 또한 소비자들에게 친환경 제품 및 서비스에 대한 정보를 제공하여 지속가능한 소비 행동을 장려한다.

④ 투명한 기업 간 협력

블록체인과 AI를 결합하여 기업 간 ESG 데이터 공유와 협력이 원활해진다. 이로 인해 기업 간 신뢰가 증가하고, 핵심 역량을 효율적으로 활용할 수 있는 협력 모델이 성립된다.

⑤ 지속가능한 AI 연구 및 배울 수 있는 AI 모델

친환경 알고리즘, 에너지 효율을 고려한 AI 기술 개발이 주목받고 있다. 결과적으로 기존 모델들보다 낮은 에너지를 소비하면서 높은 성능을 발휘하는 AI가 나타날 것으로 예상된다.

⑥ 미래 전망 및 지속 개선

AI 기반 ESG 데이터 분석은 미래에 대한 예측과 시뮬레이션을 가능하게 하며, 기업이 지속적으로 개선사항을 발견하고 그에 대응할 기회를 제공한다. 이러한 과정은 기업의 지속가능한 성장전략의 핵심 요소가 된다.

이러한 트렌드는 AI 기술이 ESG 분야에서 강력한 도구로 발전하고, 기업, 투자자, 이해관계자들이 지속가능한 발전과 사회 책임을 추구하는 데 도움을 주는 방식으로 진행될 것으로 기대된다. 혁신을 통해 ESG 성과와 지속가능한 성장을 추구하면서 전반적인 이해관계자들의 삶의 질이 향상될 것으로 기대된다.

(2) AI 기술과 ESG 관련 분야의 부정적 측면(잠재적 위험)

AI와 ESG가 결합한 미래에서 잠재적으로 발생할 수 있는 위험은 다음과 같다.

① 데이터 프라이버시 침해

ESG 데이터 처리과정에서 개인정보나 민감한 정보가 유출됨으로써 고객 및 국가의 프라이버시 침해로 연결되는 경우가 있을 수 있다.

② 알고리즘 편향성

AI 알고리즘의 편향성에 따라 ESG 지표 명확성이 결여되거나 편향된 결과를 도출할 수 있다. 이로 인해 올바르지 않은 결정이나 불평등을 야기할 수 있다.

③ 의사결정에 대한 투명성 부족

AI 기반의 ESG 관리 시스템이 복잡한 알고리즘을 사용하므로 의사결정과정의 투명성이 부족할 수 있다. 이는 이해관계자들의 의구심과 불신을 증폭시킬 수 있다.

④ 기술의 잘못된 활용

억압이나 불공정한 이익의 창출 등, 일부 기업이나 단체가 AI를 부적절한 목적으로 사용하는 경우가 있을 수 있다. 이로 인해 사회적 부문에서 불평등과 긴장을 일으킬 수 있다.

⑤ 규제 및 표준화의 부족

AI를 활용한 ESG 관리가 업계, 국가 및 국제 차원에서 충분한 법제화, 규제 및 표준화를 받지 못하면, 분야별 불일치와 혼란이 발생할 가능성이 있다.

긍정적 시나리오의 경우 AI 기술과 ESG 분야의 상호 혜택을 누리며 지속가능한 발전을 지원하고, 부정적 시나리오의 경우 이러한 잠재적 위험 요소들에 대비하여, 이해관계자들은 규제 및 표준화를 강화하고, 투명한 의사결정과 프라이버시 보호 그리고 지속적인 알고리즘 개선 및 업데이트를 통해 AI와 ESG 결합의 긍정적인 가치를 확보할 수 있도록 해야 한다. 미래를 예측하는 것은 불가능하지만, 이러한 시나리오들을 고려하여 앞으로의 행동 방향을 결정하고 조절함으로써 AI를 이용한 ESG 관리의 우수성을 극대화할 수 있다.

3) 산업군별 AI 기반 ESG 경영전략의 변화 추이

다양한 산업군들이 AI 기반의 ESG 경영전략을 도입하며 큰 변화를 겪고 있다. 아래의 산업별로 AI 기반 ESG 경영전략에 대한 현재 추세와 변화를 알아보고 해외 및 국내 사례를 살펴본다.

(1) 에너지 및 화학 산업

AI 및 데이터 분석 기술은 신재생에너지 생성, 스마트 그리드 구축, 에너지 효율화, 그리고 깨끗한 화학 기술에 활용된다. 이를 통해 기업은 환경지표를 개선하고, 오염물질 발생과 온실가스 배출 감소에 기여할 수 있다.

① 해외 사례

구글은 Deep Mind의 AI 기술을 사용하여 데이터 센터의 냉방 에너지 사용량을 줄였다. 이에 따라 에너지 효율성이 크게 향상되었으며 탄소발자국을 감소시켰다.

② 국내 사례

서울특별시와 한전KDN은 AI 기술을 활용해 에너지 사용 효율성을 높이고 전력 사용량을 관리하는 스마트 도시 프로젝트를 진행하고 있다.

(2) 제조 산업

머신러닝 및 AI 기술은 스마트 팩토리 구축, 공정 최적화, 원자재 재활용 등에 활용되어 기업의 환경 및 사회적 책임을 강화한다. 이를 통해 기업들은 생산량을 늘리면서도 지속가능한 제조 방식을 통해 환경영향을 최소화하고, 노동자 안전 및 건강에 투자할 수 있다.

① 해외 사례

스웨덴의 스카니아는 AI 기반의 스마트 팩토리 구축을 통해 생산 공정의 효율성을 높이고, 원자재 사용량을 최적화하여 환경보호 및 사회 책임 목표를 지원하고 있다.

② 국내 사례

삼성전자는 빅데이터 분석을 활용한 공정 최적화를 도입하여 원자재 사용량을 줄이고, 공정에서 발생하는 환경오염 물질을 감소시켜 ESG 경영 목표를 실현하고 있다.

(3) 금융 산업

금융 기관들은 AI 알고리즘을 통해 ESG 관련 투자 기회 및 리스크를 분석하고 관리한다. 이를 통해 투자자들은 지속가능한 발전에 기여하는 기업들에 대한 투자 결정을 내릴 수 있으며, 금융 기관들은 ESG 측면에서 타당한 금융 제품 및 서비스를 제공할 수 있다.

① 해외 사례

미국의 골드만삭스는 AI 및 머신러닝 기술을 활용해 ESG 리스크를 지속해 평가하고 관리하는 투자 포트폴리오를 만들어, 투자자들에게 매력적인 결과물을 제공하고 있다.

② 국내 사례

신한은행은 AI를 활용한 ESG 투자 컨설팅 서비스를 제공하며, 투자자들이 ESG 기준에 부합하는 국내 및 해외 상품에 투자할 수 있도록 지원하고 있다.

(4) 부동산 산업

건물 및 인프라 관리에서 AI 기술은 건물 운영의 효율성을 향상하고,

에너지 절감 및 지속가능한 건축물 개발을 지원한다. 이에 따라 부동산 산업의 기업들은 미래의 건물 효율성 및 지속가능성에 투자한다.

① 해외 사례

미국의 Honeywell은 스마트빌딩 관리 및 성능 모니터링 솔루션을 제공하는 글로벌 기업이다. Honeywell Forge는 IoT를 활용하여 건물 시설물의 측정, 유지 관리, 업그레이드를 관리하면서 높은 효율성과 경제성을 추구한다.

② 국내 사례

건설업계는 최근 국토부 등과 손잡고 스마트 건설 얼라이언스를 결성하고 건축 기술, 안전관리, 고객 편의성, 등 다양한 영역에 AI, 로봇, 빅데이터 등 첨단 기술을 적용하는 데 집중하고 있다. 삼성물산과 현대건설은 건설 로보틱스 분야에서 협력 중이고, GS건설은 미래 건축물로 꼽히는 모듈러 건축영역에서 신규 기술 '퀵 커넥터'를 개발했다.

(5) 유통 및 물류 산업

AI 기술을 활용하여 기업 로지스틱스에서 에너지 및 자원 최적화를 구현할 수 있다. 비용 및 자원 낭비를 줄이고, 배송 빈도를 최소화하며, 물류 성능을 향상시킬 수 있는 루트와 스케줄을 추천한다.

① 해외 사례

아마존은 로보틱스 및 IoT 기술을 도입해 물류 센터에서 효율적인 창고 관리 및 상품 처리를 실현하고 있다. 또한 드론과 자율주행 차량을 활용하여 배달 시간을 단축하고 운영 비용을 절감하고 있다.

② 국내 사례

쿠팡은 자체 개발한 알고리즘을 활용하여 창고 내 물품 위치 배치 최적화와 물류 경로 계획을 수립한다. 그 결과 고객에게 상품을 더 빠르게 전달할 수 있으며, 자원 소모를 줄이고 효율성을 높인다.

이와 같이 AI 기술이 다양한 산업 부문에서 ESG 적용 분야에 기여하고, 국내 및 해외 기업들은 인공지능을 활용한 지속가능한 경영 방식을 도입하며 환경보호 및 사회 책임을 달성하고 있다. 이러한 동향은 앞으로도 지속적으로 발전할 것으로 예상되며, 다양한 산업 부문의 기업들에게 중요한 전략적 파트너로서 AI의 역할이 강화될 것이다.

2. AI 기술의 발전과 ESG 적용 분야 소개

1) 환경(Environmental) 요소의 AI 분석 기법

환경(Environmental) 요소의 AI 분석 기법은 기업의 환경영향을 최소화하고 지속가능한 자원 관리를 지원하는 다양한 방법으로 구성되어있다. AI를 활용한 환경요소 분석 기법의 주요 예시로는 에너지 소비 및 자원 사용 최적화, 이상 징후 감지 및 예측, 그리고 기후변화 시뮬레이션 등이 있다.

(1) 에너지 소비 및 자원 사용 최적화

AI를 활용한 에너지 관리 시스템은 기업의 에너지 소비 패턴을 분석하고, 에너지 효율적인 솔루션을 식별하며, 소비를 줄일 수 있다. 자원 사용의 경우, AI 분석을 통해 더 낮은 영향을 미치는 자원 사용전략을 결정할 수 있다.

(2) 이상 징후 감지 및 예측

AI는 기업의 환경관리에서 이상 징후를 실시간으로 감지할 수 있다. 이를 통해 불필요한 자원 낭비와 환경문제를 예방하며 비용 절감을 도모할 수 있다.

(3) 기후변화 시뮬레이션 및 적응전략

AI 분석은 기후변화 시뮬레이션을 통해 기업이 예상되는 기후영향을 빠르게 측정할 수 있도록 지원한다. 이를 기반으로 기업은 환경충격에 대한 적응전략을 수립하고 실행할 수 있다.

2) 사회(Social) 요소의 AI 분석 기법

사회(Social) 요소의 AI 분석 기법은 기업의 사회적 책임과 관련된 다양한 영역에서 활용할 수 있다. AI 기술은 공정한 근로 환경, 다양성 및 포용성 증진, 지역사회 참여 및 발전과 같은 사회적 책임영역에서 관련 정보를 분석하고, 효과적인 솔루션을 제공한다.

(1) 공정한 근로환경

AI 분석 기법을 활용해 기업의 인사 관리 및 근로자 평가과정에서 공정성과 투명성을 높일 수 있다. 이를 통해 불필요한 불평등을 해소하며 긍정적인 근로 환경을 조성할 수 있다.

(2) 다양성 및 포용성 증진

AI 기술은 기업의 다양성 및 포용성을 분석하고 개선하는 데 도움을 준다. 예를 들면, AI는 인공지능을 활용한 언어분석 도구로 소통의 장벽을 없애고, 다양한 배경의 사람들 간의 협력과 소통을 증진할 수 있다.

(3) 지역사회 참여 및 발전

AI 분석을 통해 기업은 지역사회의 문제와 요구를 신속하게 파악하고, 이를 기반으로 맞춤형 지원 및 협력전략을 개발할 수 있다. 지역사회 발전에 기여하는 기업의 사회적 가치가 높아지는 동시에, 기업의 지속가능한 성장과 안정성을 유지하게 된다.

3) 거버넌스(Governance) 요소의 AI 분석 기법

거버넌스(Governance) 요소의 AI 분석 기법은 기업 거버넌스 구조 및 투명성 개선에 큰 도움을 준다. AI 기술은 다음과 같은 방식으로 기업의 지배구소 요소를 지원하고 분석한다.

(1) 의사결정과정 개선

AI는 다양한 지표 및 데이터를 빠르게 분석하여 투명하고 빠른 의사결정을 도와준다. 이를 통해 기업의 결정과정에서 편견이나 실수를 줄이고, 공정하며 효율적인 의사결정이 가능하게 된다.

(2) 리스크 관리

AI 분석 기법을 이용하면 거버넌스 리스크를 정량화하여 파악할 수 있다. 이를 통해 기업의 리스크 관리 및 회피전략을 제정하고 시행할 수 있으며, 이는 기업의 안정성 및 이익 창출에 긍정적인 영향을 미친다.

(3) 감사 및 내부 통제 강화

AI 기반의 오류 및 사기 감지 시스템은 기업 내부의 감사 및 통제 절차를 더욱 효과적으로 만든다. 거버넌스 관련 규정 준수를 향상시키는 동시에, 감사 비용을 절감할 수 있다.

(4) 거버넌스 정보 공개

AI 분석을 활용해 기업의 거버넌스 정보를 총체적으로 표현하고 공개할 수 있다. 이를 통해 기업의 투명성이 향상되고, 투자자들의 신뢰와 기업가치가 높아질 수 있다.

3. AI를 활용한 ESG 경영전략 수립과 실행

1) AI를 도입한 ESG 목표 설정과 전략 수립

AI를 도입한 ESG 목표 설정과 전략 수립은 기업의 지속가능한 성장 및 사회적 가치 창출에 중요한 역할을 한다. AI를 활용하여 달성 가능한 ESG 목표를 설정하고 효과적인 전략에서 성과를 발휘할 수 있다.

(1) 데이터 기반 목표 설정

AI 데이터 분석을 통해 기업의 현재 ESG 성과를 평가하고, 개선 가능성을 알 수 있다. 이를 기반으로 단기 및 장기 ESG 목표를 설정하고 전략 수립에 참고할 수 있다.

(2) 최적화된 전략 수립

AI 분석을 통해 ESG 관련 경영 이슈들의 우선순위와 영향을 파악하고, 개선을 위한 최적의 전략을 도출한다. 이를 통해 효율적인 자원 배분과 적시적인 대응이 가능해진다.

(3) 성과 모니터링 및 평가

AI 시스템은 ESG 성과 모니터링을 지원하여 기업이 지속적으로 성과를 추적하고 전략의 효과를 평가할 수 있게 한다. 이를 통해 목표에 따른 전략의 성공 여부를 판단하고 필요한 경우 전략을 조정할 수 있다.

(4) 빅데이터 활용

AI를 활용하여 ESG 관련 다양한 출처로부터 얻은 빅데이터를 분석하고, 새로운 시장 트렌드와 인사이트를 발견한다. 이 정보는 기업의 경쟁력 강화를 위한 전략 설정에 활용된다.

2) AI 기술을 활용한 ESG 조직구조와 인력 관리

AI 기술을 활용한 ESG 조직구조와 인력 관리는 기업이 ESG 목표 달성과 지속가능한 성장을 위해 점점 더 많은 역할을 하고 있다. 앞으로도 AI 기반의 조직 및 인력 관리전략이 더욱 중요해질 것으로 예상되며, 주요 측면들은 다음과 같다.

(1) 역량기반 인재 양성 및 유지

기업은 AI를 활용하여 인재 풀에서 ESG 전략에 따른 역량을 갖춘 인재를 찾고, 교육 및 개발 프로그램을 통해 지속적인 성장을 도모한다.

(2) 다양성 및 포용성 증진

AI 분석을 활용하여 조직 내 다양성을 진단하고 개선할 수 있다. 이를 통해 인재들의 다양한 진입 루트를 발굴하고 협업에 긍정적인 영향을 미친다.

(3) 성과 추적 및 모니터링

AI 기술을 통해 객관적인 성과지표를 개발하고, 기업의 ESG 목표에 따른 성과 모니터링과 평가를 실시간으로 수행할 수 있다.

(4) 직무 재구성 및 인력 이동

AI의 혁신적 발전에 따라 업무 특성과 과제가 변화하게 된다. 기업은 AI를 활용하여 직무 재구성과 인력 다각화를 도모하며 기업의 ESG 성과를 높일 수 있다.

3) AI를 활용한 ESG 경영관리 및 법규 준수

AI를 활용한 ESG 경영관리 및 법규 준수는 기업의 지속가능한 성장 및 사회적 가치 창출에 중요한 기여를 할 수 있다. AI 기술은 다음과 같은 방식으로 ESG 경영 및 법규 준수를 지원한다.

(1) 법규 준수 모니터링

AI를 활용한 자동화된 모니터링 시스템은 기업이 ESG 관련 법규 및 규정을 실시간으로 확인하고 준수 여부를 체계적으로 관리할 수 있게 도와준다.

(2) 위험 관리 및 예측

AI 분석은 ESG 위험이나 정책 변경에 따른 잠재적 효과를 높은 정확도로 예측하고 관리할 수 있다. 이를 통해 기업은 사전에 대응을 준비하여 위험을 최소화하고, 지속가능한 경영을 실현할 수 있다.

(3) 참고 사례 및 모범 관행 비교

AI 기술은 세계 각국의 ESG 경영관리와 법규 준수 사례를 효과적으로 조사하고 분석할 수 있다. 이를 통해 기업은 우수한 경영전략을 참조하거나, 글로벌 법규 및 표준에 맞게 자체 전략을 수정할 수 있다.

(4) 투명한 정보 공개 및 보고

AI는 ESG 보고서 작성 및 관리를 지원하며 자동화된 절차로 시간과 노력을 절약할 수 있다. AI를 활용한 보고서는 정확하고 명확한 정보 제공으로 투자자와 이해관계자들에게 신뢰를 줄 수 있다.

4. AI 책임과 윤리

1) AI 적용 시 주의해야 할 윤리적 고려사항

ESG 경영에 AI를 적용할 때, 기업은 몇 가지 주요 윤리적 고려사항을 염두에 두어야 한다. 이러한 윤리적 고려사항을 충분히 감안하지 않으면, AI의 부정적인 영향이 ESG 목표의 달성을 저해할 수 있다.

(1) 데이터 프라이버시와 보안

AI 시스템은 개인 정보를 포함한 대규모 데이터를 처리하기 때문에 데이터 프라이버시와 보안문제가 중요하다. 기업은 다양한 국가 및 지역의 데이터 보호 법규를 준수하고, 사용자의 개인 정보를 보호할 수 있는 적절한 보안 레벨을 제공해야 한다.

(2) 알고리즘 편향

AI 알고리즘이 과거 데이터를 기반으로 학습하기 때문에 숨겨진 편향성을 가질 수 있다. 이로 인해 일부 특정 이해관계자들에 대한 불공평한 결과를 초래할 수 있다. 기업은 AI 설계 시 편향을 최소화하고, 지속적으로 평가 및 수정하는 메커니즘을 도입해야 한다.

(3) 인간의 책임

AI 시스템이 자동화된 결정 및 작업을 수행할 때 발생할 수 있는 문제에 대한 인간의 책임 여부를 고민해야 한다. 기업은 항상 인간의 책임 원칙과 견제와 균형을 유지할 수 있는 제도를 마련해야 한다.

(4) 고용과 노동시장

AI가 노동력의 일부를 대체함에 따라 고용과 노동시장에 심각한 영향을 미칠 수 있다. 기업은 노동자의 생업 보장과 노동시장의 안정을 고려하여 구성원들이 AI로 인한 변화에 적응할 수 있는 교육 및 교육 기회를 제공해야 한다.

(5) AI 기술의 접근성

모든 이해관계자가 AI에서 동등하게 혜택을 받을 수 있는지 확인하는 것은 중요한 윤리 고려사항이다. 기업은 인프라, 기술, 연결성 등의 제약을 극복하기 위해 노력하고, AI 기술이 보다 포괄적이고 접근 가능한 방식으로 제공되도록 해야 한다.

(6) 지속가능한 자원 사용

AI 시스템은 대량의 데이터를 처리하는 데 막대한 에너지를 소비하므로, 지속가능한 거버넌스 관점에서 환경영향을 고려해야 한다. 기업은 에너지 효율적인 AI 기술을 개발하고 구현함으로써 지속가능한 자원 사용과 에너지 소비 절감에 기여해야 한다.

이러한 윤리적 고려사항을 충분히 지킬 경우, 기업은 ESG 경영에서 AI의 긍정적인 영향을 누리며 지속가능한 성장을 이룰 수 있다. 견고한 기업 책임, 규제 준수, 이해관계자들과의 협력을 통해, 기업은 사회적 책임을 다하며 지속가능한 발전을 추구할 것이다.

2) AI의 편향성과 공정성문제

ESG 경영에 AI를 도입할 때, 기업은 편향성과 공정성문제에 주의하여야 한다. AI 시스템은 학습 데이터와 개발과정에서 무의식적인 편향성이 발생할 수 있으며, 이는 ESG 경영 및 지속가능성에 영향을 미친다. 따라서 기업은 다음과 같은 몇 가지 제언을 고려할 필요가 있다.

(1) 데이터 품질과 다양성

AI의 편향성문제 해결의 첫걸음은 다양한 표본을 대표하는 고품질의 데이터다. 기업은 데이터의 통계적 편향과 샘플링 오류를 최적화하고, 데이터를 잘 수집, 정제 및 저장하여 시스템의 학습 효과를 향상시켜야 한다.

(2) 팀의 다양성 확보

다양한 배경을 가진 팀 구성원들이 함께 작업함으로써 AI 개발과정에서 발생할 수 있는 편견을 미연에 방지할 수 있다. 이를 통해 개발되는 AI는 실생활에서 분명한 만족감을 제공하며, 모든 사용자로부터 긍정적인 인식을 얻을 수 있다.

(3) 외부 감사 및 평가

독립된 제삼자를 통해 AI 시스템의 편향성과 공정성을 감사하고 평가하는 것이 중요하다. 이를 통해 기업은 정보 균형, 평가 및 수정에 대한 신뢰성을 확보할 수 있으며, 이해관계자들에게 투명성을 제공한다.

(4) 공정성과 투명성 지표 도입

편향성과 공정성 관련 성과를 모니터링하려면 도입된 AI 시스템의 공정성과 투명성 지표를 개발하고 관리해야 한다. 이 지표들은 시간이 지남에 따라 성과뿐만 아니라 AI 시스템의 개선에도 도움을 줄 것이다.

(5) 사용자 참여 및 의사소통

AI 시스템 개발의 일부로 사용자 참여를 도입하여 사용자의 정당한 의견과 견해를 반영해야 한다. 이를 통해 시스템 가동 중에 발생할 수 있는 편향성, 부정확성 및 부적절한 결과물을 적절하게 처리할 수 있다.

(6) 거버넌스 및 윤리 가이드라인 구축

기업은 내부 거버넌스 및 윤리 가이드라인을 마련하여 AI의 편향성과 공정성문제를 철저히 검토해야 한다. 이를 위해 기업은 소프트웨어, 하드웨어, 데이터 처리 및 기타 관련 요소를 포함하여 AI 기술 및 배포 전반에 걸친 표준 절차를 확립하여야 한다.

기업이 이러한 제언을 적극적으로 수용하고 시행함으로써, AI 기반 ESG 경영에서 편향성과 공정성문제를 성공적으로 극복할 수 있다. 이를 통해 기업은 거버넌스, 사회적 책임 및 환경 보호에 대한 지속적인 역할을 수행하며 사회에 바람직한 영향을 미칠 수 있다.

3) AI 윤리 강화를 통한 ESG 관점에서의 지속가능한 발전 가능성

AI 윤리 강화를 통해 ESG를 기반으로 한 지속가능한 발전을 추구하는 기업은 더 큰 사회적 영향력을 발휘하고 다양한 이해관계자들의 지지를 얻을 수 있다. 다음 방법들을 통해 이 목표를 달성할 수 있다.

(1) 투명한 커뮤니케이션

기업은 AI 윤리에 대한 정보를 공개하고 소통을 강화함으로써 이해관계자들의 신뢰를 얻을 수 있다. 고객, 투자자, 정부, 지역사회 등이 기업의 사회적 책임과 가치를 인식하고 지지할 수 있다.

(2) 혁신적 솔루션 제공

AI 윤리 강화를 통해 기업은 사회적 문제 해결에 기여하는 혁신적 솔루션을 개발하고 제공할 수 있다. 에너지 절약, 친환경 기술 및 저소득층을 위한 서비스 등을 통해 기업은 사회 전반에 긍정적 변화를 만들어낼 수 있다.

(3) 교육 및 역량 개발

기업은 AI 윤리 및 ESG 관련 교육 프로그램을 통해 조직 내 인식을 높이고 전문 지식을 갖춘 인력을 양성할 수 있다. 이를 통해 기업은 더 효과적으로 사회적 가치를 창출하며 영향력을 확장할 수 있다.

(4) 이해관계자와의 협력 강화

기업은 다양한 이해관계자와 긴밀하게 협력하고, AI 윤리에 대한 기업의 정책과 실행 방향을 공유할 수 있다. 이러한 협력을 통해 기업은 ESG 목표를 효과적으로 달성하며, 더 큰 사회적 영향력을 발휘하게 된다.

(5) 지속적 모니터링과 개선

기업은 AI 시스템의 편향성, 공정성 및 환경영향을 주기적으로 모니터링하여 문제점을 적시에 발견하고 조치할 수 있어야 한다. 이를 통해 기업은 지속적인 개선과 사회적 영향력 향상을 도모하게 된다.

(6) 법령 및 규정 준수

기업은 AI 윤리를 기반으로 한 법령 및 규정을 준수하며, 이해관계자들로부터 신뢰를 얻을 수 있다. 규제에서 요구하는 표준 및 사회적 책임을 준수하면 기업은 거버넌스를 향상시키고, 글로벌 경쟁력을 강화할 수 있다.

이러한 전략적 접근을 통해 AI 윤리 강화를 지속가능한 ESG 발전에 연결하는 기업은 더 큰 사회적 영향력을 발휘하고 이해관계자들의 지지를 얻을 수 있다. 이러한 노력은 기업의 발전과 혁신에 기여하며, 현실적인 사회적 가치를 창출하게 된다.

5. AI와 ESG 경영전략 미래 전망

1) 정부, 기업, 사회가 함께 실현하는 지속가능한 미래

정부, 기업, 사회가 함께 실현하는 지속가능한 미래 가능성은 기후변화 대응, 지속가능한 성장, 사회적 책임 확대 등의 방향으로 발전하며, 도전과제와 극복 방안에 대한 고려가 필요하다.

(1) 도전과제

① 기술 발전 속도의 차이

기술 발전이 일부 분야에 먼저 도입되어 발전의 속도가 불균형할 수 있어 체계적 관리가 필요하다.

② 예산 및 정책의 한계

지속가능한 발전을 위해 정부 및 기업의 입장에서 충분한 예산 투자와 정책 지원이 필요하며, 이를 확보하는 데 어려움이 있을 수 있다.

③ 세대 간 불평등 문제

신기술 적용으로 발생하는 일자리 문제와 산업별 불평등 등의 문제가 세대 간 불평등의 요인으로 작용할 수 있다.

(2) 극복 방안

① 협력과 법제화 강화

다양한 이해관계자들이 협력하며 국제 정책 및 법제화를 강화해 지속가능한 미래를 위한 공동의 목표를 실행할 수 있도록 지지해야 한다.

② 교육과 직업 제공

미래산업 구조 변화에 대비해 기술 교육을 강화하고, 인력 재배치 지원 및 청년 일자리 창출을 진행함으로써 불평등 문제를 완화해야 한다.

③ 지속적인 기술 혁신

에너지 효율, 환경영향 최소화, 사회적 책임 확대를 목표로 삼아 지속적인 연구 개발 및 혁신을 추구해야 한다.

이처럼 정부, 기업 및 사회 간의 협력과 지속적인 연구 개발, 교육 및 취업 지원 등을 통해 지속가능한 미래를 도모할 수 있으며, 모든 이해관계자가 이 과정에 함께 참여함으로써 성공적인 지속가능한 발전을 추구할 수 있다.

2) 맺음말

최신 기술 동향과 적용 사례를 살펴보면, AI 기술은 기업들이 ESG 목표를 돕는 연구 개발과 의사결정과정의 효율성을 향상시키며, 이를 통해 기업 경쟁력을 강화하고 지속가능한 경영을 실현할 수 있다.

기업은 AI 기반의 ESG 경영전략을 활용하여, 변화하는 시장환경에 대한 대응 능력을 높이고, ESG 이슈에 대한 신뢰성 있는 정보 제공을 통해 이해관계자들과의 긍정적인 관계를 구축한다. 따라서 AI 기술 혁신의 도입은 기업에 ESG 지속가능성과 경쟁력 강화를 위한 필수 요소로 작용한다.

AI 기술 혁신이 ESG 경영전략의 변화를 촉진하고 지속가능한 발전과 기업 경쟁력 강화에 기여함이 확인되었다. 앞으로 기업은 AI 기술의 적극적인 활용을 통해 ESG 경영전략을 더 강화할 필요가 있으며, 지속하여 변화하는 기술 트렌드에 대한 지속적인 관심과 투자가 요구된다. 이를 바탕으로 기업은 지속적으로 성장하고 지속가능한 미래를 구축할 수 있게 될 것이다.

참고문헌

- Sulaeman et al., 「Blockchain and Artificial Intelligence Model for ESG Data Management and Reporting」 『Procedia Computer Science』 171, pp.2416~2425, 2020.
- Li, Y., Lu, J., Wu, L. Z., Fang, H., Zhang, Z.&Li, X., 「AI applications on environmental protection」 『IOP Conference Series: Earth and Environmental Science』 713(1), 012017, 2021.
- Ren, Z., Wang, W., Ma, L., Li, S.&Wu, Q., 「Artificial intelligence in green energy storage systems planning and control: A review」 『Renewable and Sustainable Energy Reviews』 127, 109883, 2020.
- Bersin, J., 「The impact of AI on the future of work」 『AI and Ethics』 1(1), pp.17~29, 2020.
- Bondarenko, T.&Rämö, J., 「Responsible artificial intelligence: Using corporate social responsibility to guide artificial intelligence」 『Business Horizons』 64(5), pp.661~673, 2021.
- Cucchetti, A., 「Artificial intelligence: An analysis of media discourse on corporate governance implications」 『International Journal of Disclosure and Governance』 18(1), pp.19~31, 2021.
- Davenport, T. H.&Shipilov, A., 「The New Roles for Chief Analytics Officers: Building Trust in and Adoption of AI」 『MIS Quarterly Executive』 20(1), pp.45~55, 2021.
- Serafeim, G.&Trinh, H. Q., 「The Role of Artificial Intelligence in Supporting ESG Investing」 『Journal of Applied Corporate Finance』 32(4), pp.12~21, 2020.
- World Economic Forum, 「Artificial Intelligence and Corporate Digital Responsibility in Financial Services」 『World Economic Forum Special Report』 2020.

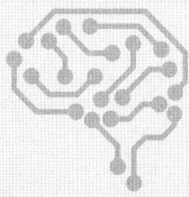

저자소개

김도연 KIM DO YEON

학력
- 건국대학교 경제학과 학사
- 서강대학교 경제대학원 ESG경제 석사 재학 중

경력
- 현) IBK금융그룹 IBK연금보험 지점장
- 현) 중앙대학교 ESG 최고위 과정 수료 중
- 인공지능기반 인슈어테크 비즈니스 과정 수료(한국핀테크지원센터)
- ESG환경교육리더 양성과정 수료(한국능률협회)
- 중소기업 ESG환경교육리더 양성과정 수료(환경부 지정 국가환경교육센터)

자격
- 바이오기술투자분석사 2급(서강대 바이오기술투자센터)
- 은퇴설계전문가(ARPS)(한국FP협회)
- 영업점 컴플라이언스 오피서(한국금융연수원)
- 고객관리지도사 1급(한국경영인재개발원)
- 리더쉽지도사 1급(한국경영인재개발원)

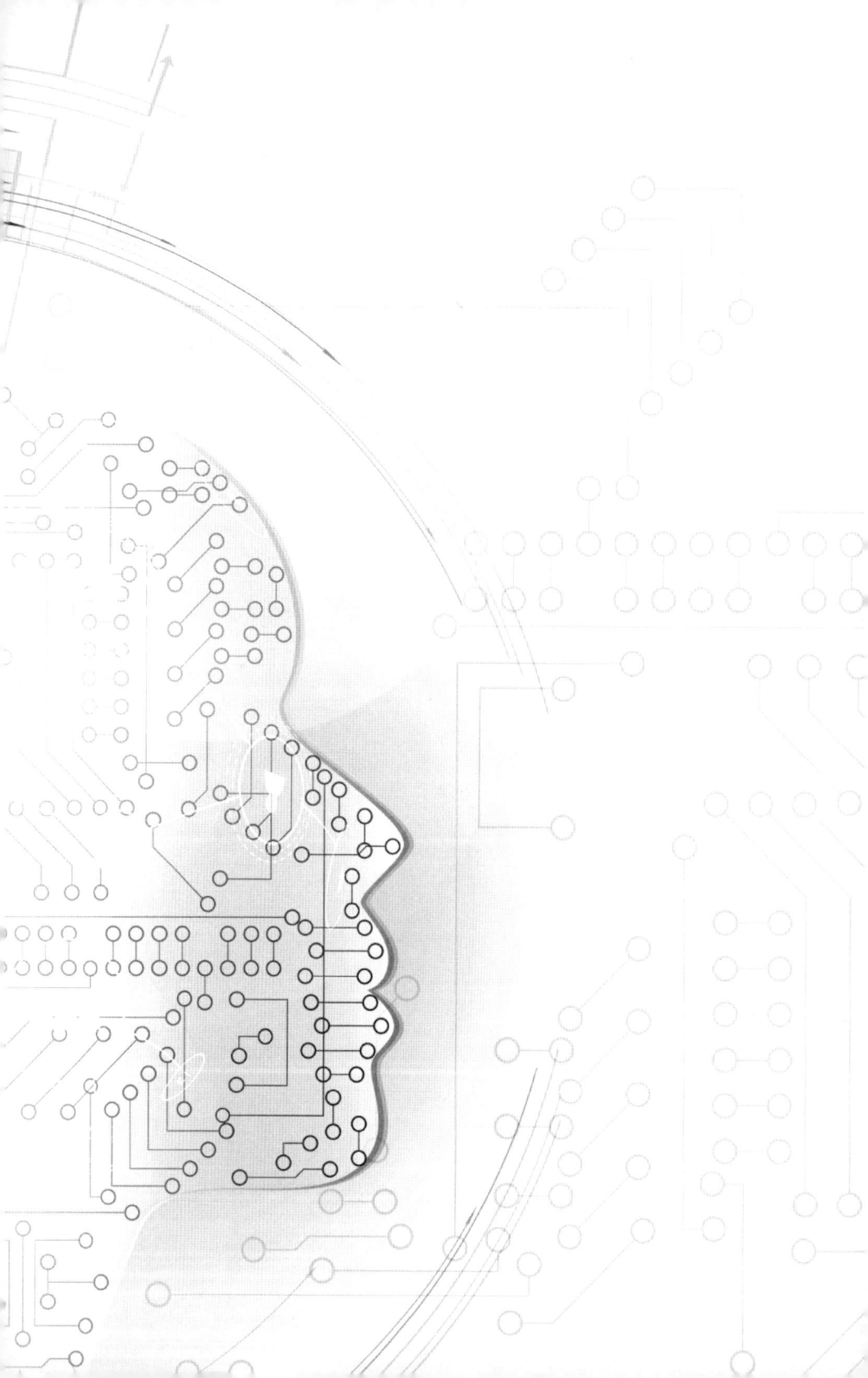

제9장

ESG 경영환경에서 여성의 역할과 책임

이기춘

1. 여성시대(女性時代)

　　MBC FM 라디오 오전 프로그램에는 〈여성시대(女性時代)〉라는 인기 프로그램이 있다. 많은 여성들의 사는 이야기를 전달하는 대표적인 여성을 위한 여성 전문프로그램이다. 처음 시작된 1975년만 해도 남성들의 주변에 있는 여성들의 작은 이야기를 전하는 것으로 시작되었으나, 50년 가까이 지난 지금은 삶의 주도권을 확실하게 쥐고 있는 여성들의 이야기를 전하고 있다고 생각된다. 세상은 이미 여성들의 세상이 되었다.

　　20세기 후반부부터 여성은 각 분야에서 두각을 나타내었고, 21세기 들어서는 많은 부분에서 남성을 앞지르고 있다. 2005년에 이미 외무고시에서 여성 합격자가 50%를 넘어섰으며, 변호사 시험에서 여성은 약 50% 이상의 합격률을 유지하고 있고, 행정고시 합격률도 50% 이상이 여성이다(한겨레신문, 2005). 2020년 현재 전체 초등교원 중 남자 교원 비율은 22.9%, 중학교는 29.5%, 고등학교는 45.2%로 여자 교원이 남자 교원보다 많다(한국교육신문, 2020). 수능에서 상위권에 여자가 많고, 하위권에 남자가 많은 것은 이미 오래전의 일이며, 남녀공학 고등학교에서는 여학생에 비해 상대적으로 남학생들에게 내신 성적이 불리하다는 사실도 이미 오래된 이야기다.

　　심지어 금남의 구역이었던 사관학교는 1997년 이후 여성의 입학을 허가했다. 요즘은 입학과 졸업의 전체 상위 10등에서 이미 50% 이상을 여성이 차지하고 있고, 세 곳의 사관학교 수석 졸업생은 여성이 차지한 지 이미 오래다. 2006년에는 해군사관학교의 수석 졸업 생도가 여성이었는데, 그 여성 생도는 입학도 수석으로 했던 일이 있어 화제가 되기도 했다 (YTN, 2006).

나는 몇 년 전, 모 대학의 해군 ROTC 면접관으로 참여할 기회가 있었는데 수석은 당연히 여성이고, 이미 상위 10등 안에 7~8명이 여성 후보생인 것을 보고 깜짝 놀란 일도 있었다. 이렇게 각 분야에서 이미 여성의 능력은 남성보다 앞서고 있다.

2. 여성과 남성

1) 여성과 남성

제주도에 근무할 기회가 있어 이곳저곳을 여행할 수 있었다. 유명한 여행지나 맛난 음식점을 가면 낮에 돌아다니는 사람들은 거의 여자들이다. 보이지 않던 남자들은 저녁때가 되면 술집에서야 볼 수 있게 된다. 놀 줄도, 여행할 줄도 모르고 일이나 하다가 저녁때가 되어서야 피곤과 스트레스를 풀기 위하여 술집에 모습을 드러내는 남성들의 모습이 한없이 불쌍하게 보였던 기억이 있다.

주말이면 가끔 음악회나 연주회를 가게 되는데, 70~80%가 여성이다. 역시 남자들은 잘 보이지 않는다. 만학도인 나는 40살이 되어서야 석사과정과 박사과정을 밟았는데, 전공 분야인 상담학뿐만이 아니고 다른 학과 역시 많은 숫자가 여성이었다. 40대나 50대의 만학도들 역시 남성보다는 여성이 압도적으로 많은 듯하다. 여성들은 끊임없이 공부하며 변화를 추구하고 있는 듯 보이는데, 남성들은 어디에서 무엇을 하는지 잘 보이시 않는나.

2) 음(陰)과 양(陽)

동양에는 음양(陰陽)의 철학(哲學)이 있다. 이 세상이 너무 커서 이해하기 어려울 때 이 세상을 둘로 자르면 음(陰)의 에너지와 양(陽)의 에너지로 나뉜 것을 알 수 있다고 한다. 음(陰)은 땅이고, 저녁이고, 달이고, 여자며, 눈에 보이지 않는 내면의 세상이다. 양(陽)은 하늘이고, 낮이고, 태양이고, 남자며, 눈에 보이는 세상이다. 음과 양은 대립과 반대의 것이 아닌 둘이 모여 하나가 되고 조화와 균형을 이루는 대극(對極)의 개념으로 이해하면 좋을 것이다(음양오행, 2009).

요즘 젊은이들에게 인기가 많은 MBTI 성격검사도 사실 이 대극의 사상을 기초로 하고 있다. 그러므로 MBTI를 보다 깊이 알고 싶은 사람들은 음양이론을 공부해보면 좋을 것이다.

3) 음(陰)과 양(陽) 역사(歷史)

지난 2천 년이 남성이 주도권을 가진 시대였다면, 21세기가 여성의 시대라는 것에는 대부분 동의할 것이다. 여성의 시대는 앞으로 얼마나 더 지속될지는 아무도 모른다. 그런데 이러한 일은 처음 있는 일은 아닌 듯하다. 남성과 여성들은 역사 속에서 그 형태와 질적인 면에서 차이는 있었지만, 주도권을 바꿔가며 시대를 지배해왔다고 주장하는 학자들도 있다.

구석기시대와 신석기시대에는 때때로 여성의 주도권이 더 큰 시대가 있었다고 한다. 특히 신석기시대에는 모계사회나 모계씨족공동체의 흔적이 발견되기도 한다(한국신석기학회, 2002). 원시사회에서 남성들이 하는 사냥은 극히 일부의 활동이고, 식량 채집이나 자녀 양육, 가죽 손질 등 나머지 일들은 대부분 여성이 했다(로잘린즈 마일스, 2020). 여성이 담당했던 채집은 사냥보다 안정된 식량 제공에 기여했다. 또한 채집은 일정한 경험과 지식의 축적을 요구해 도구 발명 등 인류 문명을 발생시키는 계기가 되었다(여성사연구실, 2000).

청동기시대로 넘어오면서 남자의 주도권이 커지며 침략과 전쟁 등이 많아진 것은 역사적 사실인 듯하다. 철기시대를 거치며 남성들이 주도한 지난 2천 년 동안 사람들의 삶은 엄청난 변화와 발전을 이룩하였다. 그렇지만 수많은 대량 학살, 전쟁, 빈부 격차, 지구 환경파괴 등 많은 문제점을 드러내기도 하였다. 전반적으로, 여성들이 힘을 가진 사회가 여성 특유의 부드러움과 유연성 등의 특성으로 인하여 남성들이 힘을 가진 사회보다는 더 평화적이고, 더 행복했을 것이라고 주장하는 학자들이 있고 나는 그 주장에 공감한다.

4) 젠더(Gender)

여성과 남성은 기본적으로 생식기관으로 구분한 것이다. 이 기준은 매우 오랫동안 남녀를 구분하는 기준으로 작용해왔다. 하지만 1950년대 이후 젠더(Gender)라는 용어가 사용되기 시작하였다. 젠더는 사회문화적으로 다른 역할이 주어지며, 그에 따라 성 역할이나 성 정체성이 가변적이고 우연적일 수 있다고 설명한다(네이버 백과사전). 성차별의 원인이 여성과 남성이 가진 몸의 차이가 아니라 사회에 있다고 주장하는 이 젠더의 개념은 그동안 페미니즘(여성주의운동)의 핵심적인 역할을 해왔다.

5) 아니마, 아니무스

심리학에서 바라보는 남성과 여성은 또 다른 매력을 지니고 있다. 19세기 말부터 무의식이라는 사람의 보이지 않는 영역을 처음 주장하며 개척한 사람은 프로이트(Freud)이다. 융은 프로이트와는 다른 무의식(無意識) 또는 비의식(非意識)을 주장하였다. 또한 프로이트의 개인무의식을 넘어 융은 집단무의식을 주장하였다. 융의 이론을 이해하기 위해서는 자아(Ego), 페르조나(Persona), 아니마(Anima), 아니무스(Animus) 등의 용어 이해가 다소 필요하다.

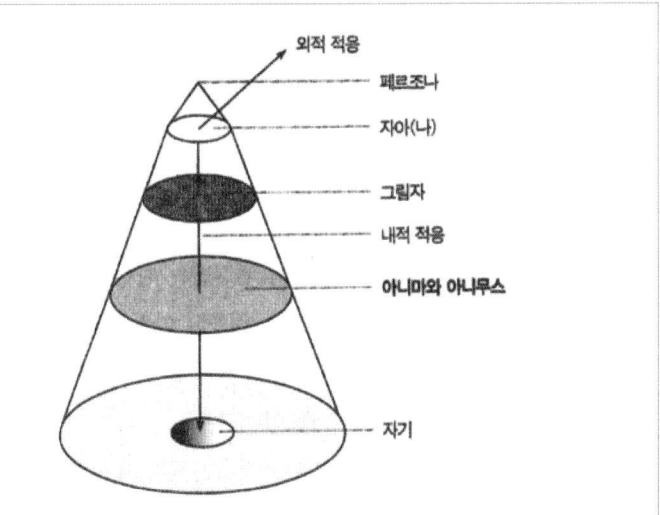

사람의 육체와는 별도로 보이지 않는 마음이 존재하고, 마음 깊은 곳의 중심에 자아(Ego)가 있다. 집단사회 속에서 살아가다 보면 집단에 의해서 요구되는 태도 생각, 행동규범, 역할을 페르조나(Persona)라고 부르는데, 이것은 타인에 의해 보여지는 외적 인격이다. 외적 인격에 대비되는 내적 인격이 존재하는데, 태도와 자세, 성향이 사람마다 각각 다르게 나타난다. 내적 인격에는 아니마(Anima)와 아니무스(Animus)가 있다. 아니마는 남성 속의 여성을, 아니무스는 여성 속의 남성을 말한다.

출처: 이부영, 『아니마와 아니무스』, 한길사, 2004.

    같은 개념은 아니지만 생물학적 기준으로 나눈 여성과 남성은 페르조나와 비슷하고, 아니마, 아니무스는 젠더와 일부는 비슷한 개념이라고 대극적인 면에서 생각하면 이해가 쉬울 수도 있을 것이다. 융은 남녀가 고유의 차이와 다름을 간직하지만, 결과적으로 그 인격은 같다는 생각을 가지고 있는 듯하다. 사람을 이해할 때, 그 사람의 아니마와 아니무스까지 생각한다면 더욱 폭넓게 그 사람을 이해하는 방법이 될 것이다.

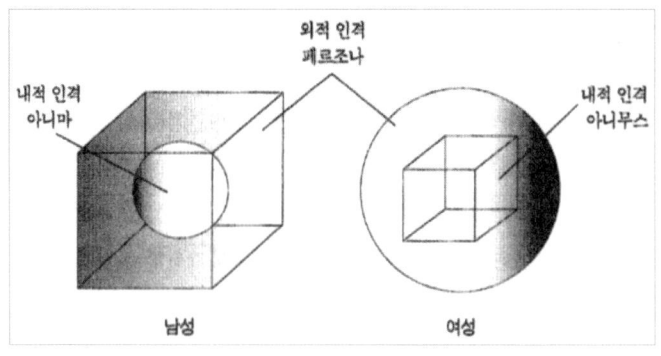

출처: 이부영, 『아니마와 아니무스』 한길사, 2004.

3. ESG 경영은 여성시대를 추구한다

어떤 조사에 의하면, 의사결정권을 가진 이사회 구성원의 30~39%가
여성일 경우, 기업경영성과가 개선될 확률이 18.5% 더 높다고 한다.
그리고 이사회가 성별 균형을 이루면
기업의 경영성과가 향상될 가능성이 20%가 더 높다고 한다.
– 한국여성정책연구원, 2022 –

21세기에는 ESG 경영철학이 주요 이슈로 상당 기간 주목받을 것이다. ESG 경영은 20세기 말에 지속가능성을 염두에 두고 발전해왔으며, 지속가능성은 현재의 필요를 충족시키되 미래세대의 필요를 충족할 능력을 손상시키지 않아야 함을 강조한다(매일경제 ESG팀, 2021). ESG 경영은 우연히 만들어진 경영철학이 아닌 필연적 산물이다. ESG는 환경

(Environment)과 사회(Social), 지배구조(Governance)라는 환경보호와 사회적 책임, 투명경영을 주요 주장으로 삼는다. 2021년 이후 우리나라의 주요 기업들도 ESG 담당 조직을 신설하고, ESG 전문가나 여성들의 사외이사 선임을 시행하고 있다. 10대 그룹 상장사 99곳 중에서 이사회 내에 ESG 위원회가 설치된 곳이 68개 사라고 한다(매일경제 ESG팀, 2021). 지금은 70% 이상이 설치되었을 것으로 추정된다.

그런데 아직도 우리나라에서 ESG 경영이 단순히 공허한 외침으로 들린다는 것은 필자만의 생각일까? 지식으로만 알고 있고 생각 속에 머물러 있는 듯하다. 실제로 경영에서 얼마나 추구되고 있는지는 의문이다.

여성들이 진보를 이룬 것은 오랫동안 안정적으로 확립되어있던 권력집단이 방향을 전환하거나 균열을 보일 때였고, 여성들이 공직이나 남성들의 직업 세계에 대거 진출한 것도 격변기나 사회가 긴급한 상황에 처했을 때다(로잘린드 마일스, 2020). 여성들이 남성보다 더 유능하다는 것은 이미 입증되었고, 사회적 참여나 역할도 많이 늘어나고 있음에도 불구하고 여전히 여성들의 역할과 기능은 제한적이다.

나는 ESG 경영을 본격적으로 추진할 수 있는 적임자는 여성이라고 생각한다. ESG 경영의 환경(Environment)과 사회(Social), 지배구조(Governance) 중 환경 부분은 어느 정도 적절하게 실천되고 있고, 그 움직임도 활발하다. 사회와 지배구조 부분은 더 많은 연구와 실천이 필요하며, 이 분야를 성공적으로 실현(實現)할 주체가 여성이라고 생각한다.

여성들의 사회참여가 많아진 것은 사실이지만, 여전히 우리나라는 다른 선진국에 비하면 활발하지 못하고 미약하다. 여성 장관의 숫자, 여성 국회의원의 숫자, 회사에서의 여성 임원의 숫자, 각 기관에서의 의사결정권을 가진 여성의 숫자 등이 선진 외국에 비해서 현저하게 낮다는 말이다. 이래서는 올바른 ESG 경영을 실천하기가 어렵다.

한국여성정책연구원(2022)은 ESG 경영이 탄력을 받기 위해서는 중소기업의 여성근로자들의 성평등과 교육, 임금평등 등의 분야도 관심을 가져야 한다고 주장한다. 여성근로자들의 평등을 위한 외침은 많아 보이지만 그마저도 아직까지는 대기업이나 공공기관에 한정된 분위기다. 여성들 전체에 보편화되고 있지 못하다는 이야기인데, 그렇게 생각하는 이유는 대기업이나 공공기관에 근무하는 여성들보다는 중소기업에 근무하는 여성들의 숫자가 훨씬 많기 때문이다(한국여성정책연구원, 2022).

4. 여성의 역할과 책임

나는 어떤 측면에서는 ESG 경영 자체가 남성들이 주도권을 가지고 벌여놓은 일들을 개선하거나 보완하고 정리하는 과정에서 나온 것일 수도 있다고 생각한다. 리베카 헨더슨(2021)은 많은 기업이 성장하면서 환경이 파괴되었다고 주장하였다. 그리고 기업의 주요 경영자는 남성들이었다. 지난 세기 내내 세계는 전쟁을 벌이려는 남성 특유의 욕망에 휘둘렸다(로잘린드 마일스, 2020). 나는 ESG 경영이 그동안에 남성들이 발전과 이익을 추구하면서 파괴한 지구를 살리고 문명을 살리고 생명을 살리자는 경영이론이라고 생각한다.

이제 회복과 정리정돈이 필요해졌고, 이 일은 여성이 적임자라고 생각한다. 다른 선진 외국에서는 이미 많은 분야에서 여성의 40% 이상이 의사결정권을 가지고 있다. 그런데 우리나라는 그렇지 못하다. 왜 그럴까? 우리나라의 여성들은 그 능력과 실력은 뛰어남에도 불구하고 왜 사회 속에서는 그 역할이 부족한 것일까?

나는 그 이유를 외부요인과 내부요인 두 가지로 살펴보고자 한다. 외부요인은 물론 남성들이 기득권을 너무 강하게 쥐고서 그것을 놓지 않고 있는 것과 무관하지 않다. 여성들에게 보이지 않는 유리천장이 존재하는 것은 가슴을 답답하게 만든다. 성평등 관점에서 선진 외국과 비교해보면 우리나라는 아직도 너무 초라하고 부족하다. 직장이나 국가 등 공동체에서 여성들을 의사결정기구에 포함시키기 위하여 더 많이 노력하고, 여성들이 조직과 공동체에 참여할 수 있는 조직문화를 만들어나가는 것도 필요하다. 기득권을 가진 남성들이 그 권한과 책임을 과감하게 여성들과 나눠 가질 마음의 준비를 해야 하고 적극적인 실천 또한 필요하다.

그럼에도 불구하고 외부요인만이 변하기를 기다린다면 그 속도는 너무 느리고 그 기간은 너무나 오래 걸릴 것이다. 그래서 나는 그 이유를 내부요인 중에서도 찾아보고자 한다. 내부요인은 우리나라 여성들의 의식

구조에 있다고 생각한다. 파워는 조직의 힘에서 나온다. 많은 여성이 조직을 만들고 공동체를 조직하고 있지만, 더욱 많은 여성들은 여전히 조직이나 공동체에 대한 의식이 부족하다. 그렇게 생각하는 이유는 우리 사회에 아직도 여성들의 모임이나 조직, 공동체, 동문회 등의 숫자가 매우 적다고 생각하기 때문이다. 여성 개개인은 매우 똑똑하고 능력이 뛰어나지만, 사회조직이나 공동체 속에서는 지나치게 개인주의를 내세우는 현실을 수시로 목격하게 된다. 자유로워진 사회문화 속에서 잉여 에너지(돈과 시간, 열정 등을 총칭)를 지나치게 자기 자신에게만 쏟고 있는 것이 아닌가 생각한다. 개인의 출세에만 몰입되어있는 듯하다. 자기를 벗어나서 타인과 조직이나 공동체를 사랑하고, 그곳에 에너지를 사용하는 지혜가 필요하다.

여성들 사이에서 '여성의 적(敵)은 여성'이라는 말을 가끔 듣게 된다. 앞서가는 여성에게서 동료의식이나 공동체의식을 느끼지 못하자 다른 여성이 그 여성의 발목을 잡는 일이 벌어지는 것이다. 여성들을 여성 전체를 공동체로 인식하고 여성 전체가 함께 성장하고 같이할 공동체라는 인식이 필요하다. 현재와 같은 상황에서는 여성 전체의 파워가 성장하기 어렵고 그 속도가 너무 느리다. 뛰어난 개인만 드러나고 여성 파워는 성장하지 못한다.

둘째는 의식 수준이 자기 자신을 넘어선 일부 여성들도 역시 그 잉여 에너지가 공동체로 모이지 못하기는 매한가지다. 기껏해야 가족과 자녀들에게만 에너지가 지나치게 투사되고 있다는 생각이다. 금전에 대한 맹신, 사교육에 대한 지나친 교육열 등이 여성들에게만 책임을 물을 일은 아니라 할지라도, 여성들의 치맛바람, 타인과의 비교의식, 학력에 대한 열등감 등과 무관하지 않다고 생각한다. 이런 곳에 사용되는 에너지가 사회 변화와 개혁의 에너지로 사용된다면 실로 그 결과는 놀라울 것이다.

5. 맺음말

ESG 경영은 앞으로 한동안 더욱더 우리 사회에서 가열차게 주장되며 전개될 것이다. 지속가능경영의 가치 아래 국내적으로 기업 간 경쟁은 심화될 것이고, 그 영향은 국가 간에도 더욱 확대될 것이다.

오행(伍行)이론으로 볼 때, 앞으로의 세상은 여성을 중심으로 돌아갈 것이고, 여성의 파워는 상상할 수 없을 만큼 커질 것이라고 예상된다. 주도권 관점에서 보면 여성과 남성은 뜨는 해와 지는 해에 비유될 수 있을 것이다. 하지만 지금처럼 여전히 세상은 여성과 남성이 반반을 이루어 살아가고 있다. 분석심리학적 관점으로 본다면 남성 속에 여성이 있고 여성 속에 남성이 있으니 모양만 다른 뿐 같다고 볼 수 있다. 모두의 행복을 위하여 지금까지와는 다른 철학과 인식 그리고 다른 삶의 태도로써 변화하는 세계를 맞아야 할 것이다.

ESG 경영 부문에서 지금은 우리나라가 다른 나라에 비해서 조금 뒤처진 듯 보일지라도 우리는 빠르게 따라잡을 것이라고 생각한다. 그러기 위해서 이제부터는 남녀가 서로 다름을 인정하고 각각의 특성을 가진 평등한 존재로 살아가는 방법을 모색해야 할 것이다. 우리나라 여성들의 더욱 힘찬 날갯짓을 기대해본다.

 ESG는 초기에는 부담만 주는 것처럼 보일 수 있지만, 길게 보면 기회이자 투자다(매일경제 ESG팀, 2021). 한국기업은 지배구조(Governance, 투명경영)가 여전히 열악하고, 사회(Social, 사회적 책임)와 관련해서는 여성의 사회참여, 근로자 복지증대, 세대 간 갈등 등이 더욱 확대되어야 할 것이다(매일경제 ESG팀, 2021).

참고문헌

- 매일경제 ESG팀, 『이것이 ESG다』, 매일경제, 2021.
- 리베카 헨더슨, 『하버드 ESG경영수업- 자본주의대전환』, (임상훈), 어크로스, 2021.
- 로잘린드 마일스, 『세계 여성의 역사』, (신성림), 파피에, 2020.
- 한국여성연구소 여성사연구실, 『우리 여성의 역사』, 청년사, 2000.
- 이부영, 『아니마와 아니무스』, 한길사, 2004.
- 박주현, 『음양오행』, 동학사, 2009.
- 한국신석기학회, 「신석기시대는 모계사회인가」, 2002.
- 한국여성정책연구원, 「ESG경영을 통한 성평등 제고방안」, 2022.
- YTN, 2006.3.6.
- 한국교육신문, 2020.10.12.
- 한겨레신문, 2005.7.7.
- 한국일보, 2015.11.30.
- 네이버 백과사전, 두산백과

저자소개

이기춘 LEE KI CHOUN

학력
- 한국기술교육대학교 HRD전문대학원 박사 수료
- 백석대학교 상담대학원 석사 졸업
- 단국대학교 사학과 졸업
- 서울 경신고등학교 졸업
- 대광중학교 졸업
- 서울 명신초등학교 졸업

경력
- 현) 해군 교육사령부 병영생활전문상담관
- 현) 경기대학교 평생교육원 상담심리학부 교수
- 현) (사)한국상담학회 초월영성상담학회 기획위원장&이사
- 전) 한국글로벌사이버대학교 상담심리학부 교수
- 전) LG디스플레이 파주공장 상담실장
- 전) 한국기술교육대학교 전임상담원
- 전) 천안시 청소년상담복지센터 상담원
- 전) HR컨설팅그룹 이사, 헤드헌터
- 전) 기업은행(IBK) 근무

- 전) 사단법인 천안 여성의 전화 이사
- 육군 ROTC 26기

자격
- (사)한국상담학회 전문영역 수련감독(311호)
- (사)제주국제명상센터 명상전문가 2급
- 한국사이코드라마 소시오드라마학회 2급 전문가
- MBTI 일반강사
- 변액보험판매사
- 펀드판매사
- 생명보험대리점
- 손해보험대리점

저서
- 『평생현역 N잡러 도전기』 브레인플랫폼(주), 2023.(공저)
- 『창업경영컨설팅 방법론 및 사례』 브레인플랫폼(주), 2023.(공저)
- 「대학생의 진로·취업상담에 대한 기대 연구」 한국기술교육대학교, 2010.(공저)

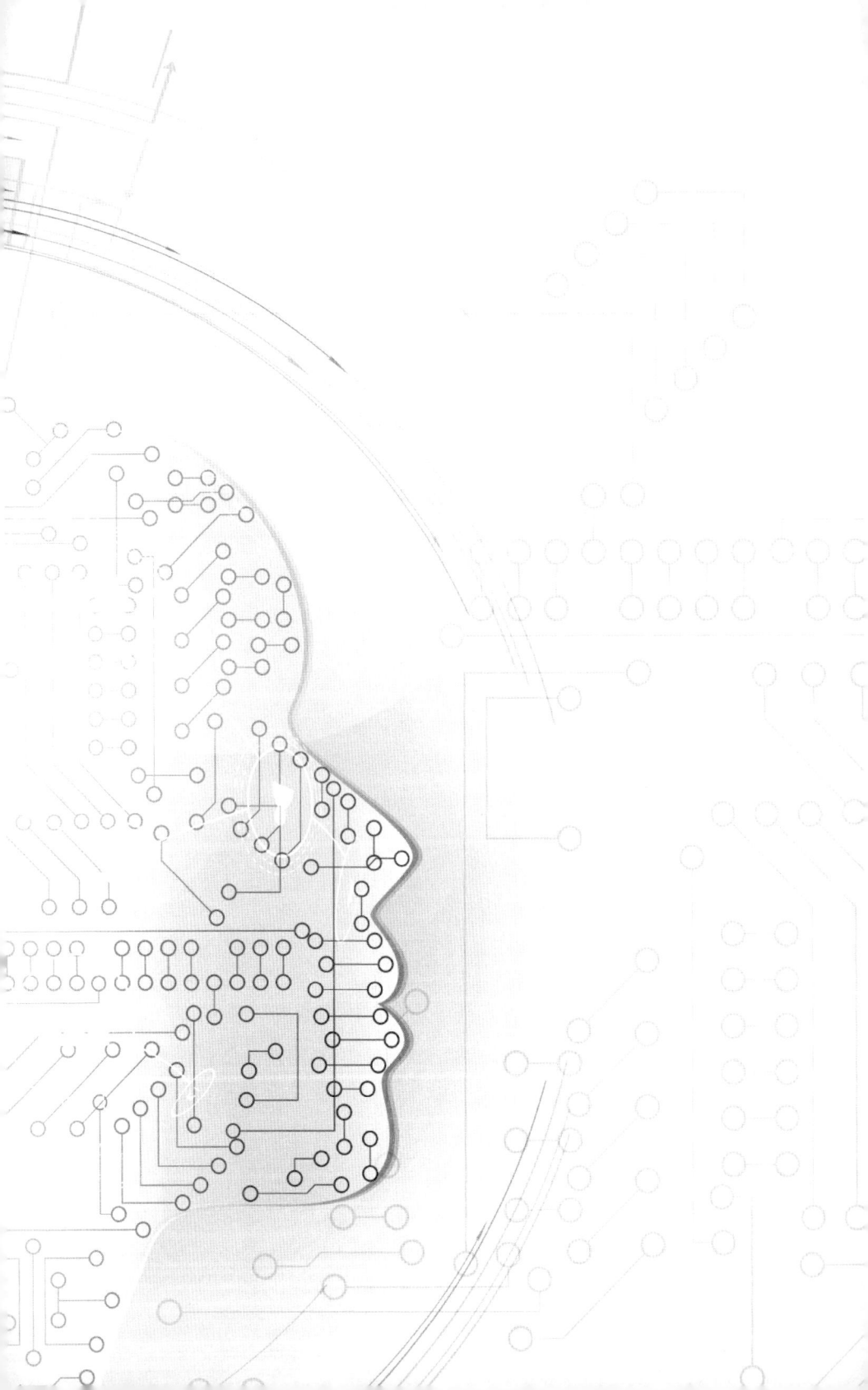

제10장

ESG 경영전략: 사회(S)영역 보고서 작성요령

공호근

1. ESG의 중요성

지난 2023년 4월 IBM의 기업가치연구소가 지속가능성 및 사회적 책임에 대한 태도에 대해 22개국 2,500명의 임원과 20,000명 이상의 소비자를 대상으로 한 설문조사를 분석한 결과에 따르면, 기업의 경영진 70% 이상이 ESG를 비용이 아닌 수익창출 요소로 보고 있는 것으로 나타났다.

경영진 설문조사 결과에 따르면, ESG는 기업의 최우선 요소인 것으로 보고. 응답자의 76%는 ESG가 비즈니스 전략의 핵심이라고 하고, 72%는 ESG를 비용부문이 아닌 수익창출 요소로 접근했으며, 45%는 ESG 노력이 결과적으로 수익성 개선을 가져다줄 것으로 예상하였다. 소비자의 경우에도 지속가능성에 중점을 두고 있는 것으로 나타났는데. 응답자의 약 3분의 2는 환경 지속가능성(68%), 사회적 책임(65%) 등이 그들에게 매우 중요하다 또는 중요하다고 답했다.

이러한 우선순위는 고용 및 소비에 영향을 미치고 있는 것으로 나타났는데, 70% 이상이 환경적으로 지속가능하거나 사회적 책임이 있다고 생각하는 회사에 더 기꺼이 지원하겠다고 말했으며, 40% 이상은 그러한 회사에서 일하기 위해 더 낮은 급여를 받을 의향이 있다고 답했다. 이처럼 소비자들도 구매 및 고용을 결정할 때 기업의 ESG 성과에 중점을 두고 있다는 것을 알 수 있다.

이상과 같이 기업의 이해관계자인 소비자, 투자자, 주주, 정부 등의 ESG에 대한 요구가 강해짐에 따라 기업을 평가하는 기준에 있어서도 ESG 관련 요소들이 반영되고 있으며 ESG는 기업경영의 새로운 패러다임으로서 자리매김하고 있다. 즉 시장에서의 경쟁력을 확보하려면 ESG 경영을 적극적으로 추진하여야 하고, 이와 관련된 인식에 적응하지 못하거나 이해관계자의 요구에 부응하지 못하는 기업은 도태되는 것이다.

ESG 경영에 대한 향후 전망은 어떠한지 'ESG 경제'가 오픈 AI의 챗 GPT에 질문하였다.

"ESG 경영은 최근 몇 년간 지속적으로 성장하고 있는 경영관행이다. 이는 기업들이 환경적, 사회적, 지배구조적 측면에서의 지속가능성을 고려하고 이를 경영전략에 통합하는 것을 의미한다. ESG 경영은 금융시장에서의 투자 유치, 이해관계자들과의 긍정적인 관계 형성, 법적 규제 준수 등 다양한 이점을 제공하기 때문에 많은 기업들이 채택하고 있다. ESG 경영에 대한 관심은 글로벌하게 지속적으로 증가하고 있으며, 투자자들, 소비자들, 정부 기관들의 요구도 함께 증가하고 있다. 특히, 기후변화와 관련된 문제들이 전 세계적으로 중요한 이슈로 대두되면서 ESG 경영의 중요성은 더욱 강조되고 있다.

기업들은 지속적인 환경파괴, 사회적 불평등, 부패 등으로 인해 직면하는 위험과 함께 이를 관리하고 개선할 수 있는 기회를 인식하고 있다. 또한 투자자들은 ESG 성과를 고려하여 투자 결정을 내리고, 소비자들은 더욱 지속가능한 제품과 서비스를 선호하는 경향이 있다. 이러한 요인들이 ESG 경영의 지속적인 필요성을 지속시킬 것으로 예상된다."

이처럼 챗GPT는 ESG 경영이 오랜 시간 동안 지속될 것으로 예상하고 있다.

2. ESG 경영전략

기후변화를 필두로 급변하고 있는 글로벌 사회는 이를 해결하기 위한 강력한 대응을 요구하고 있다. 저탄소사회로의 대전환을 요구하고 있는 현시점에서, 인류공존뿐만 아니라 국내 기업의 경쟁력에 직결되는 것은 지속가능발전목표(SDGs, Sustainable Development Goals)와 적극적으로 연계한 지속적 ESG의 실천이라 할 수 있다.

여기서 지속가능발전목표는 2015년 9월 국제연합(UN) 총회에서 모든 국가, 기업, 개인이 하나가 되어 달성하고자 하는 17개의 목표와 169개의 세부 목표를 말한다. 이는 '우리 세계의 전환: 지속가능발전을 위한 2030 의제(Transforming Our World: 2030 Agenda for Sustainable Development)'라는 주제로 빈곤, 사회발전, 환경, 경제성장, 글로벌 파트너십과 관련된 내용들을 담고 있다. 즉 SDGs는 기후변화, 빈곤퇴치, 불평등 해소, 일자리 창출, 경제성장, 지속가능발전 등을 주된 골자로 하며, 민간의 참여를 요구하는 내용을 포함하기에 기업의 SDGs의 채택을 바탕으로 ESG 개선 노력이 더욱 가속화될 것으로 예측하고 있다.

이처럼 ESG 경영요소들이 경영활동의 의사결정 구조에서 중요한 이니셔티브가 되고, 이를 통한 중장기적인 시장경쟁력 확보의 수단으로 기능한다는 점에서 경영전략을 수립할 때 주요하게 고려해야 하는 핵심요소가 되어가고 있다. 가장 중요한 것은 재무 및 비재무요소들을 통합적으로 고려해 균형 있는 의사결정을 이루는 조직문화와 프로세스를 구비하는 것이다. 지속가능경영을 실현하려면 기업 내에서 이에 대한 인식변화를 바탕으로 전략을 수립해 이행하며, 성과를 창출해 평가하는 선순환을 이루어 중장기 발전 방향성을 정립해야만 한다.

ESG 경영은 ESG 관련 규제에 대응하고 기업의 재무부문에서 ESG 관련 영향을 검토하는 것뿐만 아니라, 제품의 생산을 위한 전 과정에서 각 기업의 상품과 서비스가 사회에 어떠한 영향을 주는지 검토하여야 한다. 그러나 단지 등급평가와 마케팅 위주의 ESG에 대한 접근은 한계가 있다. 진정한 ESG 경영이 구축되기 위해서는 기업의 비전과 목표, 전략 등 경영체계 전반에서 ESG 경영체계에 대한 재설계 작업이 필요하다.

ESG 경영체계 정립방법을 살펴보면, 우선 기업의 미션을 정의하고 ESG 비전 및 목표를 설정한다. 두 번째는 ESG 목표 달성을 위한 전략 방향을 수리하고 구체적인 실행추진과제를 도출한다. 세 번째는 전략과제 실행을 위한 경영 인프라를 구축하고 마지막엔 대내외 이해관계자 커뮤니케이션 체계를 확립한다.

이처럼 ESG 경영전략을 수립하고 그에 맞는 활동이나 실행모델을 찾기 위해서는 기업의 이해관계자 분석이 가장 중요하다. 이해관계자 분석에서 가장 중요한 사안은 리스크 관점 혹은 기회 관점의 인식과 활동을 정량 데이터 및 비정량 데이터 정보를 종합적으로 분석해 중요한 이슈와 영역의 우선순위를 결정하는 일이다. 기업은 글로벌 의제, 사업 분야별 특징, 글로벌 기업들의 동향, 주요 국가별 이슈나 동향을 포함해 중장기 메가트렌드 관점에서 중점영역을 선정하고, 그에 대한 사업전략별 연계를 통해 실행전략 과제를 구체화해야 한다.

챗GPT에서는 ESG 경영전략을 구축하는 방법에 대해 다음과 같이 제시하고 있다.

ESG 특성 식별

기업의 ESG 특성을 식별하고 평가하는 것이 최초의 단계이다. 기업은 환경, 사회, 지배구조 관련 주요 이슈를 식별하여 해당 분야에서 어떤 영향을 미치고 있는지 파악해야 한다. 이를 위해 주요 이해관계와의 대화, 외부 리서치, ESG 보고 등을 검토할 수 있다.

전략 수립

ESG 요인을 고려하여 기업의 비전, 목표, 전략을 개발한다. ESG 전략은 기업의 장기적인 성공을 위해 ESG 문제에 대한 철저한 비전과 목표를 제시해야 한다. 예를 들어, 기업은 환경적 영향을 나타내는 친환경 제품을 개발하기 위해 탄소표시를 감소시키는 목표를 지정할 수 있다.

확장 및 통합

ESG 전략은 기업의 모든 자금과 업무에 통합되어야 한다. 기업은 이를 위해 내부 프로세스와 시스템을 개선하고 ESG 책임을 분명히 해야 한다. 임원진과 조직 내 모든 구성원의 참여와 협력이 필요하다.

성과측정 및 보고

ESG 실천전략의 성과를 측정하고 보고하는 것이 중요하다. 기업은 ESG 지표를 설정하고 정기적으로 추적하여 목표달성 정도를 확인해야 한다. 이러한 정보는 기업의 투자자, 이해 당사자 및 시장에 대한 소득 제공, 기업의 지속가능성을 담보하는 데 도움이 된다.

생태계 개선

ESG 관리전략은 공동으로 발전해야 한다.

기업은 최고수준으로 ESG 성과를 개선하고 더 높은 수준의 목표를 설정해야 한다. 또한 외부요인의 변화에 대응하고 새로운 기회와 도전에 대처하기 위해 ESG 전략을 업데이트해야 한다.

결국 ESG 경영활동이란 ESG 경영전략과 ESG 정보공시를 통해 기업가치를 제고하는 것이라 할 수 있는데, 성공적인 ESG 경영활동을 위해 기업은 ESG 비전수립부터 이해관계자 커뮤니케이션 방안까지 ESG 경영체계를 갖추고, 전략과제를 실행해야 한다. ESG 경영전략 수립을 위해서는 먼저 기업이 시장에서 어떤 수준의 ESG 평가를 받고 있는지 어디에 중점을 두고 ESG 경영전략을 전개해야 하는지 판단해야 하는데, 이를 위해서는 ESG 진단이 선행되어야 한다.

3. 지속가능보고서 사회(S)영역 보고서 작성

1) 사회(S)영역의 중요성

그동안 국내 기업 ESG 활동은 대부분 환경(E) 분야에 집중돼있지만, 최근 ESG 활동이 기업경영의 핵심적인 화두로 부각하며 사회적 책임(S)과 지배구조(G) 분야의 중요성이 점점 더 커지고 있다. 전국경제인연합회가 모노리서치에 의뢰해 지난 2023년 4월 12~17일 1,000명을 상대로 실시한 '자유시장경제와 기업 역할에 관한 국민인식 조사' 결과, 응답자의 87.3%는 '사회적 책임의 이행 수준이 높은 기업의 제품을 우선 구매하겠다'고 답했다. '기업의 사회적 책임이 개인 삶의 질과 행복에 긍정적 영향을 미친다'에 답한 응답자도 87.5%에 달했다. 앞으로 기업들이 강화해야 할 사회적 책임 분야로는 고용안정과 양질의 일자리 제공(20.8%), 오염방지와 기후변화 대응(18.4%), 법규 준수와 윤리경영(14.3%) 등을 꼽았다.

기업들이 지속가능한 성장을 담보하기 위해서는 사회적 책임 이행을 강화할 수밖에 없다는 것을 알 수 있다. 유럽에서는 무엇이 사회적으로 지속가능한 경제활동인지 구분하는 '사회 분류체계(Social Taxonomy)' 초안을 2021년 발간할 만큼 'S' 분야가 점점 중요해지고 있다. 미국에서도 DE&I(Diversity, Equity, Inclusion)를 중시하는 움직임이 증가하고 있다. 이를 단적으로 보여주는 것이 'S'에 주목하는 글로벌 보고서들이다. ESG, 특히 'S'는 기업의 리스크 관리 프레임워크에서 매우 중요한 역할을 하면서 자본비용을 낮추는 것이 증명되고 있기 때문에, 기업들은 사후 대응적인 입장에서 전향적인 자세로 전환해야 한다고 주장한다. 이는 이해관계자들에 대한 투자는 단기적인 비용이 될 수도 있지만, 장기적으로는 기업에 이익이라는 것이다. 기업이 사회에 미치는 영향을 이해하고 그 영향을 개선하기 위한 조치를 취하는 것이 중요하다 할 수 있다.

사회적 책임은 기업이 노동권, 인권, 젠더 이슈 등 사회문제를 인식하고 실천함으로써 주체적으로 사회 정의를 실현하는 것을 가리킨다. 이는 공정과 투명성을 중시하는 밀레니엄세대 부상과도 밀접하게 연관돼있다.

ESG 경영에 대한 공개는 기업과 관련 이해관계자 모두에게 이익이 될 수 있는데, ESG와 관련해 지속가능성을 보고하는 것은 내외부의 의사결정, 투명성 제고, 재정 안정성 강화를 포함해 사회적으로도 지속가능성에 기여할 수 있기 때문이다. 또한 ESG 경영 관련 기업정보를 공개하는 것은 기업의 명성을 높이고 높은 재무성과를 창출함과 동시에 경쟁력 우위를 창출할 수 있다. 이에 다양한 경제활동이 복잡한 공급망을 통해 이루어지고 있는 오늘날, 기업 규모와는 무관하게 ESG 및 SDGs에서 비롯되는 비즈니스 환경 변화에 많은 영향을 받을 것으로 예측된다.

성과측정 및 보고와 관련, 국내·외 600여 개 이상의 평가지표가 운영되고 있으나, 2021년 12월 정부관계부처 합동으로 'K-ESG 가이드라인'이 제시되었다. 즉 국내·외 주요 13개 평가지표와 공시기준 등을 분석하여 공통적이고 핵심적인 61개 사항을 마련하여 국내 상황을 고려한 ESG 요소를 제시하고 각 분야별 전문가, 전문기관, 관계부처 의견 등을 반영하여 글로벌 기준에 부합하면서도 우리 기업이 활용 가능한 문항으로 구성하여 산업 전반의 ESG 수준 제고를 위한 범용적 가이드라인을 제시한 것이다.

이 중에서 사회(S)영역의 9개 범주 22개 진단항목에 대한 보고서 작성요령을 살펴보면 다음과 같다.

2) 작성요령

(1) 목표(항목 - 목표 수립 및 공시)

본 항목의 측정내용은 조직이 중요하게 생각하는 사회분야의 이슈에 대하여, 재무적 가치와 사회적 가치의 균형점을 찾는 구체적인 목표를 설정하고, 이를 달성하기 위한 노력을 하는지 확인하고, ESG 지속가능경영보고서를 통해 도출된 중요한 사회분야 이슈에 대해서 정성·정량적인 목표를 투자자, 고객 등 이해관계자에게 공개하고 있는지 점검한다.

성과점검은 ESG 보고서를 통해 사회분야 핵심토픽에 대한 목표 및 성과 관리 현황을 측정한다.

조직이 수립할 수 있는 사회분야 목표와 관련된 핵심이슈는 인권 리스크 저감, 구성원 다양성 증진, 차별 및 괴롭힘 방지, 산업재해율 저감, 협력사 ESG 지원, 동반성장 및 상생협력, 지역사회 투자 확대, 개인정보 유출 최소화, 소비자 정보 제공, 제품 품질 및 안전 증진 등이다.

목표는 다음의 조건을 충족하여 수립해야 한다. 목표는 조직 구성원이 무엇을 해야 하는지 이해하기 쉽고, 구체적이어야 하고, 주어진 자원과 여건상 현실적이고 달성 가능해야 하며, 목표 대비 이행현황이 측정 가능한 계량적 형태여야 한다. 또한 목표달성에 필요한 시간제한이 명확해야 하며, 목표달성을 통해 기대되는 효과와 영향력을 추정할 수 있어야 한다.

조직이 수립한 목표 수준의 타당성, 신뢰성, 영향력을 확인하기 위해서는 조직의 목표가 글로벌 합의에 준하는 수준인지(예: ILO 기준에 따른 아동노동 금지), 국내외 법·규제를 준수하는 수준인지(예: 중대재해 처벌 기준 준수), 동종산업 평균에 맞춘 수준인지, 산업 내 최고 기업을 지향하는 수준인지를 검토해볼 수 있다.

단기와 중장기라고 구분하는 기간은 통상 연간 단위로 구분될 수 있다. 단, 조직이 직면한 대외환경, 산업경쟁, 기술개발 수준 또는 조직이 추구하는 경영방식, 업무관행, 성과관리 기준 등에 따라 단기와 중장기 기간은 달리 정의될 수 있다.

(2) 노동(항목 ① 신규채용 및 고용 유지)

본 항목의 측정내용은 조직이 신규채용을 통해 지속적 성장에 필요한 인적자본을 축적함과 동시에, 지역사회의 일자리 창출, 고용 안정성 증내에 기여하고 있는지 확인하고, 조직이 창출한 부가가치를 채용에 투자하고 있는지, 조직의 고용규모가 안정적인지 점검한다. 성과점검은 조직의 직전 1개년 신규채용 지수 및 고용규모가 산업평균 초과인지, 지난 5개년 간 부가가치 증감률 대비 신규채용률이 증가추세에 있는지 측정한다. 이와 관련 데이터는 ① 신규채용 지수=(해당연도 신규채용 인원/전년도 신규채용 인원)/(해당연도 부가가치/전년도 부가가치), ② 고용규모=해당연도 총인원-전년도 총인원 등과 같이 계산한다.

여기서 새로운 인력이란 통계청의 경제활동인구조사 근로 형태 중 비정규직 형태를 제외한 기간의 정함이 없는 임금근로자를 통칭하는 모든 정규직 채용을 대상으로 한다. 조직은 신규채용과정에서 나이, 성별, 지역, 학력, 재산 등을 사유로 차이를 두지 않아야 한다. 「채용절차의 공정화에 관한 법률」 제4조의3에서는 구직자에 대하여 ① 용모, 키, 체중 등 신체적 조건, ② 출신 지역, 혼인 여부, 재산, ③ 가족의 학력, 직업, 재산 등의 정보를 기재하거나 요구하여서는 안 된다고 명시하고 있다.

(3) 노동(항목 ② 정규직 비율)

본 항목의 측정내용은 정규직 근로자의 비율 확대가 조직과 사회의 지속가능성에 긍정적 영향을 미친다는 가정하에 조직이 정규직 확대를 통해 지역사회의 고용 안정성 증가와 비정규직 근로자의 문제에 기여하고 있는 정도를 확인하고, 조직의 전체 인력 대비 정규직 비율을 점검한다. 성과점검은 국내외 모든 사업장을 기준으로 정규직 비율을 확인한다. 여기서 관련 데이터는 '정규직 비율=(해당연도 말 기준 총 근로자 수-한시적 근로자 또는 기간제 근로자)/해당연도 말 기준 총 근로자 수' 등과 같이 계산된다.

본 항목에서 사용하는 정규직의 정의는 통계청 경제활동인구조사 근로 형태에 따라 한시적 근로자, 시간제 근로자, 비전형 근로자(파견·용역 등) 등 비정규직을 제외한 기간의 정함이 없는 임금근로자를 통칭한다.

본 항목과 관련하여 우리나라에서는 비정규직 근로자의 근로조건 개선과 고용안정, 권익 보호를 주요 목적으로「기간제 및 단시간근로자 보호 등에 관한 법률」,「파견근로자보호 등에 관한 법률」,「노동위원회법」등 관련 법률이 제정되어 시행되고 있다.

(4) 노동(항목 ③ 자발적 이직률)

본 항목의 측정내용은 조직의 인적자원 관리 수준이 산업평균 대비 적정한 수준을 유지하며 관리되고 있는지 확인하고, 산업적 특성이 반영된 구성원이 자발적으로 조직을 이동하는 자발적 이직률을 점검한다. 성과점검은 국내외 모든 직원에 대하여 자발적 이직률 증감 추이를 분석하며, 동종산업 평균과 비교하여 자발적 이직률의 상대적 수준을 측정한다. 여기서 관련 데이터는 '자발적 퇴사(이직)율=해당연도 총 자발적 퇴사자(이직자) 수/해당연도 말 총직원 수' 등과 같이 계산한다.

본 항목은 조직의 직전 1개년도 '동종산업 평균퇴사(이직)율'을 활용하여 산업평균 대비 이직률(퇴사율)을 비교·확인하고, 5개년 간의 이직률 추세를 함께 점검함으로써 조직의 상대적인 인적자원 관리 수준을 확인하고자 한다.

조직의 이직률(퇴사율)은 산업분류, 사업특성, 생산규모에 따라 영향을 받을 수 있다. 따라서 조직의 이직률(퇴사율)이 산업 내 어떠한 수준에 있는지 점검하는 방식에는 산업평균과 비교하는 방식, 조직의 과거 퇴사율과 비교하는 방식, 조직이 자체적으로 수립한 목표 대비 달성도를 비교하는 방식, 조직이 벤치마킹하는 경쟁조직과 비교하는 방식 등이 있다.

글로벌 ESG 정보공시 표준 이니셔티브인 GRI(Global Reporting Initiative)에서는 보고기간 동안 자발적인 경우와 비자발적인 경우를 포괄한 조직의 이직률을 공개하도록 하고 있으며, 이직률 정보를 나이, 성, 지역별로 구분하여 공개하도록 요구한다. 만일 연령이나 성별 간 이직률의 큰 차이가 발견될 경우 조직에 잠재적인 불평등, 차별 등이 존재할 수 있다는 것을 의미한다.

(5) 노동(항목 ④ 교육훈련비)

본 항목의 측정내용은 조직이 미래 경쟁력 및 지속가능성 확보를 위해 구성원의 교육 및 훈련에 얼마나 투자하고 있는지 확인하고, 상대적 비교 가능성이 높은 '원 단위' 개념을 적용하여 인적자본 관리 기본 진단 항목인 구성원 수 기반의 1인당 교육훈련비를 점검한다. 성과점검은 최근 5개 회계연도의 1인당 교육훈련비 추세를 함께 고려하여 조직이 과거 5개년의 1인당 교육훈련비 데이터를 관리하고 있는지 동종산업 평균과 비교하여 1인당 교육훈련비 지출의 상대적 수준을 측정한다. 여기서 1인당 교육훈련비는 '직전 1개년도 교육훈련 지출 비용/해당연도 말 총구성원 수'로 계산한다. 또한 과거 5개년도의 1인당 교육훈련비 추세를 함께 반영하여 점검할 수 있도록 하였다.

본 항목에서의 산업평균 대비 1인당 교육훈련비 이외에도 조직의 교육훈련비 수준을 점검하는 방식에는 조직의 과거 교육훈련 비용과 비교하는 방식, 조직이 자체적으로 수립한 목표 대비달성도를 비교하는 방식, 조직이 벤치마킹하는 경쟁조직과 비교하는 방식 등이 있다.

GRI에서는 조직 구성원 1인 기준의 연간평균 교육훈련 시간과 직무교육 프로그램에 대한 정보를 공개하도록 요구한다. GRI는 훈련을 통해 구성원의 지적기반을 증대시키고 인적자원을 유지 및 개선하는 일이 조직의 발전을 위한 핵심과정이라고 명시하며 교육훈련의 중요성을 강조하고 있다.

(6) 노동(항목 ⑤ 복리후생비)

본 항목의 측정내용은 조직이 임직원의 업무환경 및 근무조건 개선을 통해 직원 만족도를 높이고 있는지를 점검하는 항목으로 법률상 강제성이 있는 법정 복리후생비를 제외한 조직별 복리후생비를 확인한다. 성과점검은 상대적 비교 가능성이 높은 '원 단위' 개념을 적용하여 인적자본관리 기본 진단항목인 구성원 수 기반의 1인당 복리후생비를 점검하고 조직의 과거 5개년 간 1인당 복리후생비가 증가 추세에 있는지, 동종산업 평균과 비교하여 1인당 복리후생비 지출의 상대적 수준을 측정한다. 여기서 '1인당 복리후생비=직전 회계연도 복리후생비/직전 회계연도 말 총구성원 수' 등으로 계산한다.

복리후생은 법정 복리후생과 그 외의 복리후생으로 구분할 수 있다. 법정 복리후생에는 퇴직금, 연차휴가, 육아휴직, 출산 전후 휴가, 직장어린이집 설치 등 「근로기준법」, 「남녀고용평등과 일·가정 양립 지원에 관한 법률」 등의 관계 법령에서 확인할 수 있는 제도들이 있으며, 그 외의 복리후생으로는 의료비 지원, 학자금 지원, 경조사 지원, 심리상담 등 상황과 여건에 따라 조직별로 다양한 제도들이 선택적으로 운영되고 있다. 본 항목의 복리후생은 법정 복리후생과 각 조직이 자율적으로 운영하는 복리후생 모두를 의미한다.

본 항목에서의 산업평균 대비 1인당 복리후생비 이외에도, 조직의 복리후생비 수준을 점검하는 방식에는 조직의 과거 복리후생 비용과 비교하는 방식, 조직이 자체적으로 수립한 목표 대비 달성도를 비교하는 방식, 조직이 벤치마킹하는 경쟁조직 대비 비교하는 방식 등이 있다.

(7) 노동(항목 ⑥ 결사의 자유 보장)

본 항목의 측정내용은 조직의 직원이 유엔의 '세계인권선언' 제20조에서 제시하는 결사의 자유를 보장받을 수 있는지, 근로자 이해 대변 및 협력적 노사관계 형성·유지를 위한 협의 기구가 있는지 확인한다. 결사의 자유 보장은 근로자가 주체가 되어 자주적으로 단결하여 근로조건의 유지·개선, 기타 근로자의 경제적·사회적 지위의 향상을 도모함을 목적으로 조직하는 노동조합의 설립 및 정당한 노동조합활동을 보장하고 있는지를 점검하며, 노사협력은 아울러 「근로자참여 및 협력증진에 관한 법률」에 따른 노사 협의 기구인 노사협의회의 설치 및 실질적인 운영을 통한 노사 파트너십 수준을 점검한다.

성과점검은 결사의 자유 보장 수준을 확인하기 위해 노동조합 조직, 단체협약 체결, 체결된 단체협약의 성실한 이행 등을 측정하고, 이와 병행하여 노사협력 수준을 측정하기 위해 노사협의회가 설치되어 관리되고 있는지, 정기회의 개최 등 실질적인 운영 수준 등을 측정한다. 여기에는 노동조합 가입·설립, 단체교섭 및 단체협약 체결, 단체협약 위반 여부, 노사협의회 설치 및 정기회의 개최, 노사협의회 의결(합의) 여부 등이 포함된다.

해당 항목에서는 근로자가 노동조합을 조직하거나 두 가지 가입 형태에 따른 노동조합 가입을 모두 인정하고 있다. 다만, 근로자가 자발적으로 노동조합을 조직하지 않거나 이에 가입하지 않은 경우에는 '노사협의회 설치·운영'을 점검기준으로 적용할 수 있다.

노사관계 당사자는 체결된 단체협약의 내용 중 임금·복리후생비·퇴직금에 관한 사항, 근로 및 휴게 시간, 휴일 및 휴가에 관한 사항, 시설·편의제공 및 근무시간 중 회의참석에 관한 사항 등 법률에서 정하는 사항을 위반하여서는 아니 된다.

노사협의회는 근로자와 사용자 쌍방이 참여와 협력을 통하여 노사 공동의 이익 증진을 도모하기 위한 노사 간 협의 기구로서, 「근로자참여 및 협력증진에 관한 법률」에 따라 상시 30명 이상의 근로자를 사용하는 사업이나 사업장은 의무적으로 설치·운영하여야 한다.

노사협의회는 사용자 및 근로자 위원을 각 3인 이상 10인 이하의 범위에서 동수로 선출 또는 위촉하여야 하며, 위원 구성이 완료되면 노사협의회를 개최하여 노사협의회 규정을 제정하고 이를 고용노동부 장관에게 신고(15일 이내)함으로써 그 설치가 마무리된다.

노사협의회는 법률에 따른 협의, 의결사항 등에 대해 3개월마다 정기회의를 개최하여야 하고 필요에 따라 임시회의를 개최할 수 있다. 이때 회의의 개최 일시 및 장소, 출석 위원, 협의 내용 및 의결된 사항, 그 밖의 토의사항을 기록한 회의록을 작성하여 3년간 보존하여야 한다.

(8) 다양성 및 양성평등(항목 ① 여성 구성원 비율)

본 항목의 측정내용은 조직의 중장기적 성장 및 새로운 사업기회 발굴에 필요한 창조적이고 혁신적인 조직문화를 위해 모든 직급의 구성원 다양성이 관리되고 있는지 확인한다. 이것은 국내 인구 구조적 특성을 고려하여, 다수의 다양성 기준 중 성별에 따른 다양성 현황을 점검하고, 이를 위해 조직의 남성 구성원 대비 여성 구성원(또는 여성 구성원 대비 남성 구성원)이 차지하는 비율을 직급별로 점검한다. 성과점검은 조직의 전체 구성원 중 여성 비율과 미등기임원 중 여성 비율의 차이를 측정한다. 여기서 '여성 구성원 비율=직전 회계연도 말 여성 구성원 수(전체, 미등기임원)/직전 회계연도 말 총구성원 수(전체, 미등기임원)' 등으로 계산한다.

조직은 직급별, 직무별, 근속연수별, 지역별 여성 구성원 비율을 기준으로도 '여성 구성원 비율' 성과를 점검할 수 있다. 단 조직의 인사제도 개편, 조직문화 개선 등으로 인해 직급체계가 변경된 경우, 개별 조직이 운영하는 직급체계를 '사원, 대리, 과장, 차장, 부장'이라는 일반적 기준과 연계해봄으로써 '직급별 여성 구성원 비율'을 산업평균과 비교·분석할 수 있다.

(9) 다양성 및 양성평등(항목 ② 여성 급여 비율)

본 항목의 측정내용은 조직이 다양성 측면에서 소수계층, 사회적 취약계층, 기타 단순한 신체적 차이를 사유로 급여 지급에 차별을 두는 인사제도, 고용 관행이 있는지 확인하고, 국내 인구 구조적 특성을 고려하여, 차별이 발생하는 다양한 사례 중 성별에 따른 급여 차이가 발생하는지 점검하고자 한다. 조직의 남·여 구성원 중 평균 급여액 미만의 급여를 받는 집단을 기준으로 급여 차이를 확인하는 항목으로써, 1인 평균 급여액 대비 '여성 1인 평균 급여액(또는 남성 1인 평균 급여액)' 비율을 점검한다. 성과점검은 조직의 1인 평균 급여액 대비 여성(또는 남성) 1인 평균 급여액 차이를 측정한다. 여기서 여성 급여 비율은 '직전 회계연도 여성(또는 남성) 1인 평균 급여액/직전 회계연도 조직의 1인 평균 급여액' 등으로 계산한다.

본 '여성 급여 비율' 항목 정의서의 '1인 평균 급여액'이란 한국채택국제회계기준(IFRS) 제1019호에서 규정하는 '종업원 급여(단기종업원 급여, 퇴직 급여, 기타 장기종업원 급여, 해고 급여)'를 회계연도 말 구성원 총수로 나눈 값이다.

조직은 직급별, 직무별, 근속연수별, 지역별 여성 급여 비율을 기준으로도 성과를 점검할 수 있다. 조직은 여성 1인 평균 급여액과 전체 구성원 1인 평균 급여액 간 차이가 높은지 또는 낮은지를 내부 관점에서 점검할 수도 있지만, 산업평균 대비, 조직의 과거 연도 대비, 조직이 자체적으로 수립한 목표 대비 등으로도 점검할 수 있다.

(10) 다양성 및 양성평등(항목 ③ 장애인 고용률)

본 항목의 측정내용은 장애인이 능력에 따라 보장받고, 고용되어, 유익하고 생산적인 업무를 통해 합리적인 보수를 받을 권리가 있음에 따라, 조직이 해당 권리 향상을 지원하는지 확인하고, 정부의 장애인 의무 고용률을 기준으로 조직이 해당 사회적 책임을 이행하고 있는지를 점검한다. 성과점검은 조직의 직전 1개 회계연도 장애인 고용률을 법적 의무 고용률과 비교하여 측정한다. 여기서 '장애인 고용률=Σ(월별 장애인 상시근로자 수)/Σ(월별 상시근로자 수)' 등으로 계산한다.

장애인 고용의무제도는 국가·지방자치단체와 50명 이상 공공기관·민간기업 사업주에게 장애인을 일정비율 이상 고용하도록 의무화하고, 미준수 시 부담금(100명 이상)을 부과하는 제도이다. 의무고용률 이상 고용한 사업주에 대해서는 규모에 상관없이 초과인원에 대해 장려금을 지급하며, 매년 「장애인고용촉진 및 직업재활법 시행령」을 통해 기준 연도에 해당하는 의무고용률을 공시하고 있다.

장애인 의무고용률 미준수 조직에게 부담기초액을 기준으로, 장애인 근로자 비율에 따라 부담금을 부과하고 있으며, 조직은 장애인 고용률 성과를 의무고용률과 비교하여 점검하는 방식 외, 동종산업의 장애인 고용률 평균 대비, 조직의 과거 연도 장애인 고용률 대비, 조직이 자체적으로 수립한 장애인 고용 목표 대비 등으로도 점검할 수 있다.

(11) 산업안전(항목 ① 안전보건 추진체계)

본 항목의 측정내용은 조직이 산업인력 손실, 구성원 사기 저하, 생산성 및 품질 하락, 노사관계 악화 등 경제적 손실과 사회적 비용을 예방하기 위해, 안전 리스크 저감 및 건강·복지 증진 등 안전보건 성과개선을 체계적으로 추진하고 있는지 확인하고, 국내외 규격에서 제시하는 안전보건경영시스템 구성요건을 기준으로, 조직이 이를 따르거나 준용하여 안전보건 추진체계를 갖추고 있는지를 점검한다. 성과점검은 조직의 안전보건 관리가 체계적으로 추진되고 있는지 점검하기 위해 경영자 리더십, 근로자 참여, 위험요인 파악 및 제거·대체·통제, 비상조치계획의 수립, 평가 및 개선 여부 등을 측정한다.

효과적인 안전보건관리체계를 구축하고 이행하기 위해서는 경영자가 안전보건경영에 대한 확고한 리더십을 가져야 하고, 모든 구성원이 안전보건에 대한 의견을 자유롭게 제시할 수 있어야 하며, 작업환경에 내재하는 위험요인을 찾아내고 위험요인을 제거·대체하거나 통제할 수 있는 방안을 마련해야 한다. 또한 급박히 발생한 위험에 대응할 수 있는 절차를 마련해야 하며 사업장 내 모든 구성원의 안전보건을 확보해야 한다. 그리고 안전보건관리체계를 정기적으로 평가하고 개선해야 한다.

조직의 안전보건관리체계 우수성을 검증·인증하는 방식에는 국제 규격에 따른 안전보건경영시스템 인증, 제삼자 전문기관의 안전보건경영시스템 검증, 내부전문가에 의한 안전보건경영시스템 심사 등이 있다.

(12) 산업안전(항목 ② 산업재해율)

본 항목의 측정내용은 조직의 안전보건 거버넌스 구축, 중점과제 추진, 업무시스템 구축, 성과점검 및 평가 등 안전보건 추진체계가 효과성을 나타내고 있는지 확인하고, 조직 구성원의 안전보건을 위협하는 요인을 지속적으로 관리하고 재해율을 줄이기 위해 국내외 모든 구성원으로부터 발생하는 산업재해율 추이와 산업평균 비교와 분석을 위한 노력을 하고 있는지 점검한다. 성과점검은 조직의 지난 5개년 간 산업재해율이 감소추세 여부와 산업재해율이 산업평균의 미만인지를 측정한다. 여기서 '산업재해율=(재해자 수/연평균 근로자 수)×100' 등으로 계산한다.

조직이 산업재해 발생 현황을 파악할 수 있는 지표는 다양하며, 국내에서는 대표적으로 재해율을 기본지표로 활용하고 있다. 그 외 조직의 산업재해 발생 현황을 파악할 수 있는 지표로 국내의 경우, 산업재해통계업무처리규정(시행 2001.1.1.)에서 규정하는 것에 따르는데, '도수율(또는 빈도율)=(재해 발생 건수/연 근로시간 수)×1,000,000', '강도율=(총 근로손실일 수/연 근로시간 수)×1,000' 등으로 계산한다.

해외는 Occupational Safety and Health Administration(OSHA), USA 기준을 따르는데 다음과 같다.

- **LTIR(Lost Time Injury Rate)**
  =(Number of LTI/Number of Hours worked)×200,000
  : 사망, 사고(영구장애 동반 사고, 1일 이상 업무 종사할 수 없는 사고 포함)로 인해 업무를 하지 못하게 되는 경우의 비율.
- **TRIR(Total Recordable Incident Rate)**
  =(Number of RI/Number of Hour worked)×200,000
  : 기록해야 하는 사고의 비율, MTC(Medical Treated Case), LTI(Lost Time Injury), FAT(Fatality)을 포함한다.

산업재해통계업무처리규정에 따라 개인 질병, 사업장 외 교통사고, 체육행사, 폭력 행위에 의한 사망, 사고 발생일로부터 1년을 경과하여 사망한 경우는 산업재해에서 제외한다. 조직의 '산업재해율' 관리 성과를 점검하는 방식 중 '산업평균' 및 '연도별 비교'하는 방식으로는 조직의 과거 연도 재해율을 기반으로 수립한 목표 대비, 조직이 지향하는 산업재해 저감 방향성 대비, 조직이 벤치마킹하는 경쟁조직 대비 비교하는 방식 등이 있다.

(13) 인권(항목 ① 인권 정책 수립)

본 항목의 측정내용은 조직이 유엔의 '세계인권선언' 및 '기업과 인권 이행원칙', 'ILO 핵심협약', 'OECD 책임 있는 사업을 위한 실사 가이드라인' 등에 기반하여 인권경영 추진을 선언하는 대외공식적 정책을 제시하고 있는지 확인하고, 조직이 인권 정책을 통해 인권보호가 필요한 이슈에 대해 어떠한 정책적 접근을 하고 있는지 점검한다. 성과점검은 조직의 인권 정책 내 아래의 이슈 중 어떠한 이슈가 다루어지고 있는지 측정하는데, 차별금지, 근로조건 준수, 인도적 대우, 강제근로 금지, 아동노동착취 금지, 결사 및 단체교섭의 자유, 산업안전 보장, 지역주민 인권 보호, 고객의 인권 보호, 기타 등이 포함된다.

본 '인권 정책 수립' 항목 정의서는 유엔, ILO, OECD 등에서 제시하는 인권 분야 이슈에 대해 조직이 공식적인 입장을 제시하고 있는지 확인한다. 조직의 인권 정책은 '인권 이슈에 대한 조직의 정책적 접근방향'을 명확히 설명하는 것 이외에, 추가적으로 형식적·내용적 요건들을 갖출 필요가 있다. 인권경영 추진에 대한 최고 의사결정권자의 공식적 성명서, 인권리스크 저감을 위한 리스크 관리 프레임워크, 인권경영 추진을 위한 거버넌스, 담당조직과 그 역할, 인권침해 관련 고충처리 프로세스, 인권 정책 제·개정일자, 정책문서 관리번호, 정책문서 담당자 및 승인자 등이 포함된다.

(14) 인권(항목 ② 인권 리스크 평가)

본 항목의 측정내용은 조직의 사업운영과 관련되어있는 구성원(직접 고용 임직원, 협력사 근로자, 기타 사업장이 위치한 지역의 원주민 등)이 직면하거나, 또는 해당 구성원에게 잠재되어있는 인권 리스크를 관리하고 있는지 확인한다. 성과점검은 조직이 인권 리스크 평가체계를 구축하고 있으며, 해당 인권 리스크 평가체계에 따라 실제 인권 리스크를 평가 및 개선하고 있는지 점검조직의 인권 리스크 평가체계의 구체성 및 실제 기능 여부를 측정한다.

조직은 세계인권선언, 유엔 기업과 인권 이행원칙 및 국제노동기구, OECD 실사 가이드라인 등 인권·노동 관련 국제표준 및 가이드라인을 참고하여 인권 리스크 평가체계를 구축할 수 있다. 조직의 인권 리스크 평가체계란 진단·실사·개선으로 구성되는 일련의 프로세스를 의미한다.

동 진단은 조직에 잠재해있거나 직면한 리스크는 사업장이 위치한 지역별, 조직의 직무별, 구성원 직급별, 조직의 내부 또는 외부, 조직의 제품 및 서비스별로 상이할 수 있는데 서면 또는 온라인 형태의 질의지를 통해 실시된다. 인권 리스크 실사는 인권 리스크 진단 결과, 고위험으로 추정되는 인권 리스크에 대해 현장을 직접 방문하여 리스크의 사실관계 여부를 평가하는 방식으로 진행된다. 인권 리스크 실사는 현장에서 문서 등 자료를 검토하거나, 관련 구성원을 대상으로 인터뷰하는 방식으로 실시된다. 인권 리스크 개선은 조직은 단기간 내 개선 가능한 리스크를 즉시 개선할 수 있어야 하며, 중장기적 시간이 필요한 경우에는 구체적인 개선계획을 수립해야 한다.

(15) 동반성장(항목 ① 협력사 ESG 경영)

본 항목의 측정내용은 조직이 협력사가 직면한 ESG 관련 리스크를 인지하고 있는지, 협력사에 잠재되어있는 ESG 리스크가 조직에게 전이되는 상황을 미연에 방지하기 위해 노력하는지 확인한다. 조직이 협력사 ESG 리스크 관리체계를 구축하고 있으며, 해당 관리체계에 따라 실제 협력사 ESG 리스크를 진단·실사·개선하고 있는지 점검한다. 성과점검은 조직의 협력사 ESG 리스크 관리체계가 구체화되어있으며, 실제 기능하고 있는지를 측정한다.

조직은 ESG 리스크를 관리할 협력사 범위를 자율적으로 지정할 수 있다. 넓게는 조직의 모든 1차 협력사를 대상으로 ESG 리스크를 관리할 수 있으며, 조직의 전략적 판단하에 사업운영에 중대한 영향력을 행사하는 핵심협력사에 대해서만 ESG 리스크를 관리할 수도 있다.

조직의 협력사 ESG 리스크 관리체계란 진단·실사·개선으로 구성되는 일련의 프로세스를 의미한다. 협력사 ESG 리스크 진단은 조직의 협력사 중 ESG 리스크에 직면해있거나, ESG 리스크가 잠재되어있는 협력사를 파악하기 위해서이다. 동 진단은 서면 또는 온라인 형태의 설문서를 통해 실시된다. 협력사 ESG 리스크 실사는 리스크 진단 결과, 고위험으로 추정되는 ESG 리스크에 대해, 현장을 직접 방문하여 리스크의 사실관계 여부를 평가하는 방식으로 진행된다. 동 리스크 실사는 현장에서 문서 등 자료를 검토하거나, 관련 구성원을 대상으로 인터뷰하는 방식으로 실시된다. 협력사 ESG 리스크 개선 중 단기간 내 개선 가능한 리스크는 협력사와 공동으로 즉시 개선할 수 있으며, 중장기적 시간이 필요한 경우에는 구체적인 개선계획을 수립해야 한다.

(16) 동반성장(항목 ② 협력사 ESG 지원)

본 항목의 측정내용은 조직이 협력사 ESG 관리에 있어 진단·평가·개선으로 이어지는 일련의 프로세스 외, 협력사가 ESG 역량을 갖출 수 있는 지원 방안을 마련하고 있는지 확인하고, 조직이 협력사의 ESG 지원에 대한 의지를 선언하는 것과 함께, 협력사 ESG 지원 전략과 계획이 마련되어있는지를 점검한다. 성과점검은 협력사의 ESG 지원을 구체적이고 체계적으로 추진하는 조직의 노력수준을 측정한다.

협력사 ESG 지원이 구체적이고 체계적으로 추진되기 위해서는, 우선적으로 조직의 협력사 ESG 지원 계획이 수립되어야 한다. 협력사 ESG 지원 계획에는 전략적 방향, 전략 방향 달성을 위한 세부 추진과제, 세부 추진과제 이행현황을 점검할 수 있는 성과관리 지표가 포함될 수 있다.

조직은 협력사 ESG 지원을 위한 별도계획을 수립할 수도 있으며, 동반성장 및 상생협력추진계획 등 기존의 협력사 지원계획 내 ESG 관련 내용을 포함할 수도 있다. 본 '협력사 ESG 지원' 항목 정의서에서는 조직이 '별도의 협력사 ESG 지원 계획'을 마련하는 경우와, '기존 협력사 지원 계획' 내 ESG 관련 내용이 반영되어있는 경우 모두를 인정한다.

조직은 협력사 ESG 지원 계획 수립 시 전략 방향, 추진과제, 성과지표 외에도 아래와 같은 사항을 계획 내 충분히 반영해야 한다. 여기에는 협력사 ESG 지원을 통해 조직 또는 사회가 얻을 수 있는 효익, 1차 협력사, 2차 협력사 등 ESG 지원 대상 협력사 범위, 협력사 ESG 지원 성과를 창출하는 데 소요되는 기간, 협력사 ESG 지원 과제의 효율적 운영을 위한 내·외부 협력체계, 협력사 ESG 지원에 관한 전략 방향 달성 후 출구계획 등이 포함된다.

(17) 동반성장(항목 ③ 협력사 ESG 협약사항)

본 항목의 측정내용은 조직이 협력사 ESG 지원을 상생 및 동반성장에 필요한 핵심요소이자, 사회적 책무로 인식하고 있으며, 이를 위해 중장기적으로 협력사의 성장과 혁신에 필요한 지원을 다각적으로 추진하고 있는지 확인하고, 조직이 중장기적으로 안정적이고 지속가능한 협력사 ESG 지원 의지가 있는지 확인할 수 있는 항목으로서, 협력사와 체결한 협약사항을 점검한다. 성과점검은 협력사와 협약을 통해 ESG 지원을 다각적 방식으로 추진하고 있는지 측정한다.

협력사와 ESG 협약을 할 경우 조직의 지속가능한 공급망 조성을 위해 협력사의 ESG 성과 개선 및 역량 강화 등에 필요한 예산 및 인력 자원과 같은 모든 종류의 협약을 통칭하며, 주요한 협약사항은 아래와 같다.

- ESG 관련 품질관리, 안전보건, 외국어 교육, 직무 및 정보화 역량 강화 교육 등과 같은 교육 지원
- ESG 관련 특허개방, 공동 기술개발, 기술자료 임치 지원 및 기술보호 등과 같은 기술 지원
- ESG 관련 성과개선 인센티브 지급, 상생펀드 운영, 납품단가 연동제 도입 현황 등과 같은 금융 지원
- ESG 관련 각종 대내외 인증서 취득, 검증의견서 발행에 필요한 제반 업무 등과 같은 인허가 지원
- 친환경, 또는 스마트 설비 신규설치, 산업용 장치 구조적 개선 등과 같은 설비·장치 지원

조직이 '협력사 ESG 협약'을 별도로 체결하지 않더라도, 공정거래위원회에서 실시하는 '공정거래협약' 평가대상 기업인 경우 공정거래협약 공표 및 세부 내용에 따라 '협력사 ESG 협약'을 체결한 것으로 본다.

(18) 지역사회(항목 ① 전략적 사회공헌)

본 항목의 측정내용은 조직이 지역사회로부터 사업을 운영할 권리를

획득함과 동시에, 지역사회 일원으로서 공동의 환경·사회문제 해결에 필요한 활동에 앞장서는 등 전략적 사회공헌을 추진하고 있는지를 확인하고, 조직이 사업적 필요와 사회적 기대를 충분히 고려한 사회공헌 추진방향을 수립하고 있으며, 해당 방향에 따라 사회공헌 프로그램이 운영되고 있는지 점검한다. 성과점검은 전략적이고 체계적으로 사회공헌을 추진하려는 조직의 노력수준을 측정한다.

일반적으로 사회공헌의 전략에 포함되는 내용은 사회공헌 미션, 비전 또는 슬로건, 중점 추진분야, 사회공헌 사업전략, 특정 기간 동안의 사업추진 로드맵, 세부 실행계획 그리고 이러한 전략을 통해 달성하고자 하는 사회공헌 사업 목표 및 KPIs, 성과 평가 및 홍보계획, 예산계획 등이 포함될 수 있다.

조직의 사회공헌 비전, 미션 등은 조직의 사업 특성을 고려하여 설정될 필요가 있으며, 조직의 사회공헌분야·영역은 사회공헌 미션, 비전, 슬로건 등의 달성을 위한 방향성을 나타내며, 사업적·사회적 필요를 반영하여 설정될 필요가 있다. 조직은 영리 또는 정치·종교활동이 아닌 아래의 사업활동을 사회공헌분야·영역으로 삼을 수 있다. 단, 일회성·단순기부형 사업은 특수한 경우가 아닌 경우, 사회공헌분야·영역에서 배제할 것을 권장한다.

사회공헌 대표 프로그램은 단계별 추진 로드맵을 수립하여 장기적이고, 지속적인 운영을 전제로 추진될 필요가 있다. 사회공헌 대표 프로그램은 지속적인 모니터링, 성과측정 및 개선을 통해 프로그램 운영 효과성을 제고해나갈 수 있다. 사회공헌 대표 프로그램 성과관리를 위해서는 구체적이고 측정 가능한 성과관리 지표(KPIs)를 설정하고, 이에 따른 이행현황 점검이 정기적으로 이루어져야 한다.

또한 조직은 사회공헌을 효율적으로 추진할 수 있도록, 사회공헌전략 및 프로그램의 제·개정에 관한 최고 의사결정기구 역할, 사회공헌 담당조직의 공식적 업무분장 및 담당조직 전문성 향상 방안, 대외 사회공헌 및 기부 요청을 검토하는 기준·프로세스 운영, 사회공헌 프로그램 직접 운영 또는 위탁운영 관리 기준, 사회공헌에 필요한 기부금 출연 및 집행 기준 등과 같은 실행체계를 갖출 필요가 있다.

(19) 지역사회(항목 ② 구성원 봉사참여)

본 항목의 측정내용은 조직이 봉사활동 프로그램을 기획하여 구성원의 강제적 참여를 요구하는 방식에서 벗어나, 봉사활동 참여 의지가 있는 구성원의 니즈를 충족시켜주기 위해 조직이 기여하는 수준을 확인하고, 구성원의 자율적 봉사활동을 지원하는 인센티브 제도를 운영하고 있는지 점검한다. 성과점검은 봉사활동 참여 인센티브 제도를 다각적으로 운영하고 있는지 측정한다.

여기에는 구성원 KPIs 내 봉사활동 반영, 봉사활동 참여 유급휴가, 봉사활동 참여 비용 지원, 우수 봉사활동 참여자 금전적 포상, 우수 봉사활동 참여자 표창, 자율봉사자 대상 네트워킹 모임 지원, 자원봉사처 연계,

기타 등이 포함된다.

조직의 업무 생산성 향상에 대한 관심, 구성원의 자기결정권 주장, 대외 사회봉사 프로그램의 확대 등에 따라, 조직이 봉사활동 프로그램을 기획하고 구성원의 참여를 강제화하는 방식에서 벗어나서 봉사활동 참여 의지가 있는 구성원에게 자율 봉사활동을 할 수 있는 기회를 제공하는 방식으로 접근할 필요가 있다. 이를 위해 조직은 자원봉사의 본질적인 가치를 훼손하지 않는 범위의 '금전적, 비금전적 또는 이에 상응하는 기타의 인센티브' 제도를 통해 봉사활동에 참여하고자 하는 구성원의 니즈를 충족시킬 수 있다.

또한 조직은 구성원에게 봉사활동 참여를 위한 동기부여를 자극하고 적극적인 봉사활동 참여를 증진시킬 수 있는 조직 분위기를 만들 수 있다. 봉사활동 참여를 희망하는 구성원에게 동기를 부여하는 요인으로는 조직 게시판 및 사보 등을 통해 자원봉사 참여자 현황 및 공로를 알림, 자원봉사에 참여하고 있음을 나타내는 물건 제공, 자원봉사를 수행하는 데 있어 장애요인 발견 및 제거, 자원봉사를 수행하는 과정에서 발생하는 물리적, 사회 관계적 문제 해결, 자원봉사 참여 구성원 간 네트워크를 형성할 수 있는 공간과 시간 제공, 우수 자원봉사 참여 구성원에 대한 금전적·비금전적 포상, 조직 구성원 성과평가지표 내 자원봉사 반영 등이 있다.

조직이 구성원의 봉사활동 참여현황을 정량적으로 참여성과를 점검할 수 있다. 여기서 '봉사활동에 참여한 총 시간은 1인당 봉사활동 투입 시간×투입 인원수, 봉사활동 참여 시간의 금전적 가치:1인당 봉사활동 투입 시간×투입 인원수×최저임금 또는 평균' 등으로 계산한다.

(20) 정보보호(항목 ① 정보보호 시스템 구축)

본 항목의 측정내용은 조직이 보유하고 있는 정보통신망 및 기타 정보자산 등의 안정성 이슈가 강조되고 있음에 따라, 정보자산 해킹, 네트워크 침입 등의 외부공격과 물리적·인적 오류로 인해 발생하는 장애에 대응할 수 있는 체계를 갖추고 있는지 확인한다. 성과점검은 정보보호 최고 책임자(CISO) 선임, 정보보호 시스템 인증, 모의해킹 등 취약성 분석, 정보보호 공시 이행(의무 또는 자율), 정보보호 시스템 사고에 대비하기 위한 보험가입 여부 등을 점검하고 정보통신망 및 기타 정보자산 등을 체계적으로 관리하려는 조직의 노력수준을 측정한다.

정보보호 시스템을 안전하게 운영하기 위한 수단에는 관리적·기술적·물리적 수단이 있다. 이 중 정보보안 설비·장치에 대한 기술적(암호기술, 접근통제, 백업체제 등)·물리적(출입통제, 시건장치, 장비고도화 등) 수단에는 다양한 형태와 방식이 있다. 따라서 본 '정보보호 시스템 구축' 항목에서는 정보보호를 위한 관리적 수단(정보보호 계획의 수립 및 시행)을 중점적으로 다룬다. 여기에는 정보보호 최고 책임자(CISO), 정보보호 시스템 인증, ISMS 인증, 취약성 분석, 정보보호 공시 이행, 정보보안 사고 보험 가입 등이 포함된다.

조직은 조직의 전체사업장 중 정보보호 시스템을 구축하고 있거나, 제삼자 인증을 획득한 비율, 정보보호 시스템에 대한 취약성 분석 및 개선 주기, 정보보안 중요성에 관한 구성원의 인식 수준 등과 같은 방식으로도 정보보호 시스템이 올바르게 운용되고 있는지 확인해볼 수 있다.

(21) 정보보호(항목 ② 개인정보 침해 및 구제)

본 항목의 측정내용은 조직이 관리하고 있는 고객, 협력사 등 다양한 이해관계자의 개인정보 침해에 대한 법·규제 요건을 명확하게 인식하고, 개인정보 침해 사건이 발생하였을 경우 이에 대한 구제활동을 추진하는지 확인하고, 정보보호법상 형벌, 행정상 처분에 대해 가중치를 달리 적용하는 방식으로 '개인정보 침해 및 구제' 현황을 점검한다. 성과점검은 조직의 지난 5개년 간 개인정보보호 관련 법·규제 위반 건수에 대해 처벌수위별 감점 기준을 달리 적용하며, 이를 종합한 감점이 몇 점인지 확인하는 방법으로 측정한다.

「개인정보보호법」에 따르면 개인정보의 범위는 개인에 관한 정보로서 다음에 명시된 정보를 포함한다. 여기에는 ① 성명, 주민등록번호 및 영상 등을 통하여 개인을 알아볼 수 있는 정보, ② 해당 정보만으로는 특정 개인을 알아볼 수 없더라도 다른 정보와 쉽게 결합하여 알아볼 수 있는 정보, ① 또는 ②를 가명 처리함으로써 원래의 상태로 복원하기 위한 추가 정보의 사용·결합 없이는 특정 개인을 알아볼 수 없는 정보(가명 정보) 등이 포함된다.

조직은 확정판결된 개인정보 침해 관련 법·규제 위반 건수 및 처벌수위를 기준으로 성과를 점검할 수 있으며, 이외에도 조직에 심각한 비용 손실을 야기하는 대규모 벌금, 과료, 과태료, 과징금이 부과된(예: 벌금액이 영업이익의 1% 이상인 경우) 개인정보 법·규제 위반 건수를 기준으로 성과를 점검할 수도 있다.

조직은 확정판결된 개인정보 법·규제 건수 외 현재 소송 또는 심리가 진행 중인 개인정보 법·규제 위반 건에 대한 검토의견 및 대응계획을 이해관계자에게 투명하게 알릴 필요가 있다.

(22) 사회 법·규제 위반(항목 – 사회 법·규제 위반)
본 항목의 측정내용은 조직이 재화와 용역을 제공하는 과정에서 준수해야 할 법·규제 요건을 명확하게 인식하고, 법·규제 리스크 해결을 위한 사회영역의 투자·유지·보수활동을 추진하고 있는지 확인하고, 사회영역 관련 법·규제 위반 건 중 조직의 재무구조 및 명성관리에 상당한 영향력을 미치는 사법상 형벌, 행정상 처분에 대해 가중치를 달리 적용하는 방식으로 점검한다. 성과점검은 조직의 지난 5개년 간 사회 법·규제 위반 건수에 대해 처벌수위별 감점 기준을 달리 적용하며, 이를 종합한 감점이 몇 점인지 확인하는 방법으로 측정한다.

사회 법·규제 위반에 따른 처벌수위는 다양한 사회영역 내 범주에서 참고하는 개별 사회분야 법·규제를 통해 확인할 수 있다. 여기에는 「근로기준법」, 「고용상 연령차별금지 및 고령자 고용 촉진에 관한 법률」,

「산업안전보건법」, 「중대재해 처벌 등에 관한 법률」, 「산업재해보상보험법」, 「장애인고용 촉진 및 직업재활법」, 「남녀고용평등과 일·가정 양립 지원에 관한 법률」, 「근로자직업능력 개발법」, 「하도급거래 공정화에 관한 법률」, 「가맹사업거래의 공정화에 관한 법률」, 「대규모유통업에서의 거래 공정화에 관한 법률」, 「소비자보호법」, 「전자상거래 등에서의 소비자보호에 관한 법률」 등이 있다.

조직은 확정판결된 사회 법·규제 위반 건수 및 처벌수위를 기준으로 성과를 점검할 수 있으며, 이외에도 조직에 심각한 비용 손실을 야기하는 대규모 벌금, 과료, 과태료, 과징금이 부과된(예: 벌금액이 영업이익의 1% 이상인 경우) 사회 법·규제 위반 건수를 기준으로 성과를 점검할 수도 있다.

조직은 확정판결된 사회 법·규제 건수 외 현재 소송 또는 심리가 진행 중인 사회 법·규제 위반 건에 대한 검토 의견 및 대응계획을 이해관계자에게 투명하게 알릴 필요가 있다.

이상의 각 항목별 산업평균 또는 경쟁조직의 정보는 각 조직의 사업보고서, 홈페이지, 지속가능경영보고서 등의 공시자료를 통해 확인할 수 있다.

참고문헌

- 권오형, 최재용, 『AI챗봇시대 ESG지속가능경영보고서 작성실무』 광문각, 2023.
- 김보영, 지속가능경제연구소, 『ESG인사이트』 초아출판사, 2023.
- 김재필, 『ESG혁명이 온다』 한스미디어, 2023.
- 이준희 외 4명, 『ESG생존경영』 중앙북스, 2023.
- 강윤지, 김상훈, 「ESG경영, 기업의 성장을 위한 전략」 『Journal of the Korea Convergence Society』 Vol.13, No.4, 2022.
- 관계부처합동, 「K-ESG가이드라인」 Vol.0, 2021.
- 사회적가치연구원, 「S in ESG: ESG경영실무를 위한 Social」 2022.
- 삼정KPMG경제연구원, 「ESG의 부상, 기업은 무엇을 준비해야 하는가?」 『삼정인사이트』 Vol.74, 2021.

저자소개

공호근 KONG HO KEUN

학력
- 부산대학교 행정학사
- 서강대학교 경영학 석사
- Moscow State University of Service 경영학 박사

경력
- 극동대학교 경영학부 교수(겸임)
- 이녹스컨설팅 원장
- 경인여자대학교 교수, HRD연구소장
- 한성대학교 교수
- 현) 한성대학교 지식서비스&컨설팅대학원 교수(특임)
- 서울시 학술용역심의회 심의위원
- 행안부 조직진단 기술용역평가위원
- 경영지도사, 공인노무사 국가자격시험 출제위원
- 경기도경제과학진흥원 성장사업화 평가위원
- (사)한국ESG협회 자문위원 등

자격

- 경영지도사
- 사회복지사
- Human Resource Consultant

저서

- 『취업능력개발론』 삼영사, 2010.
- 『기획력개발의 실제』 명경사, 2011.
- 『역량기반 취업방법론』 한성대학교 출판부, 2014.
- 『역량개발론』 도서출판북넷, 2018.

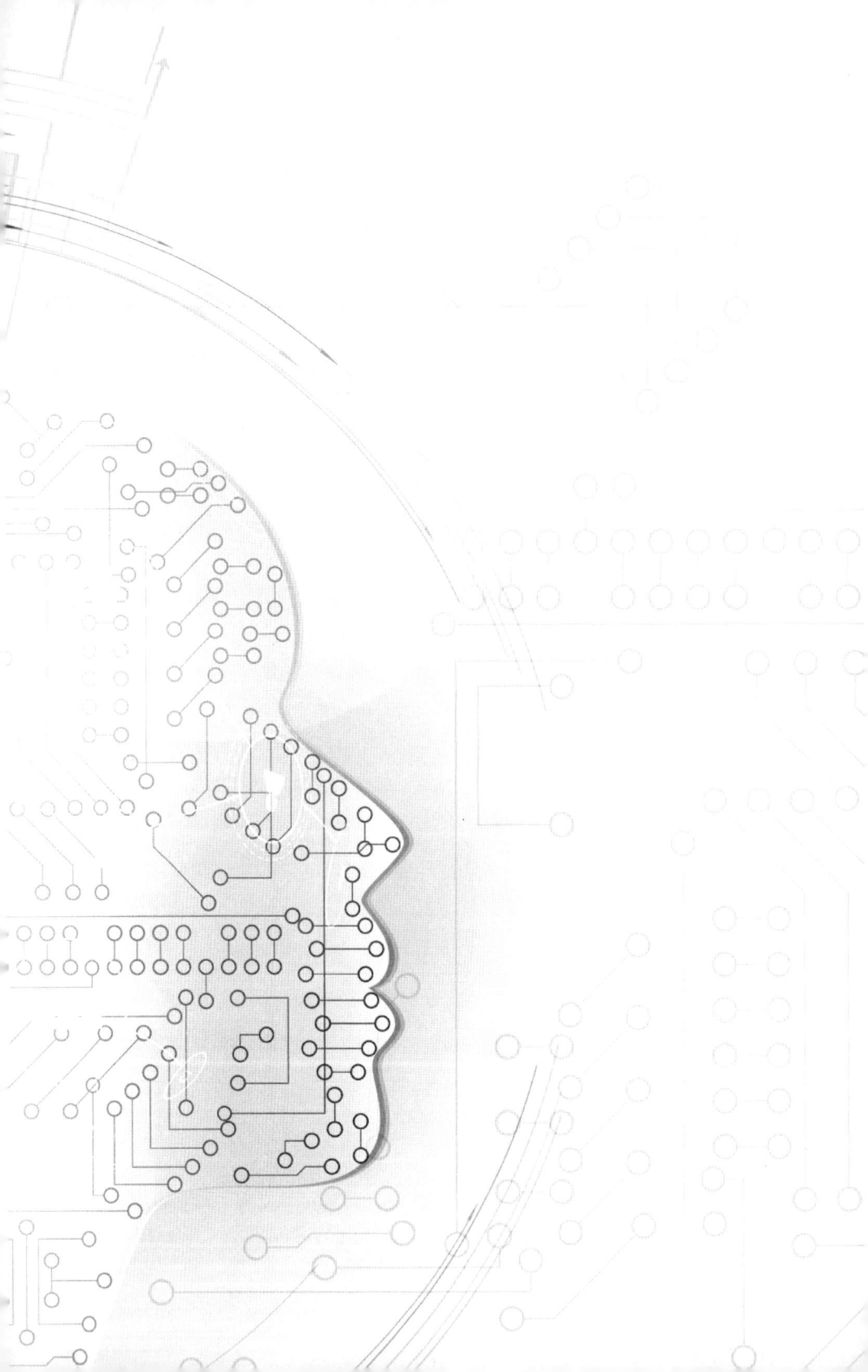

제11장

가면무도회 속의 ESG 전략

김태영

1. 국가 간 경제파워게임과
   자본시장에 대한 이해

ESG의 용어가 처음으로 등장한 것은 2004년 유엔 글로벌 콤팩트 작성보고서에서다.

이에 앞서 환경오염을 심각히 일으키는 중화학공업 등이 급속히 발전하던 시기인 1960~1970년대부터 환경보호 운동이 시작되었다. 1961년에 설립된 세계자연보호기금(WWF)과 10년 뒤인 1971년 시작된 그린피스의 환경운동이 국제사회의 관심을 받기 시작한다. 그러나 이러한 환경운동은 선진국에서의 자성적 의미의 사회운동이었고 개발도상국이나 저개발 국가에게는 관심조차 받지 못하는 상황이었다. 이후 30여 년이 지나 2000년대가 도래하며 중국과 인도의 성장이 존재감을 나타내기 시작한다. 값싼 노동력과 막대한 내수시장은 엄청난 잠재력으로 가파른 경제성장을 이루어냈다.

2010년대 초에는 경제적 연대 움직임이 보이며 얼마 지나지 않아 중국과 인도를 상징으로 하는 BRICs(브라질, 러시아, 중국, 인도, 남아프리카공화국이며 경제규모는 2018년 기준 전 세계 GDP의 32.6%를 차지한다) 연대가 등장하였고 이 중 중국은 미국과 함께 G2의 위치를 차지하는 등 경제체제의 지형을 바꾸어놓았다.

사실 국제 경제지형은 1960년대부터 조금씩 바뀌기 시작하였다. 중동에서는 석유의 가격을 공급자 중심으로 연대하는 오펙이 등장하였으며 곧이어 3세계 국가의 연합체 형식인 아세안 체제가 성립하더니 2015년에는 아세안 경제공동체로 출범하였다(2030년도까지 GDP 5조 달러 달성을 목적으로 하고 있으며 이는 세계 4위 규모다). 유럽에서는 EU 체계의 완성이 서유럽 선진국가의 연합형태가 되어 새로운 통합화폐인 유로화가 탄생한다(영국의 탈퇴로 GDP 규모가 작아졌으나 탈퇴 전에는 전 세계 GDP의 6분의 1 규모를 차지했다).

반면 달러패권으로 기축통화의 위력을 과시하던 미국은 2007년의 금융위기 이래 경제력이 흔들리나 싶었지만 전 세계 GDP의 25%를 차지하고 있다. 단일 국가로는 1위다. 그러나 포브스에 의하면 1960년도 미국의 GDP 전 세계 규모는 40%에 달하였는데 그동안 계속 하락세인 것은 분명하다.

미국의 이런 상황과 달리 중국의 가파른 성장은 미국은 물론 EU에게도 경제적 타격이 상당하였다. 값싼 노동력과 많은 인구를 기반으로 한 중국은 세계의 공장 역할을 하며 다국적 기업의 생산기지가 되었으며 경제규모의 성장 속도는 압축성장이라 할 정도로 재빨라졌다. 무엇보다 공산당 독재 체제의 개방과 폐쇄가 공존하는 상황에서 전 세계로 퍼지는 중국산 상품의 침투력은 재빠르고 규모화되어 중국의 막대한 외화를 유입시켰다. 이러한 힘을 키운 차이나머니는 각 국가의 기간산업을 구성하는 기업들을 닥치는 대로 사들이거나 합병을 시도하게 된다. 이에 대해

각 선진국에서는 중국의 기업 인수 또는 합병을 무산시키기도 하였는데 우리나라의 경우는 쌍용자동차가 합병되어 기술흡수가 된 뒤 매물로 나온 뼈아픈 사례가 있다.

사실, 환경문제 인식은 선진국에서 그 심각함과 폐해들이 사회적 부작용으로 이어졌다. 따라서 환경보존이 가능한 공업화 정책을 실행하거나 해외기지로 오염이 심각한 제조공장을 옮기는 등의 환경개선 정책이 다양한 방면에서 진행되었다. 선진자본의 오염산업 이전을 위한 자본의 움직임은 개도국 또는 저개발국에게는 기회가 되었다. 값싼 노동력으로 어필하고 환경오염문제는 기꺼이 감수했다. 독재정부인 경우에는 노동 인권을 외면하였고 선진국의 기업은 이를 묵인했다.

시간이 지나 저개발국과 개도국은 외국 기업의 상품을 모방 또는 국산화하여 가격이 저렴한 상품을 수출하고 선진국의 시장을 잠식하기 시작하였다. 그중 한국도 해당한다. 초기에는 모자, 신발, 의류 등의 노동집약적인 상품을 OEM 방식으로 수출하다가 중공업화가 이루어진 이후부터 여러 첨단 전자제품과 선박, 반도체, 자동차 등으로 무역흑자를 달성하며 경제성장을 하였다.

한때 한국, 대만, 싱가포르 그리고 홍콩을 '아시아의 4마리의 용'이라고 칭하였는데 현재 한국과 대만은 반도체에 있어 독보적인 경쟁을 하며 전 세계 반도체시장의 판도를 좌지우지하고 있다.

상황이 이렇게 되면 기존의 선진국들은 신흥국의 체계적이고 규모화된 발전이 달갑지 않게 된다. 근대시대 식민지였던 국가들이 자신과 어깨를 견줄 정도의 파워를 가진다는 건 경계의 대상을 넘어 위기로 볼 여지가 클 수밖에 없다. 이러한 상황 때문에 환경보호 협약으로 선진국에 의한 윤리적 방벽을 세운 것 중 하나가 기후협약이다.

기후협약은 범국가적으로 반드시 인류의 미래를 위해 지속해야 하는 정책임이 틀림없으나 탄소배출량을 많이 발생시키는 개발도상국이나 저개발 국가에게는 사다리 걷어차기라는 반발을 사게 된다. 그런데 최대 에너지 소비국 중 하나인 미국의 급작스러운 탈퇴로 기후협약은 그 명분과 힘을 잃게 되었다(2023년 기준 미국은 기후협약에 다시 가입한다는 공표를 한 상태다).

한편 기후협약보다 좀 더 포괄적 개념의 방벽이 만들어지고 있다. BRICs의 연합체제가 만들어지기 직전인 2000년대에 환경적 요인을 포함하고 사회적 책임과 투명한 경영을 하는 회사에 대한 투자지침의 기준의 개념이 마련되었다. 그 결과가 지금에 이르는 ESG 기준이다.

좀 더 들여다보면 이렇다. 최초의 기준은 2006년 유엔이 마련한 UNPRI(UN Principles for Responsible Investment)로 전 세계 주요 금융기관들과 협력하여 제정한 기관투자자의 책임투자 원칙이다. 이 기준은 회계기준에 의한 재무구조를 파악하는 것도 중요하지만 비재무적 지표인 ESG도 투자 시 고려하라는 의미다. 하여, 유엔의 책임투자원칙은 기후협약과 다른 방식으로의 접근을 시도하였고 전 세계 유수의 다국적 기업이 ESG 경영에 본격적으로 참여하게 된다.

이에 앞서 미국을 포함한 유럽연합 등 선진국들의 자본주의 특징과 우리나라의 독특한 자본주의에 대한 차이점을 이해할 필요가 있다. 우리나라는 비교적 금융후진국으로 폐쇄적인 지배구조와 오너 중심의 경영이 세습화되었다. '재벌'이라는 단어가 'Chaebol'로 옥스포드 사전에 등재돼있을 정도다. 순환출자의 구조가 아직도 유지되고 있는 그룹사가 있으며 '오너리스크'라는 세습경영의 한계도 명확하다. 오너가 길거리에서 사람을 폭행하거나 회사직원에게 갑질을 하는 등 경영과 관련 없는 일들이 해당 그룹의 주가에 영향을 줄 정도다.

배당성향 역시 한심하다 할 정도여서 블룸버그의 2015년 보도자료에 의하면 유럽연합을 포함하여 51개 국가 중 50위에 머물러 충격을 주었는데 중국이 43위였다. 배당을 적게 한다는 것은 이익잉여금이 계속 임의적립금 등으로 적립되어 배당을 회피하는 수단으로 사용되는 비중이 높아진다. 이는 기업의 왜곡된 경영으로도 이어지는 기반이 된다.

국내의 한 그룹사가 강남구 삼성동의 한전부지를 매입한 사례가 그렇다. 토지매입을 위해 차입을 하든 이익잉여금 활용을 하든 노른자토지매입은 시세차익을 거둘 수 있지만, 토지를 매각하기 전까지는 그 차익은 미실현 수익이 된다. 당연히 투자자에게는 괘씸한 경영행위가 된다. 토지가격의 상승이 손익계산서에 인식되지 않을 뿐 아니라 배당을 받을 수 있는 금액이 그만큼 줄 수밖에 없는 구조기 때문이다. 역시나 그 부작용은 주식시장에서 그대로 주가하락으로 이어져 해당 그룹이 국내외 주주를 달래기 위한 차원의 설명회를 개최할 정도였다. 이러한 재벌들의 독특한 경영은 그대로 '코리아 디스카운트'로 이어져 한국금융시장의 저평가 요인으로 지목되고 있다.

반면 영국과 미국의 경우는 주주보호주의가 국가적으로나 학계 및 법조계에서도 일찍이 논의가 시작되었다. 소유와 경영이 분리되어야 하는 이유를 조선 고종시대(1880년대)부터 활발히 연구한 것이다.

영국의 경우 여러 회사들이 투자자들에게 '신뢰'를 얻기 위해 경영과 소유의 분리를 강조하여 투자를 유치하였으며 이는 미국의 소유와 경영의 분리보다 좀 더 완성된 상태에서의 출발점을 암시한다. 산업혁명이 가장 먼저 이루어진 국가인 만큼 투자는 규모화될수록 해당 기업에게는 유리하였다(규모화는 자연독점을 이르는 기본경제법칙 중 하나다. 국가에서 철도, 전력, 통신 등을 공기업형태로 운영하는 이유가 독과점 피해를 막기 위해서다). 때문에 기업을 소유하는 것보다 이윤창출을 극대화하여 더 많은 이익을 나누는 것이 더욱 중요했을 것이다.

또한 당시의 영국은 해가 지지 않는 국가라고 칭할 정도로 많은 식민지를 경영하고 있었으므로 투자자의 투자 대상도 영국 국내뿐만 아닌 국외를 아우르는 다국적 기업의 면모를 일찍이 갖추었다. 즉 그 회사의 경영진의 능력이 중요한 것이지 회사를 소유한 사람의 자질이 중요하지 않았다. 소유가 중심이 아닌 투자에 대한 효율과 이윤창출이 우선시되는 너무나 당연한 경제적 담론이었다.

미국의 경우 영국의 그것과는 약간의 궤를 달리하나 소유와 경영의 분리는 보다 명확하고 체계적이었으며 순차화되었다. 소유와 경영의 분리는 미국에서 '기업 섹터의 혁명'으로 칭해지며 1880년대부터 1930년대까지 광범위하게 벌어졌다. 시기가 일부 겹치기는 하나 1915년부터 한국전쟁이 발발한 1950년까지 기업의 분산소유가 활발하게 이루어졌다. 미국에서 급격히 증가한 중산층의 다양한 주식의 매입은 주주보호제도의 중요성을 더욱 부각시켰고 이어 1970년대까지 이러한 소유와 경영의 분리가 공고화되는 과정을 거쳤다. 현재에 이르러서는 경영진의 고액보수가 논란이 될지언정 대주주의 횡포 또는 기업지배가, 소수의 가족기업을 제외하고는, 시스템적으로 불가능하다는 점을 볼 때, 미국의 주주는 한국의 자본주의시장에서의 주주의 위치와는 큰 차이를 보이고 있다.

이런 의미에서 개인이든 기관투자자이든 주식 매입의 주체가 주주라는 점을 볼 때 투자에 대한 기준의 제정은 그 영향력을 무시할 수 없게 되었다. 물론 미국과 영국의 주주보호제도 역시 한계가 있다. 모순적인 상황의 연속, 수정자본주의시대를 거쳐 세계 대공황이나 금융위기 같은 일은 반복되고 있으나 경제위기가 발생할 때마다 재빠른 대처와 보완이 이어지는 것은 명확하다.

이러한 의미에서 유엔이 제정한 기관투자자의 책임투자 원칙은 재무구조의 건전성은 물론 ESG 지표까지 고려해야 한다. 원가의 상승은 소비자에게 전가될 우려가 있음에도 불구하고 현재 이러한 기준을 받아들이고 있는 글로벌 기업들의 적용과 적응을 눈여겨봐야 한다.

2. 기업의 ESG 적용사례 중 'ESG' 관련 협력업체 요구사례

대자본이 집결되어있는 기관투자는 전 세계의 연기금은 물론 여러 펀드 자본에 대해서 높은 매력을 지녀야 주가가치 또는 법률이슈를 사전에 방지할 수 있다. 이에 글로벌 기업들은 투자가치를 지속하기 위해 여러 노력을 벌이기 시작하였다. 효율적 경영을 위한 아웃소싱이 기본적인 그룹들은 협력사(납품사 포함)에 대한 협력을 요구했는데 이에 대해 몇 가지 예를 든다.

- 애플(E)
: 납품하는 부품에 대하여 재생에너지로 제조할 것을 요구, 세계 110개 이상의 협력업체가 100% 재생에너지로 제품생산 중
- 비엠더블유(E)
: 풍력, 바이오가스, 태양광 등 자가 설비와 인증서구매를 통해 100% 재생에너지원 전력 전달 완료 요구
- 마이크로소프트(E)
: 탄소중립 달성뿐만 아니라 탄소네거티브 달성계획 발표, 협력업체 동참 요구

- **나이키(S)**
: 신장에서 생산한 면화 사용금지
- **월마트(S)**
: 인권성명서를 발표하고 협력사에도 준수, 급여 수준의 보장 및 젠더 평등 보장 등
- **넷플릭스(G)**
: 다양성 강화를 위해 5년간 2,000만 달러의 '창작발전기금' 투자 예정
- **스타벅스(G)**
: 2025년까지 흑인 및 소수 인종 직원 채용목표 30% 달성

한편, 국내 자본시장이 개방된 이후 다소 낙후되어있다고는 하나 국내 기업들의 외국인 지분율은 상당하다. 한국거래소에서 공개하는 외국인의 지분율을 보면 코스피 기준 상위 50개 사 중에 외국인 지분이 과반을 넘기는 기업 수가 26개 사에 달한다(2023년 7월 9일 기준). 여기에는 삼성전자(52.85%), SK하이닉스(51.73%)가 포함되어있다. 의결권은 없지만 배당률이 보통주보다 높은 우선주의 경우, 현대자동차2우B(62.44%), 현대차우량주(60.67%)는 60%를 넘기고 있다. 삼성전자 우선주의 경우 72.38%에 이르러 코리아 디스카운트 상황임에도 우량기업의 적극적인 투자가 이루어진다는 것을 알 수 있다.

그렇기에 오너 경영체제를 유지하는 국내 대기업도 ESG 기준의 충족은 매우 중요한 비중을 차지한다. 예를 들어 반도체의 경우 글로벌기업의 중간재 역할을 하는데 이때 국내 대기업의 ESG 기준충족은 투자유치는 물론이고 해외진출을 위한 필수적인 교두보가 된다.

문제는 대기업의 제품 생산이 납품사의 협력으로 통해 이루어지므로 (아웃소싱) ESG 기준충족은 중소기업도 수직적 체계에 의해 따라야 한다는 것이다. 중소기업중앙회에서 2022년 6월 2일에 발표한 조사내용에 따르면 여러 대기업들이 공급망 중소기업에 ESG 기준충족을 요구하였다고 한다. 문제는 정보 비대칭에 처할 수밖에 없는 중소기업에게 ESG 가이드라인을 제공한 경우가 66% 정도에 머물렀고, 이에 대한 유·무형적 또는 재무적 지원을 적극적으로 한 경우가 4%에 머물렀다는 것이다. 가장 난처한 상황인 '지원이 전혀 없었다'는 비중은 64.5%에 이르렀다.

결국 유엔이 마련한 ESG 투자기준은 선진국의 개도국 또는 저개발국가에 대한 물리적 제약과 함께 경영 투명성 및 노동착취, 노사관계, 사회공헌 등의 추가적인 요건을 실현시켜야 하는 상황을 만들었고 기후협약보다 더 까다로운 경영환경을 맞이하게 되었다. 특히 저개발국의 경우 '사다리 걷어차기'의 불만이 또다시 대두될 것이고 미국과 신냉전체제로 대립하는 유엔 상임이사국임인 중국에게는 절대 달갑지 않은 기준이 될 것이다.

상장주식시장의 규모가 큰 금융 선진국에게는 유리해지고 상대적으로 상장시장의 규모가 작거나 저평가 또는 규모가 작은 국가에게는 불리해지는 기준이 비재무적 요소인 ESG 기준충족임을 간파할 필요가 있다. 이를 뒷받침하듯 국제회계기준재단 산하의 국제지속가능성기준위원회(ISSB)는 2023년 6월 26일 ESG 정보공시 표준을 처음으로 제시했다. ESG경제 이신형 기자의 보도에 따르면 2024년 1월부터 적용하여 유예

기간을 거치고 2025년에 첫 공시 요구사항을 제시할 것이라고 한다.

이에 대해 구체적으로 이해하기 위해 먼저 국제회계기준(IFRS)에 대한 이해가 필요하다. 이는 일종의 전 세계 글로벌 기업에 대한 재무제표의 양식 통일화 기준이라고 이해하면 좋다. 예를 들어 외국의 투자자가 한국 기업과 인도 기업의 투자 여부를 비교할 때 IFRS 기준으로 작성된 재무제표를 확인하는 식이다. 당연히 외국투자를 유치하고자 하는 국가에서는 국제회계기준으로 재무제표 작성을 해야 하는데 한국은 2011년 한국형 국제회계기준인 K- IFRS를 적용하고 있다. 국제회계기준의 기준서는 추상적이며 이해가 쉽지 않은 용어로 기술이 되어있고 번역 역시 재무적 설명보다는 중의적 설명과 사례 설명이 추상적이라 회계사 및 세무사들도 많은 고충을 토로하고 있는 실정이다. 한국회계기준원의 회계기준위원회에서 2021년 4월 23일 의결한 무형자산기준서의 일부 내용을 인용해 그 중의적 표현이 어느 정도인지 경험해보자.

> 무형자산의 내용연수는 경제적 요인과 법적 요인의 영향을 받는다. 경제적 요인은 자신의 미래 경제적 효익이 획득되는 기간을 결정하고, 법적 요인은 기업이 그 효익에 대한 접근을 통제할 수 있는 기간을 제한한다. 내용연수는 이러한 요인에 의해 결정된 기간 중 짧은 기간으로 한다.

어떤 의미인지 한눈에 알아보기 어렵다. 설명을 덧붙이자면 내용연수는 감가상각비와 관련이 있다. 그리고 무형자산은 산업재산권(특허, 실용신안, 상표, 디자인)과 저작권 등을 말한다. 감가상각비는 비용계정 중 하나로서 기계장치를 구매하면 그 구입 금액을 여러 해 동안 나누어 비용으로 인정한다(이해를 편히 하기 위해 기계장치(유형자산)로 설명하였다). 그런데 내용연수가 경제적 효익이라는 용어로 이어진다. 이 경제적 효익에 대해서는 '개념체계'라는 이론에서 설명하고 있는데 간단히 요약하면 미래현금의 유입 가능성이 높아야 한다는 말이다.

국제회계기준서는 마치 억지로 이해되지 않게 쓰려고 한 것인가 싶을 정도로 애매하기 그지없다. 그래서 회계사와 세무사도 실무에서 많은 애로를 겪고 있다. 위에서 설명하는 법적 요인은 우리나라의 특허청에서 인정하는 독점기간을 의미한다. 이것이 법적 요인으로 설명된 것인데 이는 변리사의 영역이다. 무형자산의 주무기관은 특허청이며 산업재산권을 담당한다. 내용연수라 할 수 있는 독점기간은 특허와 디자인권의 경우 20년, 실용신안과 상표는 10년이다. 상표를 제외하고는 원칙적으로 독점기간이 소멸하면 강제공개되어 누구나 사용할 수 있다. 쉽게 말하면 상표는 10년마다 갱신하면 브랜드를 영원불멸의 존재로 만들 수 있으나 나머지는 그렇지 않다는 뜻이다.

그렇다면 위와 같은 요인에 의해 결정된 기간 중 짧은 기간으로 하라는 의미에 대한 설명을 어떻게 할 것인가. 이에 대한 예로 과거 핸드폰에 물리 버튼이 있을 때 누르는 느낌을 재미나게 하고 내구성도 높인 특허를 2005년에 개발하였다고 가정하자. 그리고 이 특허 덕으로 2012년까지 활발하게 판매되었는데 2013년부터는 활자 버튼이 달린 핸드폰 매출이 대폭 감소하고 지금의 스마트폰이 대세가 되었다고 생각해보자. 그렇다면 특허 감가상각 기간은 독점기간 20년이 아닌 매출이 유의미하게 줄어든 2013년이 된다. 즉 감가상각 기간을 8년으로 하라는 의미이다.

이런 해석은 회계사, 세무사 또는 이와 동등한 능력의 해석을 할 수 있는 전문가만이 이를 이해할 수 있다는 의미다. 세무사나 회계사도 무형자산의 인식에 있어서는 명확한 기준을 제시하려면 변리사의 도움을 받아야 할 때도 있다. 그렇다면 국제회계기준의 ESG 공시기준으로 마련된 IFRS S1와 IFRS S2 중 일부분을 살펴보자.

> **[거버넌스(G) 통합공시 중 일부]**
> 기업이 동일한 위험 관리프로세스를 사용하여 다양한 지속가능성 관련 위험 및 기회를 식별 평가, 우선순위 설정 또는 모니터링하는 경우, 각 지속가능성 관련 위험 및 기회에 대해 별도의 위험 관리공시를 제공하는 대신에 이를 통합할 수 있습니다.

몇 번을 읽어도 어떤 공시인지를 이해하기 어렵다. 오죽하면 회계기준원에서 특정 시기마다 회계사들에게 회계기준이 변경되거나 새롭게 제정된 경우 이에 대한 설명회를 개최하는데 그 담당자마저도 난감할 정도다. 더욱이 우리나라의 산업 특성상 제조업을 기반으로 하는 대기업과 중견기업 중 상장시장에 주식이 거래되고 있는 경우에는 이 공시에서 결코 자유로울 수 없다. 분명한 건 ESG 공시는 새로운 허들이 될 것이다.

3. 코로나19와 MZ세대에 의한 경제관념의 변화

2019년 전 세계 보건행정의 한계치를 넘기고 수많은 희생자와 경제공황마저 발생시킨 코로나19는 한국의 경제지형도 변형시켰다. 또한 MZ세대의 등장은 많은 기업의 미래 소비자에 대한 예측치 못한 대응을 주문하였는데 환경문제에 대한 가치소비가 바로 그것이다.

코로나19로 인한 수많은 일회용품의 소비증가와 쓰다 버린 마스크가 환경오염에 얼마나 지대한 영향을 미치는가가 전 세계적인 이슈가 되었다. 특히 미세플라스틱으로 인한 방대한 환경오염이 결국 음료나 고기 등의 음식물로 되돌아와 인체에 침투하여 새로운 질병의 계기를 맞이하게 되었다.

코로나19가 전 세계로 확산되기 전인 2018년, 대한의학회에 실린 홍영습(동아대학교 중금속노출환경보건센터장)의 기고내용에 따르면 미세플라스틱의 인체건강위협은 다음과 같이 정리된다.

물리적 독성

심뇌혈관계, 내분비계, 염증반응, 산화손상, 생식계 등의 직접적인 독성영향을 미침

화학적 독성

염증반응 및 암을 유발할 수 있으며 발달장애 갑상선호르몬 작용방해, 생식장애를 발생시킬 수 있고 체내에 잔류유기오염물질을 축적하는 부작용이 있음

한국에서는 미세플라스틱의 문제가 대두되기 전 이미 심각한 정도의 미세먼지를 사시사철 겪고 있었고 환경문제는 미래세대에게 중요한 이슈로 부각되었다. 또한 미닝아웃으로 표현되는 가치소비의 자발적 참여로 국내의 여러 기업에서 새로운 소비축인 MZ마켓을 공략하기 위해 ESG 경영을 적극적으로 홍보하고 있고 이에 반응하여 좀 더 지출액이 늘어도 구매하겠다는 MZ 소비자들이 지지가 이어지고 있다. 대한상공회의소에서 공개한 'MZ세대가 바라보는 ESG 경영과 기업인식 조사' 중 일부를 인용한다.

[MZ세대는 '가성비'보다 '가심비'… 비싸도 착한 제품 고른다]
- 商議, MZ세대 380명 대상 조사… 64.5% '더 비싸도 ESG 실천기업 제품 구매'
- MZ세대의 대표적 소비신념은? 가심비(46.6%)>미닝아웃(28.7%)>돈쭐(10.3%) 順
- 파급효과 큰 친환경제품: 무라벨 페트병(41.1%), 전기·수소차(36.3%) 등 생활 속 친숙한 제품
- 기업 역할 '일자리 창출'(28.9%)보다 '투명·윤리경영 실천'(51.3%) 많이 꼽아… 공정·정의 중시 인식 반영
- 향후 ESG 경영 확산 위해 중요한 것? '전반적인 국민인식 향상'(38.4%), '법·제도적 지원(27.9%)' 등

위의 요약 글을 보면 친환경 제품에 즉 'E'에 대한 관심도가 매우 높다. 무엇보다 가격이 더 비싸도 구매하겠다는 비율이 65%에 이른다. '가

심비'라는 것은 가성비와 달리 자기만족을 위해 소비하는 것을 말하는데 지불한 가격에 대한 심리적 만족을 의미한다 보면 된다. 전기차가 내연기관보다 운행 거리가 짧아도 자신의 소비 행위가 친환경적이라면 그 만족을 위해 구매한다는 뜻이다.

가심비보다 좀 더 의미적인 소비행위에 대한 사상을 '미닝아웃'이라고 하는데 이는 일종의 소비철학으로 보아도 무방하다. 예를 들어 노동착취가 없는 커피 원두를 사용하는 커피 브랜드가 있다면 그 브랜드의 커피를 적극적으로 소비하는 행위다.

때론 구매의향이 없었어도 일부러 특정 소비를 하는 경우가 있는데 이를 '돈쭐'이라고 한다. 얼마 전 남산 돈가스와 관련하여 어느 프랜차이즈의 횡포가 유튜브에서 큰 이슈가 된 적이 있다. 억울하게 퇴점을 당하고 이전한 피해업소를 굳이 찾아가 줄 서 기다리며 돈가스를 먹고 '돈쭐'을 내는 식으로 지지한 경우가 그 예다.

기업 채용에 있어 MZ세대의 등장은 소비시장과 더불어 고용시장에서도 지각변동을 일으켰다. 회사 내의 차별과 부조리에 대해 당당하게 의견을 표현하고 어렵게 입사한 기업이나 공무직을 미련없이 관두는 것도 그 조직이 비합리적이고 경직적 구조라면 자신을 희생시키지 않겠다는 게 MZ세대의 철학이다. 이는 노조운동에도 이어져 노조에서의 새로운 세대 차이로 이어질 정도다. 특히 노동운동의 정치적 참여에 대한 거부감을 당당히 표현하고 탈퇴 또는 반대 의사를 명확히 한다는 점에서도 주목받고 있다.

ESG에서 'S'는 특히 상장기업의 경우 직원에 대한 여러 가지 사항에 대해 공시를 위해서라도 이행해야 하는 상황이 되었다. 가장 높은 비중을 차지하는 것에는 남녀 임금 차이, 근로시간, 육아휴직, 차별금지, 결사·집회자유, 임직원의 다양성 보장 등이 있다. 우리나라의 기업문화가 수평문화를 지향한다고 하지만 아직도 권위적 체계가 존재하고 있다. 이런 부분에 있어 'S'를 충실히 이행하는 기업이라면 우수인재가 몰릴 수밖에 없는 구조가 된다.

그 외에도 'S'는 공급 업체애 대해서도 동반성장과 납품의 기준을 요구하고 있으므로 이른바 대기업 갑질에 대한 행위가 공시의 지표로 평가될 수밖에 없다. 이는 곧 경제활동을 시작할 알파세대에게도 중요 이슈가 될 것은 분명하다. MZ세대를 이을 잘파세대(제트세대와 알파세대의 합성어)가 도래하면 'S'는 취업에서의 중요 이슈가 될 수밖에 없을 것이다.

MZ세대가 생각하는 'G'에 대한 중요도 중 과반을 넘긴 투명경영은 재벌회사가 대기업의 대부분을 차지하고 있는 한국의 기업구조에도 영향을 미치고 있다. 'G'를 단순한 지배구조로 이해하는 이들이 많은데 좀 더 구체적으로 들여다보면 이사회의 투명성과 독립성이 중요함을 강조하고 있다. 이사회의 구성인 이사는 대표이사, 전무이사, 상무이사 등의 직함으로 구분되지만, 이는 이사회의 위계일 뿐 업무집행의 지시와 업무감독 시 동일한 임무를 수행한다. 따라서 한 기업의 경영전략이나 방향성은 이사회가 결정하며 이를 임원진 또는 경영진으로 칭하기도 한다.

그러나 우리나라 대기업의 '재벌'이라는 특수성으로 인하여 대주주 또는 오너 일가의 방향성에 맞는 이사가 임면되는 것이 현실이다. 따라서 경영과정이 폐쇄적일 수밖에 없고 투명하지 못하며 주주들의 바람과 다른 목적이 수립되어 회사와 주주에게 손해를 끼치기도 한다. 특히 오너 일가의 배임 행위로 인한 정경유착, 비자금 조성 등은 이런 폐쇄적인 이사회 운영의 치명적인 단면을 보여준다. 오너 갑질 등이 MZ세대에서 더욱 비판적으로 취급되며 빠르게 확산하는 것도 공정과 윤리가치 등을 중시하는 가치관에서 비롯된다 할 수 있다.

이런 의미에서 ESG 공시가 단계적으로 의무화되고 확산이 된다면 국내 상장되어있는 대부분의 기업들이 ESG 기준을 얼마나 충실히 충족하는지에 따라 브랜드 가치와 매출에도 직결될 것으로 예측된다.

4. 비상장기업 및 중소기업과 소상공인의 ESG 한계점

지금까지는 코스피 또는 코스닥 등에 상장된 기업들에게 적용될 ESG 기준을 다루었다. 그렇다면 기업공개를 하지 않는 대기업이나 중견기업에게는 어떠한 영향이 있는지 짚어볼 필요가 있다.

예를 들어 롯데, 교보생명, 이랜드(이월드는 상장) 등은 상장하지 않은 상태이기 때문에 ESG 기준충족에 있어 공시의무의 압박이 덜할 수밖에 없다. 특히 롯데그룹의 경우 그 기업구조가 상당히 복잡다단하고 일본롯데와의 관계도 부담스러운 문제가 될 수 있다. 따라서 상장을 의도적으로 회피하는 것이 최선의 대응이 될 수 있고 ESG 기준을 선택적으로 운영하여 기업경영의 필요에 따라 ESG 서열을 정할 수 있다. 예를 들어 제조기업이 'E'에는 적극적으로 홍보하지만 'S'와 'G'에는 비교적 소극적으로 나오는 경우다. 이런 회피행위는 여전히 노동환경의 불균형, 오너일가의 리스크 등 기업의 위험부담으로 존재하게 될 것이다.

중소벤처기업부(이하 중기부)에 따르면 국내의 중소기업 수는 모든 산업 기준 약 730만여 개로 99.9%를 차지한다(2020년까지만 수치가 조사되었다). 그렇다면 우리나라 회사의 99.9%는 ESG 기준에서 공시의무가 없는 상황이 된다.

여기에 문제가 있는데 바로 수출액이다. 2022년도 중소기업 수출액은 중기부 발표 기준 1,175억 달러를 기록했다. 수출규모로는 100만 달러 미만이 83.7%에 이르고 1,000만 달러 미만은 97.6%다. 주요 수출품목은 플라스틱 제품, 합성수지, 화장품, 반도체, 제조용 장비 등이다. 플라스틱이 주소재라는 점에서 'E'에 대한 기준충족이 중요하고 화장품 역시 용기 때문에 플라스틱으로부터 자유로울 수 없다. 또한 소상공인이 대거 포함되어있을 것으로 예측되는 온라인수출액은 2022년 약 714만 달러에 이르는데 ESG라는 개념조차 생소한 소상공인은 적지 않을 것이다.

2023년 1월 27일 산업일보 임지원 기자의 보도에 따르면 'ESG 규제 확산에 중소기업은 거래 중단이 있어 이에 대한 실질적 대응책이 필요하다'는 취지의 유형화된 ESG 금융책을 마련해야 한다고 했다. 국회에서 토론회로 개최되어 여러 전문가들이 국가지원의 구체적 필요성에 대한 의견을 모았는데 이 중 이종오 KOSIF 사무국장은 2025년까지 다국적 기업 78%가 탄소중립 목표에 반하는 공급업체와는 거래를 중단할 계획이라 하며 이는 중소기업의 수출에 직접적인 타격이 될 것을 우려했다.

2022년 한국 GDP에서 수출의 비중은 45%에 이른다. 중소기업의 수출액이 전체 수출액에서 큰 비중을 차지하지 않지만 수출에 의존하는 중소기업이나 소상공인의 경우에는 존망의 기로에 봉착하게 될 것이다. 앞서 다룬 국내 대기업과 수직적 납품체계를 가진 중소기업과 더불어 독립적 경영을 하는 중소기업도 ESG 기준충족은 경영지속가능성은 물론 소비자의 요구에도 부합해야 하는 상황인 것이다.

한편, 국내 ESG 기준충족에 대한 움직임과 속도가 어느 정도인지 궁금하여 한국ESG기준원에 문의를 해보았다. 한국ESG기준원은 2002년 사단법인으로 설립되어 한국기업지배구조개선지원센터로 시작하였고 2022년 9월 (사)한국ESG기준원으로 개칭하였다. 현재 여러 중점 업무 중 ESG 평가 및 분석 등을 지원하고 있다.

한국ESG연구원의 통화에 따르면 현재 코스피 기업과 코스닥 상위 기업을 주력으로 지원하고 있다고 한다. 그만큼 대기업과 코스닥 상위기업에 대한 대응이 시급하다는 느낌을 받았는데 중소기업이나 소상공인에 대한 ESG 평가는 현재 지원하기에 한계가 있는 상황이었다. 결국 상장되지 않은 다수의 중소기업과 규모가 영세한 소공인, 소상공인은 그 수가 절대적임에도 사각지대에 그대로 노출되어있다는 상황이다. 이에 대한 정부의 대책과 지원이 시급해 보인다.

5. ESG 기준에 대한 소상공인 인터뷰

소공인과 소상인이 기업구조의 최하단의 피라미드 구조로 바닥을 떠받치고 있다. 스타트업 기업 역시 그 규모가 작은 경우가 많다. 이에 ESG에 대한 인터뷰를 시도하였는데 많은 곳이 의외로 거절을 하여 놀랐다. 다행히 세 분의 귀중한 인터뷰를 진행할 수 있었다. 다음의 인터뷰를 통해 ESG 기준충족이 우리에게 어떠한 나비효과가 되는지 알 수 있는 여러 시사점이 있다.

1) TRR코리아

TRR코리아는 유수의 의류 브랜드에서 디자이너 경력을 오랫동안 쌓은 디자이너가 운영 중인 쇼핑몰이다. 페트병을 재활용하여 제작한 섬유를 디자인하여 크라우드 펀딩을 하였고 목표치를 초과하여 판매하였다. 익명의 인터뷰를 요청하셨다.

(1) TRR코리아와의 인터뷰

필자: 페트병을 재활용한 원단을 사용한 것이 궁금하다. 혹시 ESG에 관심이 있나?

TRR: 그렇다. 예전 회사에서 근무할 때도 이런 개념의 의류를 디자인하거나 계획한 일이 자주 있었는데, 그 과정에서 환경에 대한 생각을 많이 하게 되었다. 특히 기후변화에 대해서는 궁금한 부분이 많았는데 공부까지 하면서 느낀 점은 생각보다 자연훼손이 심각하다는 것이었다. 나도 모르게 어떤 의무감이 생기기 시작했는데 그중 하나가 리사이클이다.

필자: 리사이클 원단의 품질은 어떠한가?

TRR: 솔직히 한계가 있긴 하다. 소재의 품질에서도 색감의 다양성에 있어서도 좀 더 욕심이 있는데 의류를 디자인하면서 색조합의 어려움이 좀 있었다.

필자: 국내 원단과 외국 원단의 차이는 어떠한가?

TRR: 품질은 외국 원단이 아무래도 좀 더 좋다. 그런데 문제는 가격이다. MZ세대가 가치소비를 하지만 이 가격으로 판매를 한다면 대체할 수 있는 고급 브랜드들이 많다. 두께에 있어서도 국산은 소재가 얇은 편이다. 면 소재 리사이클 원단도 있는데 이 역시 페트병을 재활용한 원단의 품질처럼 새롭게 생산한 면 소재 원단에 비해 품질의 한계가 있다. 이를 알고도 구매해주는 소비자들에게 감사와 용기를 얻는다.

필자: 개인사업자(소상공인)로서 어려운 점이 무엇인가?

TRR: 이전에 의류 브랜드에 있을 때는 여러 재활용 원단업체가 정말 다양한 소재, 다양한 색감으로 끊임없는 제안을 했다. 그런데 막상 내가 개인사업을 시작하고 나서는 원하는 소재를 찾기가 쉽지 않아 애로가 있었다. 제안이라는 건 존재하지도 않았다. 기업이 아닌 개인사업자가 어떤 위치인지 알게 되어 마음이 아팠다. 그동안 여러 의류 브랜드를 거치며 다양한 의상디자인을 나의 역량으로 성장시켰는데 앞으로도 그런 기회가 계속 이어질 수 있는 환경이면 좋겠다. 난 하나부터 열까지 모두 리사이클 소재를 쓰고 싶다.

필자: 지금까지 선택하거나 고른 원단이 모두 ESG 기준을 부합한다는 확신은 있었는가?

TRR: 인증서를 보여주는 경우도 있지만, 솔직히 그러하지 않은 경우도 있다고 본다. 개인사업자의 입장에서 거래처의 범위는 비교적 한계가 있을 수밖에 없다 보니 거래처를 신뢰하는 것이 내게는 최선이다. 저번 크라우드 펀딩에서의 사용한 리사이클 원단은 SK TK Chemical의 Ecolon인데 이는 100% 리사이클이었고 GHS Green 원단에는 48%의 리사이클 원단이 사용되었다. 100% 리사이클 된 원단은 아직은 여러 가지 면에서 한계가 있지만 지속개발이 가능할 것이라 생각한다. 어쩔 수 없이 혼용 원단은 사용하는 경우는 GRS 인증된 원단을 사용한다.

필자: GRS 원단이 무엇인가?

TRR: 국제섬유협회에서 인증하는 것으로 재활용 원단이 20% 이상 함유된 것을 말하는데 재활용품의 수집, 가공, 완제품 생산과 판매까지 심사를 한다. 재활용 인증에 관하여는 매우 체계적이며 엄격한 기준을 부유하기 때문에 난 이 인증마크가 있다면 전적으로 신뢰한다.

필자: 귀중한 시간을 내어주어서 감사드린다. 무엇보다 녹록지 않은 환경에서도 환경문제에 진심인 디자이너님의 신념에 응원을 보낸다. 끝으로 힘든 것 한 가지만 더 말해달라.

TRR: 상세설명을 만들고 스토리텔링하는 게 세상 어렵다.(웃음)

(2) TRR코리아와의 인터뷰를 마치고

본인의 소신에 대한 설명이 매우 상세하고 구체적이었다. 무엇보다 기후변화에 대한 관심이 지대했으며 값싼 원료 또는 품질이 좋은 원단을 더욱 저렴한 가격에 생산할 수 있음에도 리사이클 원단을 끊임없이 찾고 디자인에 적용하려는 진심이 느껴졌다. 신념이 없다면 쉽게 포기할 수밖에 없는 상황인데 희망을 놓지 않고 열심히 운영 중이시다.

현재 섬유박람회는 서울과 대구에서 대규모로 개최되고 있다. 서울에서는 '프리뷰 인 서울 2023'이 8월에 개최되었고 대구에서는 '2023 대구

국제섬유박람회'가 3월에 개최되었다. 그 외 '한국 텍스타일 전시회'도 있는데 기술한 박람회 모두 ESG 기준에 부합하거나 관련 있는 섬유 원단 등을 다루고 있다.

정부기관(중기부 또는 소상공인진흥원 등)이 리사이클 원단 구매 시 가격보조를 하거나 그 원단은 현물보조를 하는 식으로 지원을 구체화하고 리사이클 원단을 사용한 패션쇼(실제 이러한 Show의 개념을 가미한 정부 지원사업이 있었다: 강한소상공인 성장지원사업)를 개최해 시상과 부상을 부여하면 여러 소상공인 디자이너들에게 많은 동기를 부여할 수 있을 것이다.

2) (주)농업회사 나래식품농장

강화도 인삼총각으로 입소문이 난 홍삼제품을 다루고 있다. 인삼을 직접 찌고 말려 생산하는데 전통방식의 홍삼 맛이 있어 충성소비자군의 비율이 높은 편이다. 홍삼에 관한 여러 특허를 등록하였으며 제품에 대한 신념이 있어 최근 원가압박이 상당함에도 가격을 인상하지 않았다. 홍삼에 대한 자부심이 상당하다. 불만족 시 100% 환불 정책을 시행하고 있다.

(1) (주)농업회사 나래식품농장과의 인터뷰

필자: 귀중한 시간을 내어주셔서 감사드린다. 요즘 많이 바쁘지 않나?

나래: 7월이라서 조금은 괜찮다. ESG 기준과 관련된 인터뷰인데 무엇부터 말해야

할지 좀 난감하다.(웃음)

필자: 그렇다면 그냥 생각나는 순서대로 편하게 말해주면 된다.

나래: 당장 생각나는 것은 포장 시 사용하는 박스테이프다. 친환경 테이프라고는 하지만 접착면이 화학성분이기 때문에 애매했다. 알아보니 물을 사용해서 접착하는 테이프가 있어 가격이 궁금해 문의한 기억이 난다.

필자: 물을 사용하는 박스테이프라니 신기하다.

나래: 부작을 하기 전에 물칠을 하면 테이프의 전분 같은 게 점착제의 역할을 하여서 붙는 형식이다. 일이 번거롭고 포장 속도가 현격히 떨어지는 것은 둘째고 가격이 기존의 5배인가 넘었던 것으로 기억난다. 가격을 듣자마자 이건 그냥 내가 손댈 수 없는 영역이라고 생각했다.

필자: 포장 시 뜯어버리면 되는 테이프니 그럴 생각이 들 것 같다.

나래: 그래서 상품을 담는 박스를 재활용해 어린이용 홍삼제품에 사용했다. 그런데 반응이 좋지 않았다. 대부분 30대 여성주부들이었는데 입에 닿는 홍삼 파우치가 재활용박스에 담겨 온다는 것에 대한 위생상의 불결함이 부담된다는 답들을 많이 들었다. 어쩔 수 없이 비닐코팅이 되어있는 기존의 박스에 담아 배송하고 있다.

필자: 좀 허탈할 수도 있겠다.

나래: 아니다. 다르게 생각해보면, 아이들 어머니의 입장에서는 당연한 입장이다. 리사이클박스가 인체에 무해하다는 것을 아이 엄마들이 안다면 충분히 극복될 일인데 이건 사회적으로 인식이 확대되면 풀어질 문제라 생각한다.

필자: 포장 박스 고민이 그러했다면 당연히 음료 담는 파우치도 고민했을 것 같다.

나래: 그렇다. 생분해되는 재질로 파우치를 교체하려고 했다. 그런데 황당했던 건 파우치를 납품하는 업체에서 오히려 말리더라. 한마디로 그 기준을 지금 쓰고 있는 PP 재질로는 충족을 시키기도 어렵지만, 원가상승을 도저히 받아들일 수 없을 것이라는 조언도 했다. 게다가 우리는 홍삼을 찌는 방식이기 때문에 홍삼액을 주입하는 과정에서 용기가 녹거나 터지거나 누수되는 문제 등으로 최악의 경우에는 공정 중 40%의 불량이 발생한다고 들었다. 또 배송과정에서나 고객이 파우치를 뜯는 과정

에서 터지거나 누수가 되면 식품의 특성상 이건 엄청난 치명타가 된다. 뚜껑이 뜯어진 우유나 음료수가 유통되어도 난리가 나는데 생분해되는 재질의 파우치는 도무지 엄두가 나지 않았다.

결국 유리병으로 교체하는 것이 최선인데 유리 역시 깨지기 쉽고 무게가 상당하니 이 역시 물류비용의 문제로도 이어진다. 지금 우리는 원가압박이 상당하다. 그렇지만 차라리 우리 마진을 줄이지 소비자에게 전가하지 말자는 내부결정을 어렵게 내렸다. 생분해 재질을 굳이 선택하는 것이 소비자에게도 맞지 않았다.

필자: 소비자에게도 '굳이' 맞지 않는다는 뜻이 무엇인가?

나래: 어린아이에게 홍삼을 사주는 30대 아이 엄마분들도 소비자이지만 대부분 장년층이 우리의 주 고객이다. 아직 이분들에게는 ESG 기준충족이 생소한 것은 물론이고 경제력이 조금씩 감소하는 연령대이기 때문에 가성비가 중요한 분들이다. 우리에게는 이 부분이 모순적인 상황이 되어 고민스러운 부분이 있다. 그러나 MZ세대에게도 중장년의 시대가 올 것은 분명해서 향후 이 부분을 어떻게 해야 할지 고민은 계속하고 있다.

필자: 혹시 인쇄될 때 사용되는 잉크는 생각해보았나?

나래: 물론이다. 안 그래도 업체에 연락을 해봤는데 대규모로 생산하는 것이 아니면 자신들도 단가압박이 있어서 경쟁사에게 밀리는 상황이라고 한다. 우리에게 ESG 기준을 충족하는 잉크를 사용할 수는 있지만 단가를 보면 결정이 쉽지 않을 것이라고 했다. 앞서 말했지만 우리 주 소비자가 MZ세대라면 참 고민스러운 내용이 될 텐데 어떻게 보면 장년 고객층이 넓어서 아직 우리에게는 시간이 좀 있는 듯하다.

필자: 그 외 마지막으로 한 말씀 부탁드린다.

나래: 솔직히 ESG 기준에 대해서 여러 가지 고민을 해본 건 사실이다. 경영환경이 우리 같은 중소기업에게는 직접 알아서 잘해야 하는 경우가 대부분이다. 당장 우리가 충족해야 할 생산적인 면에서의 ESG 기준은, 'E'가 어렵다면 'S'나 'G'일 텐데…. 이게 넓은 범위의 'S'라고 한다면, 매일 1만 원씩 적립하여 매년 365만 원을 우리가 속한 지역사회에 기부하고 있다. 6년 정도 된 것 같다. 투명한 경영은 아직 규모가 매우 작지만(웃음) 시간이 지나면 숙고할 계획이다.

(2) (주)농업회사 나래식품농장과의 인터뷰를 마치고

현재 이 회사는 내수에 집중하고 있는데 상품의 특성상 ESG 기준을 만족하기에는 아직 이른 부분이 많다. 특히 뜨거운 온도의 홍삼액을 파우치에 주입하는 단계와 유통하는 과정에서는 질긴 PP 재질의 사용이 필수다.

그러나 일회용품은 분명히 ESG 기준부합을 위해 변형되거나 수정되어야 할 것은 분명하다. 현재 관련 협회로는 사단법인인 한국플라스틱포장용기협회와 사단법인 한국공업포장협회가 있다. 두 사이트를 방문해 본 결과 ESG 기준충족에 대한 적극적인 논의나 대응책은 아직 미비한 것으로 보인다. 역시나 정부지원과 ESG 기준을 충족할 수 있는 대책을 시급히 진행하는 것이 중요해 보인다.

3) ◇◇◇퍼스널 브랜드 ○○○ 대표(소상공인)

본인은 사업체 명과 이름을 밝히라고 했으나 다소 예민한 주제를 솔직하게 꼬집은 부분이 많아 실명과 상품을 공개하는 것이 오히려 손해가 될 것 같았다. 이분의 상품은 특허를 출원하였고 모 기관의 장관상을 받는 등 그 독창성과 아이디어에서 두각을 나타냈다. 여러 정부지원사업을 통해 오늘에 이르렀는데 이에 대한 이분의 솔직한 갈등과 불만을 들을 수 있었다.

(1) ○○○ 대표와의 인터뷰

필자: 인터뷰에 응해주신 걸 감사드린다.

○○○: 아니다. 전혀 아니다. 안 그래도 속 터지는 일을 많이 겪었는데 오히려 이런 기회가 와서 난 참 할 말이 많다.

필자: □□□ 장관상을 받았는데, 감정이 상한 일이 많았다고 하니 놀랍다. 그 상은 어떻게 받은 상인가?

○○○: 이건 특허와 관련하여 받은 상이다. 시제품을 개발하면서 참 많은 난관이 있었는데 그 과정을 인정받은 것 같아 위로를 많이 받았다. 현재 특허출원상태이고 등록 여부를 기다리고 있는 중이다.

필자: 어떤 면에서 애로점이 많았는지 궁금하다.

○○○: 나는 일개 소상공인이다. 다행히 장관상을 받았지만 투자가 절실하고 자금에 대한 정부지원도 너무나 필요했다. 그런데 지원 과정에 있어서 생각지도 못한 ESG 기준충족에 대한 심사를 받게 되었다.

필자: 혹시 자금에 대한 정부지원심사를 받기 전에 ESG 기준을 알고 있었나?

○○○: 아니다. 탄소중립에 대해서는 어느 정도 알고 있었지만, 소상공인에 대한 정부지원기준의 충족에 ESG가 포함되어있다는 사실을 그때서야 알았다.

필자: 당황스러웠겠다. 어떤 지원 사업인지는 예민하니 여쭙지 않겠다.

○○○: 그래도 할 말이 있다. 그 담당자분이 내게 이런저런 설문을 하는데 중장기 계획에 대해 묻고 '지금 생산하는 제품이 탄소를 발생시킬 것은 아는지 그리고 지금 제품에는 점착 성분이 들어가는데 친환경적인 것이 아니므로 이를 어떻게 극복할 건지'에 대해 묻더라. 그리고 위탁제조를 하는지 직접제조를 하는지에 대해서도 물었다. 난 가능하면 직접제조를 하고 싶었는데 직접제조를 하면 배출될 탄소를 어떻게 저감할 것인지를 되물었다.

필자: 상황이 참 난감했을 것 같다.

○○○: 그랬다. 솔직히 무슨 취조를 받는 느낌이었고 자금 관련 정부지원사업을

받을 수 없게 될지도 모른다는 불안감이 앞섰다. 너무 심란한 마음에 이것저것 정말 많이 알아보았는데 추가설비가 비용도 만만치 않고 무엇보다 설비통제 같은 건 나의 영역이 아니더라.

원단도 고민을 엄청 했다. 그래서 의류시장에서 쓰고 버려지는 원단을 사용하여 화학원단을 대체하려고 했다. 그런데 아무래도 원단이 자투리다 보니 이어 붙이는 봉제는 물론이고 완성된 시제품을 봤더니 도무지 판매할 수준이 아니었다. 옥수수 전분으로 만든 원단이 있었지만, 이것도 내 상품에 적용하기에는 한계가 있어 상품화를 포기했다. 점착제는 다행히 ESG 기준을 충족하는 것이 있었는데 미국산에다가 가격은 도무지 감당할 수 있는 수준이 아니었다. 수입하는 과성노, 죄소수량에 수입해본 경험도 전혀 없어 결국 지원 사업은 받을 수 없었다.

필자: 소상공인에게 너무 엄격한 기준을 부여한 것 같다.

OOO: 그 담당 공무원도 뭐 그러고 싶어서 그랬겠냐. 위에서 시키니까 그렇게 한 거지. 일선의 소상공인이 어떤 처지인지도 모르고 방침이 떨어지면 무조건 강요하듯 하는 행정행위가 큰 문제다. 가이드라인도, 대안도 없다. 그냥 알아서 잘해오거나 이미 갖추어진 사람만 선택되는 상황이다. 오죽하면 멘토들도 당시 지원자들의 상황으로는 정부지원사업 기준을 충족할 수 있는 사람은 극소수라는 말을 했다. 정말 분노가 치밀어올랐다.

장관상을 받으면 뭐 하나, 이건 이제 알파벳을 알게 된 어린아이에게 원어로 된 전공서를 이해하라는 말과 같다. 하나 더 있다. 소상공인이 자신 혼자 건사하기도 힘든데 장애인 또는 취약계층을 고용하라는 내용도 있었다. 아니 이건 소상공인의 사업이 먼저 성장한 뒤 업무의 필요에 따라 고용하는 게 원칙 아닌가? 취업부터 시키면 나 역시 이 일을 처음 하면서 시행착오를 겪을 일 투성인데, 나보다 더 모르고 있는 직원에게 어떤 일을 시킬 수 있겠나.

중기부 산하기관이었는데 정말 소상공인을 위한 정부지원사업을 하는 것인지 의구심이 들었다. 그저 사람을 자신들의 체크리스트에 동그라미 치듯 해서 정량적으로만 대한다. 결국 기준을 충족할 수 있는, 상태가 양호하고 나보다 좋은 환경의 소상공인들이 선택된 것으로 안다. 이건 차별이다. ESG 기준을 충족할 수 있는 경제력과 대책을 애초부터 갖추고 있는 소상공인이 얼마나 있을 것 같나?

(2) ㅇㅇㅇ 대표와의 인터뷰를 마치고

매우 안타깝고 씁쓸했다. 소상공인에게 보이지 않는 벽이 존재한다는 느낌이었고 관료제의 한계가 그대로 소상공인에게 전달되는 느낌이었다. 무엇보다 장관상을 받은 아이템인데도 불구하고 아직도 투자를 기다리는 입장이 이해되지 않았다. 지금도 당황스러운 것은 ESG 기준을 소상공인이 알아서 충족해와야 정부지원을 받을 수 있다는 것이었다. 대기업과 중견기업도 그 기준을 만족하기 위해 한국ESG기준원의 도움을 받는데 과연 소상공인은 누구에게 도움을 받을 수 있는지 궁금했다.

중소기업의 문제 역시 크게 다르지 않다고 생각한다. 소상공인에 대한 지원은 종류도 방대하고 지원 종류도 많다. 불필요하게 소진되는 지원금을 통합하여 ESG 기준충족에 대한 새로운 지원 시스템을 신속히 개발할 필요가 있다고 본다.

6. 맺음말

처음 이 주제를 다룰 때는 단순히 상장회사 주주보호의 지침으로 알았다. 지구환경보호에 대한 선의의 정책이 ESG 기준이라는 필자의 생각은 집필하는 과정에서 어떤 장벽을 느끼게 했고 결국 찝찝한 마음으로 마무리하게 되었다. 상장주식이 많은 금융선진국일수록 유리한 구조이며 다국적기업이 많을수록 유리한 구조가 ESG 기준이 되었다. 게다가 이를 국제회계기준의 공시로도 의무화할 예정이다. 이를 만족하지 못하는 개도국이나 저개발국의 기업들은 내수시장 외에는 수출하기 어렵게 된다. 반면 선진국들은 ESG 기준충족이라는 좋은 명분으로 보호무역의 울타리를 자연스럽게 칠 수 있게 된다.

우리나라 대기업과 중견기업 그리고 연관된 협력업체는 이 허들을 뛰어넘을 것이지만, 문제는 나머지다. 선진국은 일찍이 ESG 기준에 대해 숙의해왔고 해당 산업도 발 빠르게 움직여 대안이라 할 정도의 여러 대비책을 준비했고 관련 시장을 이미 선점하고 있다.

소상공인마저 ESG 기준을 만족해야 하는 상품에는 조건만족과 원가 압박의 갈등이 있을 것이다. 품질과 퍼스널 브랜드 가치를 위해 비싼 가격을 부담해서라도 선진국의 원료 및 재료를 수입해야 하는 상황이 도래한다면, ESG 기준은 오히려 선진국의 시장보호는 물론이고 이를 충족하지 못하는 개발도상국 또는 저개발국의 시장이 오히려 선진국의 공략시장이 되는 경제식민지가 될 수 있다. 이미 우리는 지구 최대의 시장인 중국을 두고 각 국가 간의 입장 차를 보며 경제적 종속이 얼마나 위력적인지 경험하고 있다.

ESG의 가치는 위대하고 소중하다. 다만 이 목적이 자본주의적 입장에서 해석되고 준비된 자들의 기준으로 공시의무를 준비한다는 것에서 공평성을 심사숙고했는지 궁금하다. 선진국은 여러 다국적 기업과 막대한 자본 그리고 문화산업이 있다. ESG 기준은 그 힘에 의해 전 세계 대중에게 캠페인으로, 사회운동으로, 제품의 기본요소로 홍보되었다. 이를 토대로 참여를 독려할 것이다. 이러한 과정이 잘못되었다는 것은 아니다. 다만, 개도국과 저개발국에게도 지원과 유예기간을 더욱 충분히 주어 진정한 의미의 전 세계적 ESG 기준이 충족될 수 있도록 이행해야 할 것이다.

참고문헌

- 한국회계기준원, 「제1038호 무형자산」
- 정재영 수석연구원, 김진성 선임연구원, 「기업사례연구: 미국의 기업지배구조와 사례: GE의 기업지배구조」, 한국ESG기준원.
- 임소현, 김승호, 정윤서, 조이스최, 배성봉, 이지현, 안재현, 곽미성, 박소영, 이희원, 이정선, 『해외기업의 ESG 대응성공사례』, 코트라, 2021.8.
- 임지원, 「수출중소기업 위해 '유형화된 ESG금융책' 마련돼야」, 산업일보, 2023.1.
- 홍영습 동아내학교 중금속노출환경보건센터상 대한의학회 기고, 「미세플라스틱의 인체건강위협」
- 중소벤처기업부 보도자료, 「2022년 중소기업수출, 전년 대비 1.7% 증가한 1,175억 달러 기록」, 2023.2.
- 외국인보유상위, 한국거래소 정보데이터시스템
- 중소기업위상, 중소벤처기업부
- 중소기업중앙회, 「공급망 중소기업, 거래처의 ESG 요구수준 강화되고 있지만, 평가기준 정보와 지원은 부족」 2022.6.3.

저자소개

김태영 KIM TAE YOUNG

경력
- (주)터커경영컨설팅 대표, 부설 뚝배기연구소 공동소장(전자상거래 마케팅연구소)

자격
- SK 행복나눔재단 MD학과 강사(강의영역: 커머셜스크립트, 회계, 표시광고법, 상표권과 저작권법, 카피라이팅 및 챗GPT, 바드 활용, 소비자 조사론)
- 11번가 강의(강의영역: 바드&챗GPT 활용법, 상표권과 저작권, 모바일 판매전략, 트렌드조사법, 카피라이팅)
- 카페24 강사(강의영역: 브랜드전략, 검색엔진&소셜미디어 검색알고리즘, 키워드 활용법)
- 한국인플루언서협회(강의영역: 소셜미디어 검색알고리즘과 키워드 외 다수)
- 쇼플루언서 강사(강의영역: 검색알고리즘과 GPT 활용, 자격취득과정)
- 서울대학교 기초전력연구원, 대한상공회의소, 서울신용보증재단, 네이버 파트너스퀘어, 소상공인희망망재단, NS홈쇼핑, 농업기술원, 창조경제혁신센터, 메이크샵, 연세대학교, 건국대학교, 동국대학교, 충북대학교, 인천대학교, 서울특별시 여성인력개발원 등 다수 출강
- 한국인터넷전문기협회 재식재산권 연구소장 역임
- 미국로펌 C&K 한국인터넷 환경자문
- B 브랜드 브랜드 프로세스 자문
- P 브랜드 마케팅 및 재무 자문
- G 브랜드 브랜딩 및 마케팅 재무 자문

- AT공사 온라인직거래기반 육성사업 강의 및 컨설팅
- 11번가, 네이버, 아유택스 칼럼활동
- 소상공인시장진흥공단 '신사업창업사관학교' 멘토활동(분야: 브랜딩- 서울·경기지역)

저서

- 『상표권과 상표권침해』 비비컴. 2009.
- 『쇼핑몰 상표권&저작권 가이드』 이비즈북스. 2012.
- 『쇼핑몰 UX』 이비즈북스. 2013.
- 『상표권&저작권』 앱북스. 2014.
- 『고객의 전화를 매출로 바꾸는 방법』 이비즈북스. 2014.
- 『잘팔리는 카피라이팅』 앱북스. 2020.
- 『쇼핑몰 창업의 정석』 앱북스. 2021.(공저)

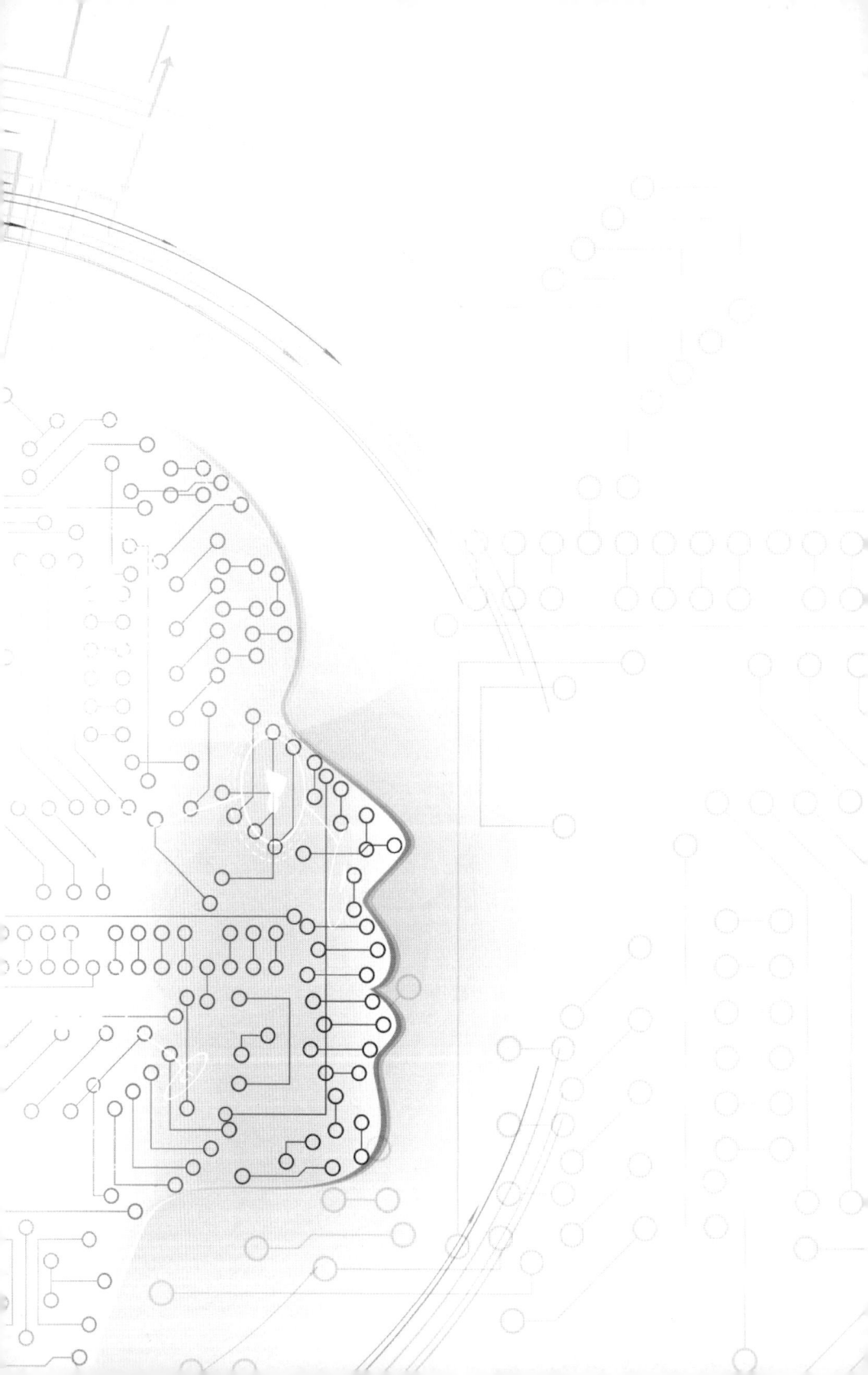

제12장

ESG워싱 이슈 및 대응 방안: 그린워싱 Green Washing 을 중심으로

천정호

1. 머리말

최근 전 세계적으로 환경오염 및 지구온난화, 이상기온 등으로 인해 인류가 고통받고 있다. 더욱이 코로나19 사태의 확산은 사람들의 발자취를 다시 돌아보게 하였고, 이에 대한 처절한 반성 및 환경보호에 대한 관심을 증가시켰다. 이로 인해 기업들은 자의든 타의든 사회적으로 ESG에 대한 도입을 요구받게 되었다.

소비자들의 소비 패턴에도 많은 변화가 나타나고 있다. 소비자들은 친환경적인 소비에 대해 더 큰 관심을 갖게 되었고, "그린슈머(Greensumer)[1]"가 되려고 하는 모습이 늘어나고 있다. 이에 대응하여 기업들은 소비자들의 욕구(Needs)를 충족시키기 위해 "친환경제품"을 시장에 내놓으려 한다. 그러나 제품이 출시되기까지는 긴 시간과 많은 노력이 소요된다. 급변하는 시장변화에 대응하기 위해 일부 기업은 "모방, 유사, 거짓, 가짜의 친환경제품"을 출시하고, 논란이 되는 경우가 종종 발생하고 있다. 이런 경우를 그린워싱(Green Washing)[2]이라고 한다. 본 장에서는 환경(Environment)을 중심으로 사회(Social), 지배구조(Governance) 등 ESG에 있어, 워싱(Washing)의 개념이 적용된 그린워

---

[1] 친환경 유기농 제품을 선호하고 친환경을 생각하는 소비자로, 그린(Green)과 소비자(Consumer)의 합성어다. 먹거리에 대한 우려가 심화되면서 음식으로부터 가족의 건강과 안전을 지키기 위해 나타난 소비계층이다.

[2] 1986년 미국의 환경운동가 '제이 웨스터벨드(Jay Westerveld)'가 최초로 사용한 개념으로 한 호텔에서 타올 세탁비 절감을 목적으로 '환경보호를 위해 수건을 재사용해달라'고 쓴 안내 문구를 비판하기 위해 사용하였다.

싱(Green Washing) 및 ESG워싱(ESG Washing)에 대해 살펴보기로 한다.

2. ESG워싱의 정의

ESG워싱(ESG Washing)이란 그린워싱(Green Washing)으로부터 파생된 용어로, 워싱(Washing)을 ESG 전반으로 확대시킨 상위 개념이다. ESG워싱에는 그린워싱(Green Washing), 블루워싱(Blue Washing), 브라운워싱(Brown Washing), 임팩트워싱(Impact Washing) 등이 있다.

그린워싱(Green Washing)은 '자연'을 의미하는 "Green"과 '세탁'을 의미하는 "White Washing"이 합쳐진 용어로 기업이 실제로는 환경에 좋지 못한 영향을 끼치면서 마치 친환경을 추구하는 것처럼 홍보하는 "위장환경주의"를 일컫는 말이다. 즉 제품을 만들면서 친환경적으로 만든다고 적극적으로 홍보하고, 친환경적인 기업의 이미지를 소비자에게 정착시키려 노력하면서도 정작 제품의 생산 및 유통과정에서는 지속적으로 환경을 파괴하고 오염시키는 은폐 행위라 볼 수 있다. 이러한 그린워싱은 ESG워싱에 있어서 대부분을 차지하는 것으로 소비자의 신뢰를 떨어뜨리는 중요한 사항인바, 기업은 이 문제를 해소하기 위해 적극적으로 노력을 해야 한다.

블루워싱(Blue Washing)은 인권 및 사회적 관행과 관련된 것으로, 이를 준수하는 것처럼 하면서 실제로는 행동을 하지 않는 경우를 의미한다. 인권을 중시하는 유엔(UN)의 상징색인 파란색을 연상시키는 것으로부터 '블루워싱'이라는 용어가 파생되었다.

브라운워싱(Brown Washing)은 ESG와 관련된 성과를 축소하는 것을 의미한다. 이는 투자자 등 이해관계자들의 감시와 통제로부터 벗어나기 위해 성과를 축소하여 보고하는 경우이다.

임팩트워싱(Impact Washing)은 주로 금융권에서 사용되는 용어로, 채권, 펀드 발행 등에 있어서 ESG와 관련된 세부적인 기준이 없거나, 투자가 환경(Environment)과 사회(Social)에 미치는 효과를 과대 포장하는 등 의도적으로 확대해석하는 경우를 의미한다.

위에서 살펴본 바와 같이 ESG워싱은 환경뿐만 아니라 사회, 지배구조 측면으로 확장하여 활동을 실제로 하지 않으면서도 하는 것처럼 위장하는 것을 뜻한다. 최근에는 ESG 경영이 이슈화되면서 일부 기업들이 높은 ESG 평가등급을 받기 위해 잘못된 행동을 하는 경우가 종종 발생하고 있다. 아래에서는 ESG워싱 중 가장 비중이 큰 그린워싱을 중심으로 살펴보기로 한다.

3. 그린워싱의 유형

유럽을 중심으로 한 선진국들에서는 이미 오래전부터 ESG 관련 이슈에 대해 관심을 가져왔다. 때문에 ESG워싱에 대한 사례가 많이 존재할 뿐만 아니라 사회적으로 ESG워싱에 민감하게 반응하고 있으며, 이에 대한 파장이 크다고 할 수 있다. 이에 일반 소비자들이 직접적으로 일상생활에서 체감하기 쉬운 그린워싱에 대해 세부적으로 살펴보기로 한다.

이 부분에 있어서 가장 많이 활용하고 있는 지표는 캐나다의 컨설팅 회사인 테라초이스(Terra Choice)가 해마다 발표하는 「그린워싱(Green Washing)의 7가지 죄악(The Sins of Green Washing)」이다. 이를 통해 소비자들에게 그린워싱을 알리고 이러한 기업의 제품을 소비하지 않도록 아래와 같이 구체적인 가이드라인을 제시하였다.

<그린워싱의 유형>

항목	내용	예시
숨겨진 상충효과 (Hidden Trade-Offs)	일부의 환경문제가 해결된 것으로 보이지만 또 다른 환경문제를 야기하는 경우	종이 빨대는 플라스틱 빨대를 대체하여 환경문제를 해결했는데, 플라스틱 빨대는 재활용이 가능하지만 종이 빨대는 재활용이 어려움
불충분한 증거 (No Proof)	주장을 뒷받침하는 증거나 제삼자의 인증이 없는 경우	BPA*라는 화학물질에 대한 유해성이 입증되지 않은 채 BPA-Free 제품을 이용한 마케팅을 통해 친환경 기업임을 주장하는 사례

모호함 (Vagueness)	구체적인 설명 없이 친환경과 관련된 용어를 남용하여 소비자의 이해를 저해하는 행위	성분에 관한 상세한 설명 없이 녹색, 지속가능, 에코와 같은 단어를 상품에 무의미하게 사용
관련성 없음 (Irrelevance)	중요하지 않은 환경적 특징을 광고하는 행위	CFC(염화불화탄소)는 30년 이상 금지되어왔지만 CFC 불포함을 내세워 광고
두 가지 해로운 요소 중 덜한 것 (Lesser of Two Evils)	친환경적인 특징은 있지만, 비교대상보다 덜 해로울 뿐 환경을 해치는 요소가 있음에도 친환경적인 것처럼 광고하는 행위	버거킹은 메탄 소고기 패티** 사용으로 메탄가스를 줄이겠다고 캠페인을 벌였으나 그 영향은 미미하고 지구온난화의 문제가 되는 육류 소비는 그대로인 상황
거짓말 (Fibbing)	친환경적인 요소가 없음에도 친환경 상품인 것처럼 광고하는 행위	디젤 자동차가 이산화탄소 배출량을 제로로 만든다고 하는 경우
허위라벨 (Worshiping False Labels)	어떤 기관에서도 인증되지 않은 라벨을 부착하는 행위	USDA Organic, ISO14001, Green seal

* 페놀과 아세톤의 축합 반응에 의하여 생성되는 백색의 결정체로, 폴리카보네이트 수지, 에폭시 수지의 원료로 사용된다.
** 버거킹은 메탄가스가 지구온난화의 주범인 온실가스 중 하나로, 메탄가스를 가장 많이 배출하는 가축이 '소'라는 부분에 대해 책임감을 느끼고, '레몬그라스'라는 사료용 풀을 먹여 메탄가스를 줄이고 있다고 광고를 하였다. 그런데 정작 햄버거를 구입하기 위해 드라이브 스루 매장에서 대기 중인 자동차의 배기가스가 대기오염을 더욱 많이 유발시키므로 근본적 원인인 소고기 소비를 줄여야 한다고 논란을 야기한 사례다.

출처: Terra Choice, 「Sins of Green Washing」, 2010.

'숨겨진 상충효과(Hidden Trade-Offs)'는 일부 속성이 친환경적이지만 전체적으로 보았을 때는, 다른 환경적인 문제를 유발함에도 제조사 등이 이런 부분을 감추는 것이다. '불충분한 증거(No proof)'는 과학적인 증거가 불충분하거나 검증이 안 된 정보를 가지고 친환경을 주장하는 사례를 말한다. '모호함(Vagueness)'이란 정확한 의미 파악이 어려운 환경과 관련된 애매한 용어를 사용하여 소비자에게 혼란을 초래하는 것을 의미한다. '관련성 없음(Irrelevance)'이란 환경에 크게 영향을 미치지 않는 중요한 사실을 가지고 환경과 직접 관련되는 것처럼 광고하는 행위를 말한다. '두 가지 해로운 요소 중 덜한 것(Lesser of Two Evils)'은 하나는 친환경적 요소가 맞지만, 다른 나머지 것의 환경에 해로운 요소는 언급하지 않거나 덜 언급해 본질을 왜곡하는 행위이다. '거짓말(Fibbing)'이란 취득하지 못했거나 인증되지 않은 친환경 마크를 사용하는 행위로 거짓 친환경 상품을 의미한다. '허위라벨(Worshiping False Labels)'은 유사 이미지를 가지고 공인마크로 위장하는 부적절한 거짓 라벨을 부착하는 행위를 뜻한다.

4. 그린워싱의 사례

1) 이니스프리

국내 최대 화장품회사인 아모레퍼시픽의 자회사 이니스프리는 2020년 6월, "그린티 씨드 세럼 페이퍼 보틀 리미티드 에디션"이라는 제품을 출시하면서 '페이퍼 보틀'을 친환경 용기로 선전했으나 종이로 제작된 겉면을 벗겨내면 그 속에 플라스틱 용기가 들어있어, 친환경적이지도 않으면서 소비자를 기만했다는 논란에 휩싸였다. 제조사 입장에서는 플라스틱 사용을 줄인 점을 강조했다고는 하나, 제품명에 '페이퍼 보틀'이라는 단어가 들어가 있고, 용기 표면에 "Hello, I'm Paper Bottle"이라는 광고 문구를 사용하여 소비자들에게 혼란을 야기한 부분을 인정, 소비자들에게 사과한 사실이 있다.

2) 한국전력

2020년 한국전력은 친환경 기업으로 나아갈 것을 표방하면서, 탄소배출문제를 야기하는 석탄화력발전소에 투자하는 이중적인 행보로 비난을 받았다. 한전은 녹색 채권을 발행하는 등 환경친화적 활동을 전개하면서도 투자 제한대상인 인도네시아와 베트남의 석탄화력발전소에 투자하는 등 이중적인 행태를 보였다. 그 결과, 네덜란드 연기금에서는 한전에 대한 투자를 중단하는 지경에 이르렀다.

3) 바이탈팜

바이탈팜은 미국에서 동물복지, 친환경 계란으로 유명해진 기업으로 2020년 8월 상장해서 기업가치가 13억 달러까지 이르렀던 회사이다. 2021년 5월, 일반적 사육 환경에서 가축을 기르면서도 마치 자연 방사해서 가축을 키우는 등 동물복지를 고려하는 것처럼 홍보함으로써 소비자들에게 집단 소송을 당하고 그 결과 주가가 폭락했다.

4) 폭스바겐

세계적인 자동차 회사인 폭스바겐은 2000년대 미국의 배출가스 허용 기준을 충족시키기 위해, 불법 소프트웨어로 차량 배출가스 저감장치 성능을 조작한 사실이 있다. 친환경 마케팅을 전개하면서도 질소산화물 등 각종 유해, 오염 물질을 기준치의 40배까지 배출했다는 사실이 2015년

뒤늦게 밝혀진 것이다. 이는 폭스바겐의 디젤 게이트로 비화되었고 천문학적인 배상금 지불은 물론 회장의 사퇴를 가져왔으며, 국내에서는 몇 년 동안 차량 판매가 금지되었다. 그 결과, 더 이상 클린 디젤이라는 용어는 사용되지 않게 되고, 경유차 퇴출 정책으로의 전환을 가져왔다.

5. 각국의 그린워싱 방지대책

이와 같은 그린워싱의 사례가 발생함에 따라 이를 방지하기 위해 국가별로 자국의 실정에 맞는 방지 대책을 마련하거나 시행하고 있는데, 이에 대해 살펴보기로 하자.

1) 미국

미국은 FTC(연방거래위원회)가 1992년부터 친환경 관련 과장행위를 금지하는 '그린 가이드'를 제정하여 기업의 ESG와 관련된 홍보활동의 위반 행위에 대해 조사하고 있다. 또한 증권위원회(SEC)는 온실가스배출 축소를 목적으로 2022년 4월에 기후공시 의무화를 발표, 기업들에 대해 보다 엄격하게 본 규정을 적용하고 있다.

2) EU

유럽연합(EU)은 2020년부터 그린워싱 예방을 위해 '에코라벨' 제도를 적용하고 있다. 에코라벨 제도는 정부 혹은 정부가 인정한 공인기관에서 제품 및 서비스에 대하여 친환경성을 검증하고 인증표시를 부여하는 제도이다. 추가적으로 EU는 그린, 에코, 친환경 등의 단어를 사용하는 제품들의 신뢰성 강화를 위해 허위, 과장, 거짓된 친환경 제품을 규제하고 이를 통해 발생한 이익에 대해 회수하고 페널티를 부과하는 내용을 포함하는 법 제정을 검토 중이다.

3) 영국

영국은 '소비자 보호 규정'에서 정한 허위·과장된 정보 기준과는 별개로 친환경이라고 주장할 경우, 이를 뒷받침할 수 있는 증거는 물론, 소비자에게 의무적으로 투명하고 객관적인 정보를 제공하게 하는 '친환경 주장 지침'을 2021년에 발표했다. 아울러 2022년에는 그린워싱 방지를 위해 '그린 클레임 코드'를 발표하였는데, 해당 원칙은 "진실성", "명확성", "중요 정보의 생략", "숨김 불가", "제품 전체 수명주기 고려", "공정하고 의미 있는 비교", "입증 가능성"으로 구분하고 있다.

4) 대한민국

2021년 환경부에서는 녹색금융 활성화 및 그린워싱 피해를 예방하기 위해 '한국형 녹색분류체계'를 지정하였다. 아울러 기존에 존재하고 있는 「표시광고법」, 「환경기술산업법」의 실효성을 높이기 위해, 2023년 10월까지 '친환경' 문구 사용에 대한 세부적인 가이드라인을 마련키로 하였다. 금융감독원도 최근 ESG 채권의 인증 평가 가이드라인을 제정했다. 이를 통해 ESG 채권이 실제 ESG 목적에 맞게 집행되는지를 확인, 그린워싱의 방지를 유도하고 있다.

6. 그린워싱 이슈 및 대응 방안

1) 글로벌 기준과 국내 기업들의 현실 차이 극복

현대자동차그룹은 계열사들이 2050년까지 'RE100'을 달성하겠다고 선언했다. RE100은 '재생에너지(Renewable Energy) 100%'의 줄임말로 제품생산에 있어 사용된 전력량의 100%를 태양광, 풍력 등 재생에너지로 조달하는 것이다. 애플, 구글 등 30개 선진 글로벌 기업들은 이미 RE100을 달성하였는데, 이는 'ESG 경영'에 있어 중요한 수단이다.

하지만 전 세계적 환경단체인 그린피스는 RE100에 가입된 세계적 기업들의 평균 목표가 2028년임을 이유로 현대자동차의 2050년 목표 연도는 너무 늦다고 지적하고 있다. 이처럼 국내 기업들은 서둘러서 ESG 경영을 도입하고 있으나, 글로벌 기준에는 미치지 못하고 있다.

2) ESG 판단 기준의 모호성 해결

국내에서 ESG 경영에 있어 가장 적극적이고 선도적인 SK그룹마저도 그린워싱 논란에 휘말린 경험이 있다. 2021년 오스트레일리아 해상가스 개발에 있어, SK E&S가 호주의 해상가스전 개발사업에 14억 달러(약 1조6,000억 원)의 투자를 결정했다. 가스전에서도 유전과 마찬가지로 개발과정에서 배출되는 이산화탄소를 처리하기 위해 이를 포집해 지하에 저장하는 탄소포집저장기술(CCS)을 도입하기로 하였다. 하지만 현지 및 국내 환경운동단체들은 SK에 서한을 보내 "가스전 개발사업은 SK의 화석연료 의존도를 줄이겠다는 선언과 충돌한다"며 이는 그린워싱에 해당된다고 주장하였다. SK 입장에서는 검증된 기술을 사용함에도 논란이 발생한 것이므로 상당히 곤란한 상황에 직면한 것이다. 이처럼 SK 가스전 논란은 ESG 경영이 얼마나 어려운지를 대표적으로 보여주는 사례라 할 수 있다.

3) 모순적 행위의 지양

앞서 언급한 바와 같이 한전은 5억 달러 규모의 그린펀드를 발행하고도 인도네시아와 베트남의 석탄발전소에 투자함으로써 논란을 야기했다. 이에 한전은 이 투자가 상대국들과의 외교관계 등을 고려한 결정이었고, 그린펀드 발행으로 마련한 자금을 석탄화력발전소에 투자한 것은 아니라고 주장했으나, 해외 언론들은 그린워싱에 해당한다고 지적했다.

그린펀드를 발행할 정도로 탄소배출 감축에 큰 관심을 가진 기업이 한편으로는 석탄발전소 투자를 한다는 건 모순적 행위라 할 수 있다. 이전에 한전은 신규 해외 석탄화력발전소 투자 중단을 결정한 상태였고, 2050년까지 해외의 모든 석탄화력발전소 사업에서 철수한다고 밝힌 바가 있다. 네덜란드 연기금의 투자 회수와 같이 글로벌 ESG 투자자들은 약간이라도 유해환경 요소가 있는 기업에 대해서는 투자 대상에서 가차없이 배제하기 때문에 이에 대한 대응이 필요하다.

4) 진정성 있는 ESG 경영의 실천

ESG 경영에 있어 가장 핵심적인 요소는 '진정성'이다. ESG 경영을 단순히 기업의 홍보 수단으로 활용하는 것에만 그친다면 투자자와 소비자는 장기적으로 그 기업을 외면할 것이다. 그러므로 기업은 소비자들과 일회성, 단편적으로 소통하는 것이 아니라 끊임없이 적극적이고 다양하게 소통을 지속해야 한다. 이제 ESG 경영은 기업에 있어서 선택의 문제가 아니라 반드시 해야 할 필수 요소이다. 때문에 ESG 경영에 있어 단기적 이익을 어느 정도 포기하고 장기적으로 관리한다는 마음가짐이 필요하다.

5) ESG 경영의 내실화 및 투명한 정보공유

ESG 경영이 중요한 트렌드로 자리를 잡으면서 투자자들은 ESG 성과가 좋은 기업들을 선정하여 투자하기 시작했다. 아울러 지구온난화, 플라스틱 오염 같은 환경문제 및 산업안전, 인권, 다양성, 포용성 등에 대한 사회적 인식이 높아지고 있으며 관련 법규도 강화되고 있다.

기업들도 더 이상 ESG와 관련된 이슈를 피할 수 없다고 느끼고 많은 기업들이 ESG 경영을 표방하기 시작했다. 하지만 무엇인가를 해야 한다는 압박감과 초조함만 가지고는 ESG 경영을 잘할 수는 없다. 장기적인 비전과 전략하에 구체적인 실행계획을 수립해야 한다. 마음만 조급하고 준비가 부족하면 결과는 좋게 나타날 수 없다. '겉보기만 ESG 경영'을 하는 경우, 필연적으로 워싱의 문제를 야기할 것이다. 앞으로도 ESG 경영에 대한 투자자, 이해관계자, 정부의 압력이 더욱 강해질 것으로 예상됨에 따라 워싱에 대한 유혹은 계속될 것으로 보인다.

과거 그린워싱이 기업의 평판에 손상을 입히는 정도였다면, ESG워싱의 피해는 훨씬 더 클 것이다. 즉 주가 폭락이나 소송제기 등으로 인한 경제적 손실은 기업에 매우 치명적으로 작용할 수 있다. 따라서 본원적 기업활동과 ESG 활동의 자연스러운 결합, 투명한 정보 공유가 워싱을 막는 가장 효과적인 방법일 것이다.

6) 외부 검증의 객관화 및 표준화

부실한 ESG 정보가 워싱 문제를 일으키는 주원인으로 지목되는 만큼, 시장 및 소비자에 대한 신뢰도를 높이기 위한 외부 검증이 필요하다. 하지만 검증기관별 평가 지표 및 기준이 상이하고 그 결과도 천차만별인

바, 이에 대한 객관화 및 표준화가 시급하다 할 것이다.

7. 맺음말

세계적인 자산운용사 블랙록의 래리 핑크 회장은 2021년 주주 및 투자기업의 CEO들에게 보낸 연례서신에서 '석탄산업에서 25% 이상의 수익이 발생하는 기업에 대해서는 투자하지 않는다'는 것과 같은 환경친화적 방침을 밝혔다. 이제는 투자 자본도 더 이상 지금의 기후위기를 손 놓고 볼 수 없는 지경에 이르른 것이다.

이제는 ESG가 바다 건너 다른 나라의 이야기가 아니고 규모가 큰 대기업만의 이야기도 아니다. 하지만 급하게 먹으면 체하기 마련이다. ESG 워싱의 문제는 이해의 부족과 부실한 준비에서 시작되는데, 이럴 경우 좋지 못한 결과를 초래한다. 이 문제를 해결하기 위해서는 결국 우리 사회 전반의 ESG에 대한 이해를 높이고 기업들은 이에 대해 철저히 준비해야 한다. 이를 통해 기후위기 대응은 물론 더 나은 사회를 만들어나갈 수 있을 것이다. 모든 일은 마음먹기 나름이다. 기본에 충실하고 철저히 ESG를 실행해가면서 지금의 위기를 극복함은 물론 더 큰 기회를 만들어나갔으면 한다.

참고문헌

- 김재필, 『ESG 혁명이 온다』, 한스미디어, 2021.
- 김영기 외, 『AI 메타버스시대 ESG 경영 전략』, 브레인플랫폼(주), 2022.
- 신지영, 『지금 당장 ESG』, 천그루 숲, 2022.
- 권용희, 「[ISSF 2023] 그린워싱, 기업 혁신의 장애물 관점서 보라 ③」, 인더뉴스, 2023.4.18.
- 김성우, 「그린워싱 방지, 선택 아닌 필수다」, 에너지경제, 2023.6.25.
- 김수진, 「버거킹, 메탄가스를 줄일 해결책은?」, 디지털 인사이트, 2020.8.11.
- 김지강, 「네덜란드 연기금, 석탄발전소 투자 이유로 한전 지분 전량 매각」, 더나은미래, 2021.2.4.
- 박용기, 「ESG 경영 성공하려면 '그린워싱' 경계해야」, 품질경영, 2021.7.
- 이은재, 「그린워싱 문제 불거지면 기업 평판에 심각한 리스크」, 리걸타임즈, 2022.5.31.
- 이춘재, 「재계 우등생들은 왜 'ESG워싱' 의심받고 있나」, 한겨레, 2021.7.18.
- 이한듬, 「겉만 친환경 안돼… 그린워싱 제재 나선 정부"」, Money S, 2023.2.13.
- 유미지, 「2024년 시행되는 국내 청정수소 인증제… 현재 진척은 어디까지?」, 임팩트온, 2023.7.4.
- 정호, 「[똑똑 키워드] 포장만 친환경, '그린워싱' 적색경보」, 뉴스워치, 2022.8.22.
- 조강희, 「[에코스토리] 경계해야 할 그린워싱」, 인천일보, 2023.6.20.

저자소개

천정호 CHUN JEONG HO

학력
- 건국대학교 농경제학과 학사 졸업
- 교육부 경영학 학사 졸업
- 건국대학교 일반대학원 농경제학과 석사 졸업
- 서울벤처대학원대학교 융합산업학과 경영학전공 박사 과정 재학 중

경력
- GS25 PL, 신규점팀장, 영업팀장(2000.12.~현재)
- 중소기업 ESG경영지원단 (한국경영기술지도사회)
- 규제 뽀개기국민판정단 Pool(중소벤처기업부)
- 중앙대학교 행정대학원 표준고위과정 7기 수료
- ESG 공급망 컨설턴트(실사자) 교육 이수

자격
- 경영지도사(35기, 마케팅)
- 물류관리사
- 유통관리사 2급
- 전경련 ESG 전문가

- 중소기업 ESG 전문가
- ISO9001, 14001, 45001 국제선임심사원
- 사회조사분석사 2급
- 소비자전문상담사 2급
- 텔레마케팅 관리사
- CS리더스(관리사)
- SMAT(서비스경영자격) 1급(컨설턴트)
- FC 슈퍼바이저
- 창업보육전문매니저

수상
- 산업통상자원부 장관상(2022.6.)

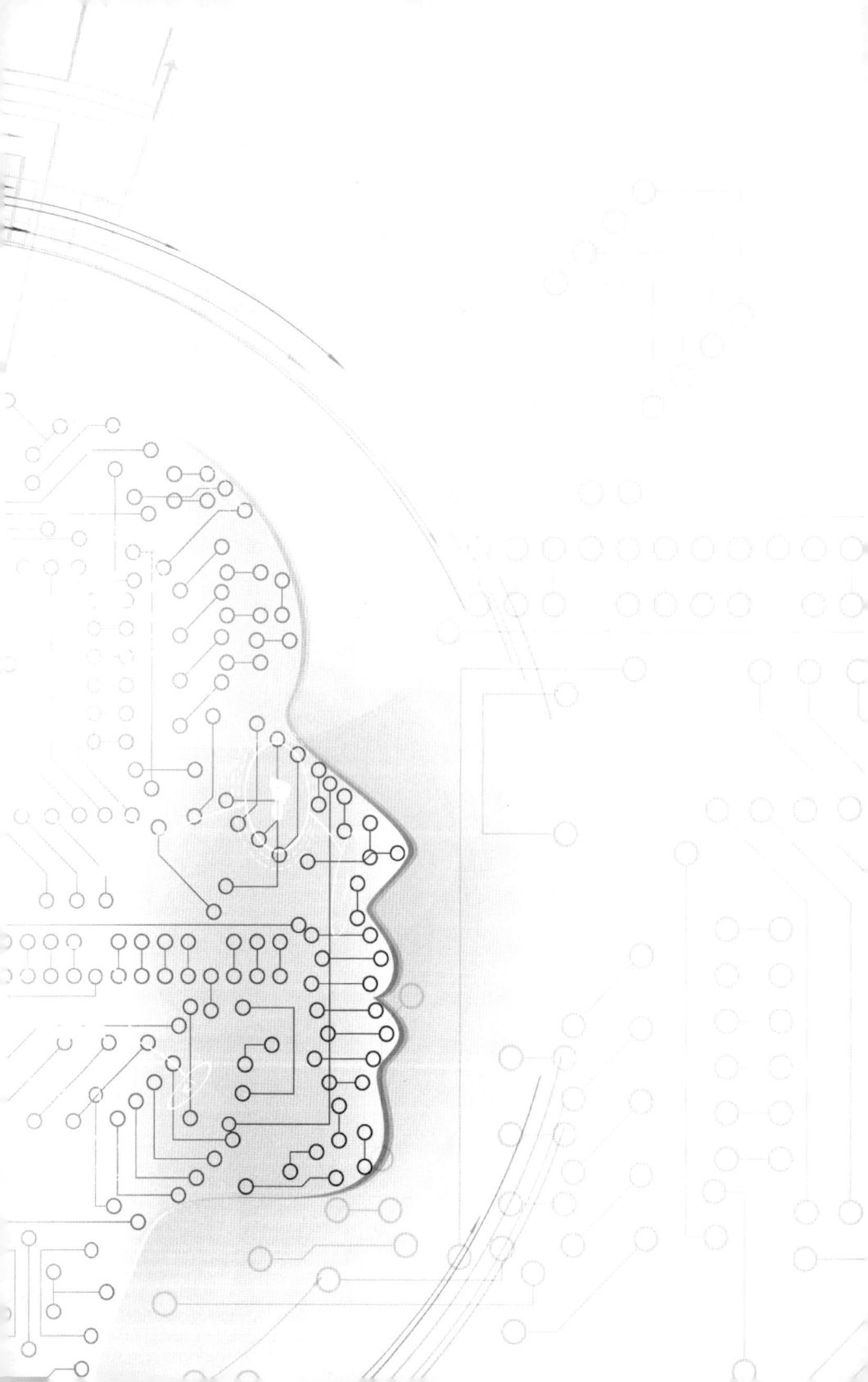

제13장

쓰레기에 AI를 접목하면 ESG 머니가 된다

김현희

1. 쓰레기가 돈이 되는 순환경제

최근 세계는 온실가스로 인한 기후변화 위기를 맞고 있고 해수면 해수온도 상승, 이상기후 현상 등의 문제가 발생하고 있다. 이는 한 국가만의 문제가 아니라 지구상 모든 국가에 직면한 공통의 문제이기 때문에 전 지구적 대책이 필요하다는 데 모두 공감하고 있다.

1) 순환경제 배경

선형경제의 한계로 인해 발생한 자원낭비, 환경파괴, 쓰레기 산적 및 기후변화 문제는 산업혁명 이후 대규모 생산과 소비의 결과물이다. 이러한 문제를 해결하기 위한 방법은 자원사용의 효율성을 높이는 것뿐만 아니라, 결국은 폐기물 발생을 없애는 순환경제로 경제체계를 바꾸는 것이다. 순환경제(Circular Economy)는 생산과 소비의 전 과정에 걸친 지속 가능한 삶의 방식이다. 정부와 기업은 이런 새로운 패러다임에 적응하기 위해 선도적인 투자를 통해 세계 경제에서 우위를 확보해야 한다.

2) 순환경제 비즈니스 모델

선형경제 모델은 제품 판매가 기업의 가치를 창출하는 방법이라고 생각한다. 그래서 기업은 연속적인 기술개발로 더 많은 제품을 만들고, 세계적인 생산망을 구축하여 제조비용을 줄인다. 또한 소비자에게 새로운 제품을 계속 구매하도록 마케팅 전략을 사용하기 때문에 제품의 수명은 짧아지고, 쓰레기는 많아지게 된다. 폐기물은 재활용이나 재제조를 통해 다시 이용할 수 있지만, 이것은 기업의 가치를 높이는 방법이 아니므로 기업은 이런 활동에 관심이 적다.

<선형경제와 순환경제 모델의 비교>

선형경제 매커니즘	순환경제 매커니즘
제품은 가치창출의 수단	제품은 서비스 창출을 위한 도구
• 제품의 소유권은 소비자에게 • 가능한 많이 판매하고 생산원가를 최대한 낮춤 • 구제품을 버리고 신제품을 구매하도록 유도	• 제품의 소유권은 기업에게 • 제품 판매가 아닌 제품의 부가가치 서비스 향상이 필요 • 제품은 회사 자산, 재사용 통한 제품수명 연장이 비용 절감
글로벌 생산체인에 의한 경제	생산체인의 로컬화로 생산과 소비의 일원화
• 인건비·원료비 절감을 통한 비용 효율성을 창출	• 서비스 제공 위해 소비자 밀접 지역 생산이 유리
제품공급이 소비자 수요를 유도	사용자의 니즈가 제품의 역할을 주도
• 신제품 출시시기를 단축시키는 것이 기업에 유리	• 최선의 서비스 제공이 중요
기능을 다한 제품은 폐기물	기능이 다한 제품도 기업의 자산
• 수리, 재사용, 재제조는 기업의 이익이 되지 않음	• 제품은 기업의 자산으로 재사용·재제조 기술개발 적극적

출처: 환경부, 한국환경산업기술원, PwC

순환경제에서는 제품을 팔지 않고, 서비스를 제공하는 비즈니스 모델이 핵심이다. 제품의 소유자는 기업이고, 제품은 기업의 자산으로 취급되기 때문에 제품의 수명을 늘리는 것이 기업의 이익을 증대하는 방법이다. 이를 위해 기업은 제품을 만들 때 수명연장을 고려한 디자인을 하고, 제품의 재활용이나 재사용을 가능하게 하는 기술을 개발하여 결국에는 폐기물 발생을 감소시키게 된다.

또한 서비스를 제공하기 때문에 소비자가 있는 곳과 가까운 지역에서 자원을 공급하는 것이 최적의 선택이 되어서, 선형경제에서처럼 생산체인을 글로벌화할 필요가 없게 된다.

선형경제가 제품의 제조와 폐기에 초점을 맞춘 비즈니스 모델이라면, 순환경제는 생산보다 소비자의 요구에 집중한 비즈니스 모델을 추구한다. 구체적으로는 PaaS(제품 서비스화), 수거 및 재활용 비즈니스, 제품 수명연장 비즈니스 등으로 나눌 수 있는데, 이들에 대해 자세히 알아보겠다.

(1) 제품 서비스화

순환경제에서는 제품을 구매하지 않고, 서비스를 이용하는 비즈니스 모델이 중요하다. '소비자가 제품을 구매하는 동기는 제품의 본질이 아니라 그 제품이 수행할 수 있는 역할이다'라는 생각에 기반한 비즈니스 모델이다. PaaS의 형태로는 세탁소가 대표적이다. '소비자가 필요한 건 세탁 서비스지, 세탁기가 아니다'라는 관점에서, 기계는 기업이 소유하고 소비자에게는 세탁 기능만을 제공한다.

최근에는 교통, 사무공간, 생활용품 등 여러 분야로 PaaS 개념이 확장되고 있는데, 전기차 배터리 분야에서도 리스를 활용한 제품 서비스화가 진행 중이다. 해당 서비스를 이용 시, 소비자는 배터리를 제외한 전기차만 구매하고 보유기간 동안 매달 배터리 리스비를 납부하게 된다. 이 경우 차량 구매비의 30~40%를 차지하는 배터리 비용이 빠진 가격으로 전기차를 구매하게 돼 초기 비용부담이 크게 줄어든다. 추가로 배터리 관리·수리 관련 다양한 서비스를 받을 수 있게 된다.

기업의 입장에서는 배터리 관련 서비스 수익을 얻을 수 있으며, 폐배터리 회수 및 재활용을 통해 새로운 비즈니스 기회를 창출할 수 있다. 또한 사회적으로는 자원의 효율적 활용 및 관리와 함께, 적절한 폐기물 처리를 통한 순환경제 실현으로 다양한 사회적 비용을 절감할 수 있다.

(2) 수거(회수) 및 재활용 비즈니스

제품을 고객에게 전달하고, 기업이 수명이 다한 제품을 다시 회수하는 양방향 공급모델을 통해 폐기물이라는 개념을 사라지게 하는 것이 수거(회수) 및 재활용 비즈니스 모델이다. 과거에는 제품의 추적·분류·검사 기술이 부족하여 회수비용이 너무 높아 실현하기 힘들었다. 또한 폐기된 제품에 남은 가치를 제대로 파악하지 못함에 따라 전 세계 폐기물의 40% 정도만 재사용·재활용되었다.

그러나 IT 기술의 발전으로 제품에 내장된 칩을 통해 판매된 제품의 실시간 상태를 알 수 있게 되었고, 환경 관련 기술의 발전으로 재사용·재활용률이 점점 증가하고 있다. 한국의 경우 재활용률이 80% 이상으로 매우 높은 수준이며, 정부의 '2027년 직매립 제로' 정책을 통해 재활용률이 더욱 높아질 것으로 예상된다.

<국가별 폐기물 처리현황 비교>

국가	미국	EU	일본	한국*
폐기물 처리방식 비율	2020 ■ 매립 ■ 소각 ■ 재활용 ■ 기타	2020 ■ 매립 ■ 소각 ■ 재활용 ■ 기타	2019 ■ 매립 ■ 소각 ■ 재활용 ■ 기타	2020 ■ 매립 ■ 소각 ■ 재활용 ■ 기타
특징	· 매립이 50% 이상으로 압도적 · 재활용 비율 25%로 저조 · 유기성 폐기물 연관된 비료화 처리가 특징인 방식	· 매립과 재활용 비율이 각각 39%, 38%로 유사함 · 재활용률이 낮은편으로 재활용 산업 발전 여지가 높음	· 매립 비중↓, 소각 비중↑ · 금속스크랩 재활용률 약 94%로 매우 높지만, 폐플라스틱 재활용률 50% 내외로 저조	· 매립지 고갈이 현안으로, 수도권 중심 매립 용량 감소 본격화 · 재활용률이 높은 편

출처: PwC

　폐기물 산업은 처리(소각 및 매립), 수집·운반, 재생(재활용)업으로 나뉜다. 처리에 해당하는 소각 및 매립시설의 경우, 엄격한 환경규제와 지역주민의 반대 등으로 인해 인허가 절차가 매우 어렵고 많은 투자비용이 들어가므로, 새로운 Player의 시장진입이 힘들다. 그래서 해당 부문은 시장 참여자가 적고, 높은 매출과 이익률을 달성하고 있다.

　반면에 폐기물 수집·운반, 재활용업은 수없이 많은 작은 업체가 경쟁하고 있다. 이러한 노동 중심적 구조로 시장의 절대적 지배자가 없다. 재활용 필요성에 대한 사회적 인식 상승과 시장의 높은 성장 잠재력 등을 고려하면, 앞으로 대형 업체 중심으로 한 시장 재편 가능성이 크다.

<재활용 비즈니스 현황 및 전망>

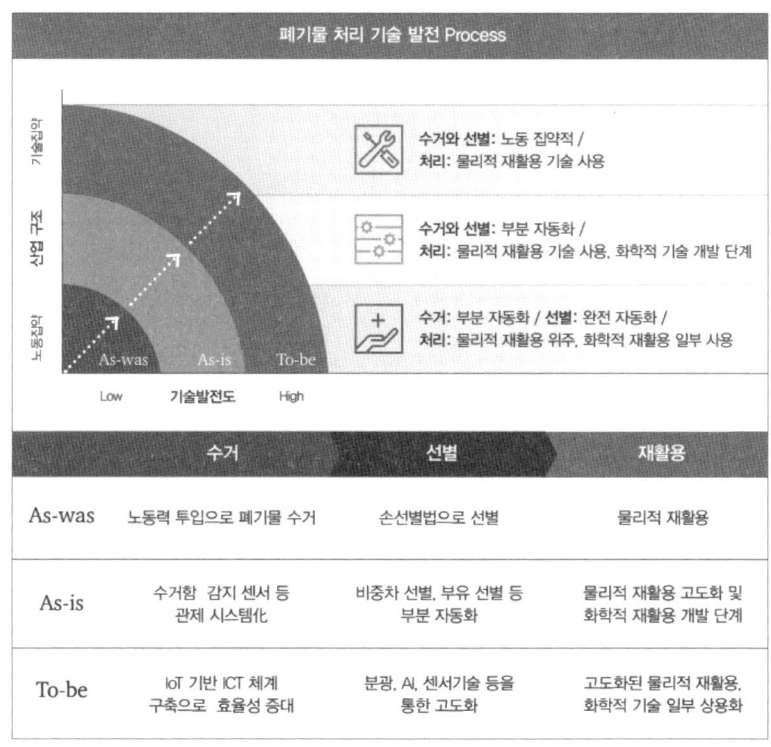

출처: PwC

2. 탄소중립을 달성하기 위한 순환경제

　산업부문의 순환경제 전환은 2050년 탄소중립을 달성하기 위한 필수적인 조건이다. 순환경제를 통한 탄소감축은 비용 대비 효과가 높은 솔루션이다. 현재 유럽의 탄소배출권 가격은 60유로/톤인데, 순환경제에서는 1톤의 탄소배출을 줄이기 위해 50유로 미만의 비용만 들어간다. 이를 고려하면 탄소배출권을 사는 것보다 순환경제 비즈니스를 통한 비용 절감이 유리하다.

또한 공유경제, 내구성 있는 제품 개발, 업사이클링 등을 통해 새로운 이익 창출도 가능하다. 소비자의 환경의식 증가로 향후 연평균 6% 수준의 성장이 예상된다.

<글로벌 재활용시장 전망: 종류별>

CAGR	종류
5.7%	전체
4.9%	Others*
31.8%	폐배터리
4.0%	폐금속
5.6%	음식물 폐기물
7.4%	폐플라스틱
11.9%	폐가전
3.9%	폐지
2.7%	건설폐기물

* 폐식용유, 폐섬유류, 폐유리

출처: PwC
단위: 억 달러

품목별로 분석하면, 시장 규모 면에서는 건설폐기물이, 성장성 면에서는 폐배터리가 가장 크다고 예측되는데, 이 두 가지를 동시에 고려하면 폐가전·폐배터리·폐플라스틱이 미래시장을 주도할 것으로 보인다.

3. 플라스틱 순환경제

순환경제의 핵심 분야 중에서 일상생활에서 제일 많이 쓰이는 플라스틱에 대해 더 자세히 알아보겠다.

1) 플라스틱 순환경제의 필요성

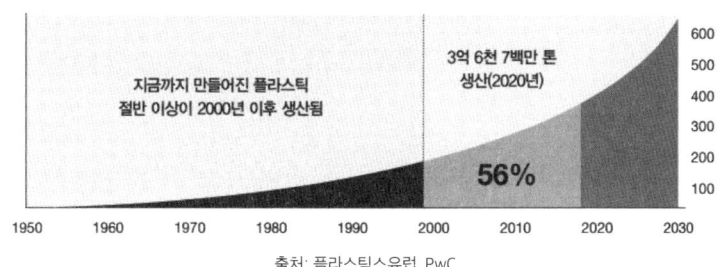

출처: 플라스틱스유럽, PwC

플라스틱은 1846년 처음 발명되었고 1930년 이후 인류 생활에 급격히 퍼졌다. 플라스틱스유럽(Plastics Europe)이라는 유럽의 플라스틱 산업 단체의 발표 자료에 따르면, 2020년에 만들어진 전 세계 플라스틱 양은 3억6,700만 톤이고, 이대로 가면 플라스틱 양은 2015년 대비 2030~2035년 사이에 2배, 2050년까지는 3배로 늘어날 거라고 예측한다.

플라스틱의 대부분은 미생물에 의해 해체되지 않는 화학적 특성을 갖고 있기 때문에 자연적으로 분해되는 데 500년 이상의 시간이 소요된다.

플라스틱 컵이나 일회용 기저귀, 낚싯줄 같은 플라스틱 제품은 자연에서 사라지는 데 430년에서 600년이 걸린다. 이런 플라스틱들이 여러 생물의 체내에 쌓이고 결국엔 먹이사슬을 따라 인간의 몸에도 미세플라스틱이 쌓이고 만다. 따라서 인간의 건강과 생태계에 큰 위험을 초래하고 있는 것이다.

미국 캘리포니아주립대학에서 발표한 연구 결과에 따르면, 1950년부터 2015년 사이에 만들어진 플라스틱의 양은 대략 83억 톤이며, 그 중 58억 톤은 버려진 것으로 나타났다. 폐기된 58억 톤 중에서 약 46억 톤(79%)은 매립되거나 자연에 버려졌고, 7억 톤(12%)은 소각, 5억 톤(9%)만이 재활용된 것으로 나타났다. 게다가 그 재활용 제품(5억 톤) 중 80%가 사용한 후에 버리거나 태워버리는 것으로 나타났기 때문에, 재활용이 실제로 이루어지는 비율은 9%도 안 되는 것으로 파악된다.

2019년을 기준으로 플라스틱의 생산부터 폐기까지의 전 과정에서 방출되는 탄소의 양은 석탄화력발전소 200개가 방출하는 탄소의 양과 같다는 것이 국제환경법센터(Center for International Environmental Law)의 연구에서 밝혀졌다.

플라스틱 1톤을 만들 때마다 온실가스가 5톤이나 나오는데, 플라스틱 생산이 지금처럼 계속 늘어나면 플라스틱의 제조부터 폐기까지의 과정에서 내뿜는 온실가스의 양은 상상을 초월할 것이다. 2030년에는 2019년보다 반 이상 많아져서 약 13억4,000톤(화력발전소 300곳이 내뿜는 양)

이 될 것이라고 예상한다.

　이렇게 방출되는 탄소의 양은, 지구 온도상승을 1.5℃ 이하로 막기 위해 정한 파리협약의 목표를 달성하기 위해 남겨둔 탄소 한도의 10~13%가 2050년까지 플라스틱 생산에 쓰일 수 있고, 2100년까지는 25% 이상이 쓰일 수 있다는 것을 의미한다.

　플라스틱은 99% 화석연료로 만들어진다. 석유 및 가스 채출 → 정제 분해 → 소각으로 이루어지는 전 과정에서 플라스틱 온실가스가 배출된다. 플라스틱 온실가스 배출량의 61%는 석유자원 채출과 플라스틱 수지를 제조하는 과정에서 발생하고, 30%는 수지를 가공하여 포장재 등 플라스틱 제품을 제조하는 과정에서 발생하며, 나머지 9%는 폐플라스틱을 소각·매립 처리하는 과정에서 발생한다. 플라스틱 재활용 기술이 발전해서 신재 대신 재생재를 써도 품질이 떨어지지 않는다고 하면, 플라스틱을 재활용하는 것은 신재를 쓰는 것보다 온실가스를 60% 이상 줄일 수 있는 방법이 될 것이다.

2) 플라스틱 재활용 동향

　플라스틱 순환경제에 가장 적극적인 지역은 유럽이다. EU는 2015년 '순환경제를 위한 지속가능한 성장 패키지'를 발표했으며, 2019년에 '유럽 내 플라스틱 폐기물 방지' 정책보고서를 통해서 플라스틱 생산과 폐기를 줄이기 위한 방안을 제시했다. 이에 더해 EU 소속 10개국은 플라스틱 폐기물을 땅에 묻는 것을 중단하기로 결정했다.

또한 EU는 '그린딜(Green Deal) 순환경제 행동계획'을 2020년에 발표하면서 2030년까지 포장폐기물의 재활용률을 70%로 높이겠다는 목표를 세웠다. 이에 따라 일회용 플라스틱에 대한 사용규제가 본격화되고 있으며, 동시에 재활용 플라스틱 비중 의무화를 추진 중이다.

포장재 플라스틱 폐기물 중 재활용이 불가능한 것에 대해 kg당 0.8유로의 세금을 내야 하는 플라스틱세가 2021년 1월부터 적용되고 있다. 그래서 각 회원국 정부는 매년 자국에서 생기는 포장재 플라스틱의 양에서 재활용되는 것을 제외하고 남은 것에 대해서는 kg당 0.8유로씩 EU에 내야 한다.

중국은 최근 몇 년 동안 플라스틱 폐기물 문제에 대해 높은 관심을 보였다. 2017년에는 생활 폐플라스틱을 포함한 고체폐기물 24종을 수입하지 않겠다고 선언하고, 2018년 말에는 '수입 폐기물 허가제도'를 시행하여 무역회사가 폐기물을 대신 수입하는 것을 막았다. 이렇게 중국이 폐플라스틱 수입 최대 국가에서 벗어나면서 선진국들은 플라스틱 처리에 어려움을 겪게 되었다. 따라서 선진시장에서는 일회용 플라스틱 사용을 금지하는 정책들이 활발하게 나오게 되었다.

<주요 국가 플라스틱 현황>

국가	내용
미국	• 뉴욕, '19년 1월부터 스티로폼 사용 금지 • 캘리포니아, 플로리다, 뉴저지 등 주와 도시별로 일회용 빨대 및 비닐봉투 사용 규제 시행 중
유럽	• '20년부터 플라스틱 폐기물 매립 전면 금지(EU 10개국) • '21년부터 대체 가능한 플라스틱 제품의 역내 유통을 금지 • '25년까지 대체 불가능한 플라스틱에 대해서는 다음의 목표를 수립: 플라스틱 병 – 90% 이상 분리수거, 플라스틱 봉투 – 25% 사용감축
중국	• '18년부터 폐플라스틱 수입금지 정책 시행 • '21년부터 발포플라스틱 음식용기 및 플라스틱 면봉 사용 금지 • 일회용 플라스틱 식기와 비닐포장, 비닐봉지 사용 금지: '21년 주요 도시부터 시작하여 '26년 전국 확대
한국	• '30년까지 플라스틱 재생원료 사용비율을 30%로 확대 • '22년까지 일회용 컵 및 비닐봉투 사용량 35% 감축
UAE	• 난분해 플라스틱 포장재 규격 전면 시행('14년) • 산화생분해 플라스틱 제품만 제조, 유통, 수입 허용

출처: 기사 종합, PwC

한국은 2018년 '제1차 자원순환 기본계획(2018~2027)'에 따라 폐기물 발생량을 감소시키고, 지속가능한 순환경제 비전을 제시했다. 2027년까지 폐기물 발생량을 20% 낮추고, 생활 폐기물의 매립률을 2018년에는 15%, 2022년에는 10%, 2027년에는 제로(Zero)로 만들겠다는 계획이다.

또한 '탄소중립을 위한 한국형(K)- 순환경제 이행계획'이라는 것을 2021년 말에 공개하였다. 여기서는 기존의 플라스틱 산업에 재생원료를 사용할 의무를 부과하는 것(PET은 2030년까지 최소한 30% 이상 사용해야 함)과 플라스틱 산업을 바이오 플라스틱으로 전환하는 중장기적 방안(2050년까지 생활용 플라스틱은 전부, 업무용 플라스틱은 거의 절반을 대체

함)을 제시하였다.

최근까지 플라스틱 사용을 제한하는 정책이 활발하게 진행되었으나, 코로나19 확산을 막기 위해 일회용품을 사용해야 하는 상황이 되면서 속도가 늦어졌다. 그렇지만 앞으로 플라스틱에 관한 규제는 다시 시작될 것이고, 그에 따라 플라스틱 재활용을 위한 연구와 개발도 더욱 활성화될 것이다.

코로나19는 인류가 환경문제에 더 관심을 가지도록 하였다. 각 나라의 정부와 기업들은 환경을 보호하는 데 더 적극적으로 나설 것이다. 기후변화 및 환경문제에 대응하기 위한 방법으로는 환경오염으로 인한 쓰레기, 폐기물 해결방안 마련, 에너지효율 높이기(신재생에너지), 그린주택 보급, 자원의 순환 및 재활용, 그린산업 발전 및 지원, 탄소흡수원(산림·녹지 및 습지) 조성, 친환경농업 실천, 환경 캠페인 및 교육을 펼치는 등의 정책이 있다.

폐플라스틱을 재활용하는 방법으로는 크게 화학적 재활용, 물리적 재활용, 열적 재활용이 있다. 현재 우리나라에서는 세계 대부분의 나라와 같이 물리적 재활용과 열적 재활용만 주로 하고 있다.

<폐플라스틱 처리 방법>

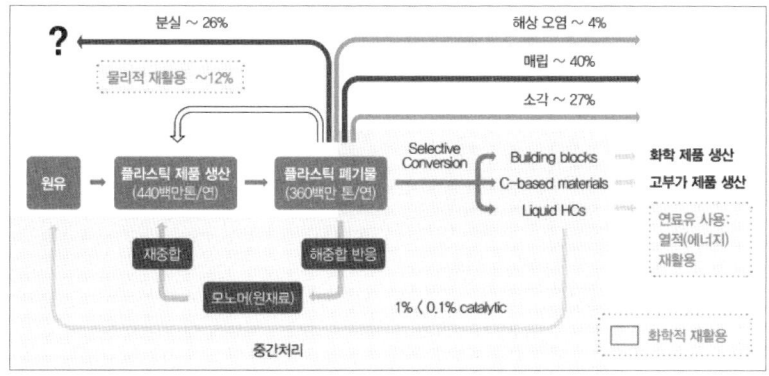

출처: PwC

화학적 재활용은 열분해를 통해 연료유를 만들어 난방이나 산업용으로 쓰는 방법으로, 다시 말해 플라스틱 쓰레기를 열분해해서 연료유로 바꾸는 수준이다. 정부의 규제 혜택과 기업들의 기술개발 및 투자 덕분에 앞으로 화학적 재활용 기술이 빨리 상용화될 것으로 예상한다.

물리적 재활용은 재활용하기 힘든 플라스틱을 골라내고 더럽거나 이물질이 묻은 플라스틱을 씻어서 재생원료로 쓸 수 있게 하는 방식이다. 간단히 말하면 폐플라스틱을 물리적으로 가공해서 다시 플라스틱으로 만드는 것이다. 세척하고 선별한 폐플라스틱 조각들을 기계로 돌려서 일정한 크기의 플라스틱 조각인 '펠렛(Pellet)'으로 만들어서 재생원료로 쓴다. 거의 모든 종류의 플라스틱에 대해 물리적 재활용 기술을 쓸 수 있다. 하지만 현재는 일상생활에서 쓰이거나 식품 용기로 쓰는 PET, HDPE 정도만 물리적으로 재활용하고 있다. 다른 종류의 플라스틱은 처리하기 위해 더 복잡한 과정이 필요해서 경제성이 낮기 때문이다.

화학적 재활용은 탄화수소 등으로 분해해서 재활용하는 방법이다. 주로 열분해나 화학반응 공정을 거쳐서 이루어지며, 플라스틱 종류나 오염도에 크게 영향받지 않아 물리적 재활용의 한계를 극복하기 위한 최선의 해결책으로 세계 화학 산업에서 주목받고 있는 기술이다. 물리적 재활용이 플라스틱 성질을 바꾸지 않고 형태만 바꾸는 것이라면, 화학적 재활용은 고분자(Polymer) 형태의 플라스틱에 화학적 반응을 일으켜 플라스틱의 원료인 모노머(Monomer, 단량체)로 완전히 되돌리는 것을 말한다.

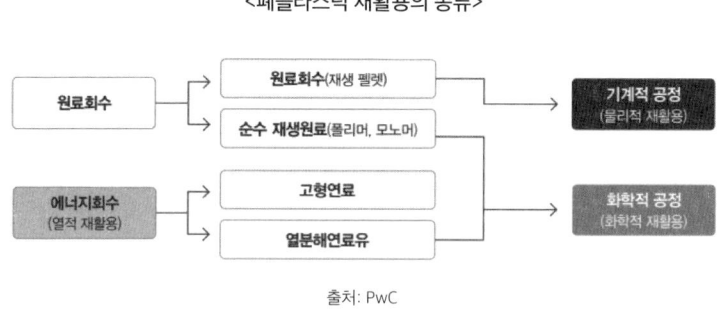

<폐플라스틱 재활용의 종류>

출처: PwC

4. AI 인공지능+폐플라스틱=ESG 머니

최근 IoT기반 AI기법을 적용하여 유리병, 알루미늄 캔, 플라스틱을 정확하게 구별할 뿐만 아니라 플라스틱 내에서도 PET와 Non-PET를 서로 다르게 구별하여 분리하는 혁신기술이 대세다.

환경부 지침에 따른 분리배출 및 선별조건을 반영하여 투명 PET, 유색 및 복합재질의 플라스틱을 모두 회수하고 바로 수거 현장에서 파쇄한다. 부피를 감축하여 보관할 뿐만 아니라 운송횟수를 줄일 수 있어 탄소감축을 실현할 수 있다.

또한 수거와 동시에 이용자에게 스마트폰 어플을 통해 포인트나 지역화폐로 보상함으로써 지자체 및 기업의 탄소중립을 실천할 수 있게 한다. 이렇게 AI 기술을 적용하여 DX(디지털전환) 수익모델이 이루어지고 있는데 이러한 기술은 폐기물의 수거와 재활용을 촉진하여 자원순환을 촉진하고, 환경오염을 줄여 ESG 경영을 실천하는 데 기여한다.

<AI 인공지능을 접목한 생활 폐플라스틱 수거 프로세스>

출처: 국회 정책자료, 「K-순환경제 이행을 위한 대정책토론회 기후위기, 폐자원 리사이클링」

5. 순환경제 성공을 위한 대응전략

순환경제 비즈니스는 정부의 규제와 사회적 이슈에 영향을 많이 받는 특성을 가지고 있다. 시장을 선도하기 위해서는 Feedstock(원료) 확보와 기술 혁신이 매우 중요하다. 이와 관련하여 순환경제 비즈니스에 대한 다양한 연구와 투자, 인수·합병, 기술 제휴 등이 활발히 이루어지고 있다. 이러한 상황에서 2023년 6월 21일, 정부와 기업, 개인의 입장에서 관련 부처가 공동으로 발표한 「순환경제 활성화를 통한 산업 신성장 전략」과 2022년 PwC가 제시한 내용을 간단히 소개하고 '쓰레기가 돈이 되는 순환경제'에 대해 마치고자 한다.

<순환경제 성공을 위한 각 주체별 대응전략>

주체	대응전략
정부	**[컨트롤타워 구성]** • 학계, 시민사회, 산업계 등의 전문가들과 함께 컨트롤타워를 만들어 구체적인 실행계획을 수립하고 실행상황을 주도적으로 철저하게 모니터링 • 산업의 자동화, 지능화 트렌드에 따라 앞으로 생산될 제품은 전자폐기물, 이차전지, 플라스틱이 복합적으로 사용될 것이라 예상되므로 이에 따라 해당 폐기물을 포함하는 통합적 정책 필요 **[금융·정책 지원]** • 순환경제 활성화를 위한 법적 기반 구축 필요 • '생산자책임제도', '제품 생산이력제' 등을 위한 제도적 기반 구축과 함께, 국제적인 호환에 필요한 산업 간 표준 설정 • 순환경제 혁신 기업에 대한 세제 및 금융 지원 • 선별시설 고도화 민간투자 확대(로봇, 광학 선별 등 다양한 기술 현장 적용) • Feedstock 확보 지원: 고품질의 Feedstock이 분리배출·수거 단계에서 쉽게 회수될 수 있도록 분리배출 제도 강화 **[사회 인프라 구축]** • 기업지배구조 보고서 의무화 확대, 지속가능경영보고서 공시 활성화 등 • 순환경제를 우선하는 기업에 대한 재정적 지원, 폐기물 생성을 억제하기 위한 규제책, 순환적 자원 흐름을 촉진하는 물리적 시설(분리수거 편의화, 재활용 통합정보센터 등)을 조합한 사회 인프라 구축 • 플라스틱 무인회수시설 확충, 회수 대상 전 품목으로 확대(고품질 분리배출·회수체계 구축)
기업	**[기술 확보·인재 육성]** • 디지털, 온라인 플랫폼, 기술을 활용하여 자원 사용 추적 및 최적화 • 공급망 참여자 간의 상호 연결 강화 • 재활용·재사용 기술 고도화 및 전문가 양성 **[신제품 개발]** • 제품 설계 단계에서부터 적절한 제품 수명 및 확장성 고려, 수명이 다한 제품에 대해 수거 및 재활용 계획 마련 • 재생·재사용이 가능하고, 독성이 없는 재료를 사용한 신제품 생산 **[Process 효율화]** • 재활용 사업은 선별 및 처리 영역에서 대부분의 비용이 소모되므로, 프로세스 효율화 및 관련 기술 도입으로 가격경쟁력 확보 및 수익성 개선 필요

기업	**[Feedstock 확보]** • 고품질의 Feedstock을 안정적으로 확보할 수 있는 대형 선별장 확보가 핵심 성공 요인 • 폐플라스틱: 지자체 위탁사 등과 계약을 통해 원료 확보 **[M&A 및 제휴]** • 규모의 경제 달성 및 글로벌 시장 선점을 위한 몸집 키우기 필요 • 혁신적 기술을 보유한 업체에 대해 M&A, 업무협약 등을 통한 유대 강화
개인	**[소비자의 힘: 친환경 제품 소비 및 재활용 증대]** • 환경적·윤리적 영향을 고려한 제품 선택 • 덜 낭비하고, 더 재활용하기 • 폐플라스틱 무인회수기 활용한 고품질 분리배출을 통해 저탄소 감축에 적극 참여 **[투자자의 힘]** • 기업의 ESG 활동에 대한 정밀한 모니터링 및 주주권리 행사 • 순환경제 구축에 적극적인 친환경 기업에 대한 투자 **[발상의 전환: 소유에서 공유로]** • 공동소유 및 공동사용을 통해 제품의 내재가치를 상승시킴으로써, 한정된 자원의 무분별한 사용을 방지하고, 궁극적으로 인간 생존문제 해결에 기여

참고문헌

- 국회의원 정책자료, 「K-순환경제 이행을 위한 대정책토론회: 기후위기, 폐자원 리사이클링」, 2023.6.27.
- 관계부처 합동, 「순환경제 활성화를 통한 산업 신성장 전략」, 2023.6.21.
- 삼일PwC경영연구원, 「순환경제로의 전환과 대응전략 플라스틱과 배터리(이차전지)를 중심으로」, 2022.4.
- 국회의원 정책자료, 「탄소중립과 순환자원 재활용 토론회」, 2023.4.17.
- 환경부·한국환경산업기술원, 「순환경제와 폐자원에너지의 역할: EU 정책 중심으로」, 2022.
- 2022년 국회정책토론, 「탄소중립과 순환경제를 위한 친환경적 쓰레기 처리방안은 없는가?: 탄소중립과 ESG의 효율적 대안」, 2022.9.7.
- 산업통상자원부, 「탄소중립을 위한 한국형(K)-순환경제 이행계획 수립」, 2021.12.
- 환경부·한국환경산업기술원, 「플라스틱의 화학적 재활용」, 2021.
- 홍수열 자원순환사회경제연구소, 「폐기물 관련 주요 제도」, 2023.
- OECD, 「Global Plastics Outlook: policy scenarios to 2060」, 2022.
- 아담 로저스, 「TAKING ACTION 실천- 민간사회단체를 위한 환경 안내서」 (유병춘·한정호), 2023.
- 나근배, 「플라스틱 바로 알기」, (사)한국플라스틱산업진흥협회, 2021.

저자소개

김현희 KIM HYUN HEE

학력
- 광운대학교 소프트웨어공학 석사, 이학사
- 평생 공부하고 있는 열정 학생(MKYU 시조새, 굿쨍)

경력
ESG 관련 경력
- 서울대 환경대학원 환경시민대학 수강 중
- 광명자치대학 기후에너지학과 수강 중
- 국제공인 정보시스템 보안 전문가(CISSP)
- 국제공인 정보시스템 감사자(CISA)
- 국제공인 IT서비스관리 전문가(ITIL)
- 국제공인 프로젝트관리 전문가(PMP)
- 기업 R&D 지도사(한국기술개발협회)
- ESG 보고서 검증원(한국사회공헌연구원)
- ESG 전문가(PSR공공가치연구원)
- 지속가능경영보고서 검증전문가(AA1000&한컨설팅)
- ESG 진단평가사(한국사회공헌연구원)
- ESG 인플루언서 1급(엠케이유니버스&연세대학교)

- 탄소중립 기후위기 지도사(한국생명존중협회)
- 녹색환경 기후변화 지도사(한국생명존중협회)
- ISO 14001, 9001, 45001 심사원
- 체인지메이커(서울평생교육진흥원)
- SNS 스마트워크 전문가(소상공인자영업 직능연합)
- AI 리더십, Awake Business Forum 수료(MKYU)
- ESG 실천커뮤니티 포럼 구성 운영
- 경기도, 서울시, 지방자치단체 및 관련 기관 ESG 강의
- 한국에너지공단 ESG 이너셔티브 강의
- 정부 기업지원사업 분석 전문가
- 기업 ESG 경영 컨설팅 다수 수행
- 고용 일자리 정책 개발 및 평가
- 공공기관 CSR 분야 컨설팅

일반 경력

- 현) 씨에프씨 ESG 경영컨설팅 전문기업 CEO
- 현) 지구를 지켜라, 범국민실천운동본부 연구이사
- 현) ESG 실천 인플루언서
- 현) 미래비전개발원 미래비전 강사
- 현) 한국기술개발협회 전문위원
- 현) 정보시스템 감리 전문위원
- 현) 소상공인 상생협력 물물교환 플랫폼 본부장
- 현) 창업진흥원 심사위원
- 현) 공공기관 면접위원
- 현) R&D 과제 평가위원
- 현) 정부 및 공공기관 IT 용역 제안서 평가위원
- 전) 기업정책정보신문 기자
- 전) 한국지식재산보호원 근무
- 전) 서울특별시 출연기관 근무
- 전) 관정이종환교육재단 근무(1조7,000억 원 아시아 최대 장학재단)
- 전) 정보통신부 산하기관 근무

• 전) 대창 근무

수상

- 서울특별시장 희망구매실천 최우수상
- 서울특별시장 창의상
- 서울특별시장 고객만족 최우수상
- 과학기술정보통신부 SW산업발전 감사장
- ESG 실천커뮤니티 포럼 감사장

AI시대 ESG 경영전략

초판 1쇄 발행 2023년 09월 20일

지은이 김영기, 최효근, 유민상, 정순희, 한상호, 이한규,
박찬혁, 김도연, 이기춘, 공호근, 김태영, 천정호, 김현희

펴낸이 김영기

펴낸곳 브레인플랫폼(주)
주소 서울특별시 서초구 법원로3길 19, 2층 (서초동)
등록 2019년 01월 15일 제2019-000020호
이메일 iprcom@naver.com

ISBN 979-11-91436-27-3 13320

*이 책은 저작권법에 따라 보호를 받는 저작물이므로 무단전재 및 복제를 금지하며, 이 책 내용의 전부 및 일부를 이용하려면 반드시 저작권자와 브레인플랫폼(주)의 서면동의를 받아야 합니다.

*잘못된 책은 구입하신 서점에서 바꾸어 드립니다.